# ¿Cómo llegó la

## BIBLIA

## hasta nosotros?

**Otros libros de la colección
«Hermenéutica y Exégesis»**

*Las cartas de Juan* de Hartmut Beyer

*Comentario exegético y hermenéutico al libro de Efesios* de José M. González Campa

*El Canon de la Escritura* de F. F. Bruce

# ¿Cómo llegó la

# BIBLIA

# hasta nosotros?

Calidad en Literatura Evangélica

editorial clie

Unión Bíblica

**Editorial CLIE**
Ferrocarril, 8
08232 VILADECAVALLS (Barcelona) España
E-mail: libros@clie.es
Web: http://www.clie.es

**¿CÓMO LLEGÓ LA BIBLIA HASTA NOSOTROS?**
Compilado por Pedro Puigvert

© 1999 por la Unión Bíblica de España

ISBN: 978-84-8267-436-0

Clasifíquese: 15 TEOLOGÍA: Inspiración de la Biblia
CTC: 01-01-0015-08
Referencia: 22.45.87

# Índice

# Presentación

Fiel a su propósito de promover la lectura sistemática y meditativa de la Biblia entre personas de todas las edades, con el objeto de fomentar el discipulado personal, la comunidad cristiana y la responsabilidad social, la Unión Bíblica de Cataluña organizó una serie de conferencias-coloquio que fueron impartidas en diversas iglesias de Barcelona a razón de una o dos anuales, bajo el título general *¿Cómo llegó la Biblia hasta nosotros?*, con el deseo de dar a conocer aspectos de la formación, la documentación, la fiabilidad, las traducciones, el contenido teológico y el uso de las Sagradas Escrituras.

La divulgación de estos temas, algunos de los cuales solamente se estudian en institutos, escuelas bíblicas y Seminarios, pero que explicados de una manera comprensible para que todo el pueblo de Dios que se interese por ellos los pudiera entender, tuvo en su momento una buena acogida.

Desde el instante en que planificamos la realización de la serie de conferencias, vimos con claridad que el material que estábamos produciendo iba a ser de gran ayuda y bendición a otras personas, además de las que habían asistido a los actos públicos –no siempre multitudinarios– y por esta razón decidimos que teníamos que reunirlos en un libro para darle una difusión mucho más amplia.

Los temas que configuran el libro, en que cada capítulo corresponde al texto de una conferencia, en algunos casos corregida y aumentada después o escrita expresamente en otros, están en línea con la Declaración de Fe de Unión Bíblica, que tocante a la Biblia dice:

*«Creemos que las Sagradas Escrituras del Antiguo y Nueva Testamento son inspiradas por Dios, ya que sus autores hablaron de parte de Dios al ser impulsados por el Espíritu Santo, de ahí que sean completamente*

*dignas de confianza en todo lo que afirman; y así son nuestra autoridad suprema en asuntos de fe y vida».*

Ahora, Unión Bíblica y Editorial CLIE se complacen en presentar al público español y latinoamericano esta obra, con el deseo de que pueda ser de utilidad a los etudiantes de la Biblia en Seminarios y demás dentros de formación bíblico-teológica, a los pastores en su trabajo de profundización de la Palabra de Dios y reciclaje de conocimientos bíblicos, y a cuantos lectores de las Sagradas Escrituras que quieran saber con más fundamento cómo ha llegado la Biblia hasta nosotros.

Por último, queremos dar las gracias a todos los profesores y doctores que participaron en las conferencias y que nos entregaron el texto de las mismas para ser publicadas, así como a D. Pedro Pérez, responsable de organizar los actos y preparar los materiales en el marco del subcomité de Cataluña de Unión Bíblica. A todos ellos, decimos, con san Pablo, que «su trabajo en el Señor no es vano».

PEDRO PUIGVERT
*Secretario General de Unión Bíblica*

# Transmisión
## de los documentos
### del

Antiguo Testamento

*David Estrada*

## Curriculum vitæ *(abreviado)*

David Estrada Herrero (Barcelona, 1931)
estudió en España y en los Estados Unidos,
licenciándose en teología
en el Westminster Theological Seminary, Filadelfia,
y en filosofía en la Universidad de Barcelona.
Se doctoró en esta universidad *Summa cum laude*
y «Premio extraordinario».
Ha ejercido la docencia en universidades estadounidenses,
en la Escuela Técnica Superior de Arquitectura de la
Universidad Politécnica de Barcelona,
y durante más de veinticinco años
en la Universidad de Barcelona
como profesor de estética y filosofía.
El Dr. Estrada ha mantenido siempre vivo su interés
por la teología, simultaneando su docencia universitaria
con los esudios bíblicos y la predicación.
Colaborador en muchas revistas extranjeras y nacionales,
entre sus publicaciones cabe destacar:
*El existencialismo de M. Heidegger en R. Bultmann*
(Barcelona, 1967),
*The First New Testament* (Nelson, Nashville, 1978) y
*Estética* (Herder, Barcelona, 1989, 800 páginas).
En la actualidad el Dr. Estrado está ultimando
los manuscritos de varios libros sobre estética,
filosofía y teología, que recogen la labor de muchos años
de estudio e investigación.

C uando el creyente evangélico oye hablar, o se refiere a los documentos del Antiguo Testamento, de un modo inmediato y espontáneo su mente se dirige a la lista de 39 libros que aparecen detallados en su Biblia, y que va desde el Génesis al profeta Malaquías. Cierto es, por otro lado, que las recientes reediciones facsímiles de la traducción de las Escrituras de Casiodoro de Reina y la posterior revisión de la misma hecha por Cipriano de Valera, suscitan en el creyente evangélico una turbadora pregunta: «¿Cómo es que en estas versiones de la Biblia se incluyen también los llamados *Libros Apócrifos?*»[1] En tanto que para los evangélicos la *sola scriptura* es la única regla de fe y práctica en la Iglesia, el tema de los libros genuinos del canon[2] es de suma importancia. La exclusión de la *Apócrifa* en las ediciones posteriores protestantes de la Biblia se ha fundamentado en el hecho de que en el canon judío del Antiguo

---

[1] Estos son los libros que componen la Apócrifa: *El tercer libro de Esdras, Tobías, Judit, Adiciones al libro de Ester, El libro de la Sabiduría, El Eclesiástico, La profecía de Baruch, Adiciones a Daniel,* y el *Primero y Segundo de los Macabeos.* De hecho la inclusión de los libros apócrifos en las traducciones de la Biblia fue práctica general en las primeras ediciones de la Reforma. Más tarde las Biblias protestantes se publicarían sin dichos libros. En nuestro tiempo, sin embargo, vuelven a aparecer en algunas ediciones protestantes. Este es el caso, por ejemplo, en la *New Revised Standard Bible* de 1989 que, además de la *Apócrifa,* incluye los libros deuterocanónicos de las ediciones griegas y eslovenias (*1 y 2 Esdras, Oración de Manassah, Salmo 151, 3 Macabeos, 2 Esdras y 3-4 Macabeos*).

[2] El término *canon* es una palabra griega que significa *regla* o norma, y desde el siglo IV de nuestra era se ha utilizado para designar la correcta lista de los libros inspirados de la Biblia.

Testamento[3] no se incluían los libros apócrifos. El argumento parece sólido y convincente, pero no está exento de dificultades, ya que, conjuntamente con la literatura canónica, algunos libros llamados apócrifos gozaron de una valoración casi canónica entre los judíos, y a partir de la segunda mitad del siglo III antes de Cristo fueron incluidos en el canon bíblico por los traductores del Antiguo Testamento al griego y a otras lenguas. Esto se debió, se dice, a que no fue hasta el concilio de Jamnia, alrededor del año 90 de nuesta era, que el canon judío llegó a plasmarse en los clásicos 39 libros que contienen las versiones protestantes.[4] Esta suposición no parece ser correcta, ya que los estudios recientes sobre el Antiguo Testamento apuntan a la existencia de un canon cerrado a una edad mucho más temprana.

Lo que hemos avanzado sobre el canon del Antiguo Testamento pone de relieve la estrecha relación existente entre el tema de la *trasnmisión de los documentos vetotestamentarios* y la lista de libros inspirados que integran el canon. La transmisión de los documentos y el canon de libros sagrados son temas afines y profundamente entrelazados. Los documentos del Antiguo Testamento se enmarcan en un grupo de libros que se contienen en el *Pentateuco*, o *Torah* –la *Ley*–, los *Profetas*, o *Nebiim*, y los Hagiógrafos, o *Kethubim*[5] –«libros Sagrados»–. Esta triple division de los libros del Antiguo Testamento es la propia de la Biblia hebrea y es la que se presupone en el Talmud,[6]

---

[3] Fueron Tertuliano (160-230) y Orígenes (185-254) quienes utilizaron por primera vez la designación de *Antiguo Testamento y Nuevo Testamento* (del griego *diatheke*, pacto, alianza, y en clara referencia a los contenidos soteriológicos de ambos Testamentos).

[4] La teoría de que el canon judío del Antiguo Testamento se cerró en el sínodo de Jamnia fue adelantada por el erudito judío H.H. Graetz en 1871. En nuestro tiempo se cuestiona la importancia del supuesto sínodo de Jamnia (o Jabneh), y se cree que fue una mera e intranscendente reunión académica de rabinos (Cfr. «What do we mean by Jabneh?», *The Journal of Bible and Religion*, vol. 32, 1964, págs. 125-132).

[5] La *Hagiógrafa* estaba formada por estos escritos: *líbros poéticos*: Salmos, Proverbios y Job; los *Megilloth*: Cantar de los Cantares, Rut, Lamentaciones, Eclesiastés y Ester; y por Daniel, Esdras, Nehemías y 1-2 Crónicas.

[6] El significado de la palabra *talmud* es el de enseñanza y aprendizaje. El Talmud designa el gran cuerpo de doctrina de los judíos y recoge el saber rabínico de los siglos II al VI. Su objeto es explicar la Ley de Moisés según la tradición oral. Contiene ideas, opiniones, digresiones sobre la historia, la ciencia y el saber judío de siglos. El Talmud vino a ser el código civil y religioso de la sinagoga.

en la Mishnah[7] y en otros documentos judíos. La tarea de fijar fechas aproximadas sobre la canonización de los textos vetotestamentarios no es fácil, y ha sido y es tema de debate.[8]

De todos modos, y en palabras de E.J. Young:

> **«Los libros del Antiguo Testamento, habiendo sido dados por la inmediata inspiración de Dios, fueron reconocidos como tales por su pueblo desde el primer momento de su aparición. El que hubiera habido dudas y diferencias menores de opinión sobre los mismos no va en detrimento del hecho de su inspiración».[9]**

Para establecer la autoridad y canonicidad de los libros del Antiguo Testamento disponemos de las siguientes fuentes de evidencia:

1) *El testimonio de Jesús en los Evangelios.* A los dos discípulos en el camino de Emaús, Jesús dice: «Estas son las palabras que os hablé, estando aún con vosotros: que era necesario que se cumpliese todo lo que está escrito en la ley de Moisés, en los profetas y en los salmos» (Lc. 24:44).

Tenemos aquí las tres divisiones del canon ya mencionadas: Pentateuco, Profetas y Hagiógrafa. A la tercera parte del canon Jesús se refiere bajo la designación de «los Salmos». Esto se explica, no sólo por ser los Salmos el primer libro en la relación de «libros santos» de esta tercera lista, sino, sobre todo, por la importancia mesiánica que los Salmos encierran y que Jesús pone de relieve al cumplirse en él dichas profecías. En otros contextos Jesús ya había hecho referencia a

---

[7] *Mishnah* es un término hebreo que significa *repetir* y *estudiar*. Constituye una colección de tratados sobre la ley, los sacrificios del templo, ritos purificadores, festividades públicas. etc. Estos escritos se iniciaron alrededor del año 200 d.C., en Palestina, bajo el rabino Judá el Príncipe.

[8] Las conclusiones en favor de una canonización más antigua de los libros sagrados suelen hacerse en discrepancia con las estimaciones cronológicas avanzadas por H.E. Ryle en su célebre obra *The Canon of the Old Testament,* Macmillan, London, 1892. Según Ryle, el Pentateuco fue reconocido como canónico en el siglo V antes de Cristo, los Profetas en el siglo III, y la Hagiógrafa en el año 90 después de Cristo –en el ya mencionado «concilio» de Jamnia.

[9] *Introduction to the Old Testament,* Wm. B. Eerdmans, Grand Rapids, Michigan, 1954, 43.

otros libros de los Hagiógrafos, muy concretamente al libro de Daniel (Mt. 4:26; 4:17; 7:13; Mr. 14:62; 13:14; 8:29ss.). En Mateo 23:35 y Lucas 11:51 Jesús utiliza la expresión «*desde* la sangre de Abel... hasta la sangre de Zacarías»; es decir, «desde el primer líbro del Pentateuco, hasta el último libro de los Hagiógrafos –ya que la referencia a Zacarías es de 2 Crónicas 24:19-22, es decir, el último libro de los Libros Sagrados.

> **«Todo nos hace creer, dice E.J. Young, que el canon de Cristo y el de los judíos de su tiempo era idéntico. No hay evidencia de discrepancia alguna entre Jesús y los judíos sobre la canonicidad de los libros del Antiguo Testamento. Lo que Cristo cuestionaba no era el canon aceptado por los fariseos, sino la tradición oral que dejaba sin validez el canon».[10]**

Con excepción de Rut, Cantar de los Cantares y Ester, el Nuevo Testamento ratifica claramente la canonicidad de la Biblia hebraica.[11]

La triple división del canon del Antiguo Testamento hebreo se componía de estos libros:

1. la *LEY,* que incluía los cinco libros del Pentateuco: Génesis, Éxodo, Levítico, Números y Deuteronomio;

2. la sección de los *PROFETAS,* que incluía Josué,* Jueces, Samuel,* Reyes, Jeremías,* Ezequiel, Isaías* y los Doce Profetas Menores;

3. los HAGIÓGRAFOS, que comprendía esta lista de libros: Rut,* Salmos,* Job,* Proverbios, Eclesiastés,* Cantar de los Cantares,* Lamentaciones, Daniel, Ester, Esdras-Nehemías* y Crónicas.[12]

2) *El testimonio del libro de* Eclesiástico *–o de La Sabiduría de Jesús*

---

[10] *Op. cit.,* nota pág. 37.

[11] Para una detallada referencia a los pasajes del Antiguo Testamento citados por el Nuevo Testamento véase el excelente libro del profesor Roger Beckwith: *The Old Testament Canon of the New Testament Church and its Background in Early Judaism,* Wm. B. Eerdmans, Grand Rapids, Michigan, 1985. A la evidencia del Nuevo Testamento en favor del canon hebreo, podría también añadirse el testimonio de la Primera Epístola de Clemente, en el siglo I, y las citas de los primeros Padres de la Iglesia.

[12] Con el asterisco se quiere significar que los libros que siguen a los que tienen asterisco se consideraban estrechamente ligados a aquellos. Así el libro de Rut venía a ser como una introducción al de los Salmos; no se le consideraba, pues, como un libro estrictamente histórico.

Ben Sirá–. Este libro de instrucción y proverbios fue escrito en hebreo por un maestro de Jerusalén alrededor de 180 a.C. El nieto de este instructor de jóvenes lo tradujo al griego a eso de 132 a.C. Se trata, pues, de un escrito algo anterior a la revuelta macabea de 167-64 a.C. Aunque no fue considerado canónico por los judóos, ni tampoco por un amplio sector de la iglesia antigua y de la Reforma, aparece, sin embargo, en las ediciones católicas del Antiguo Testamento. Es de resaltar la importancia que el traductor del libro al griego concede en su *prólogo* a los escritos vetotestamentarios bajo la triple distinción de la *Ley,* los *Profetas* y «los restantes libros paternos» (*Eclesiástico,* c-d). Así, pues, del testimonio histórico de *Eclesiástico* se deduce que dos siglos antes de Cristo ya existía un canon cerrado del Antiguo Testamento según la triple división ya mencionada.

3) *El testimonio de Filón de Alejandría* (ca. 20 a.C.–50 d.C.). En su libro *De vita contemplativa,* este culto filósofo –el más prolífico autor judío del helenismo–, menciona también «las *leyes,* los oráculos dados por la inspiración de los *profetas* y los *salmos* y otros libros a través de los cuales se incrementa y se perfecciona el conocimiento y la piedad» (*De vit. cont.,* 25). Al igual que en Lucas 24 se hace aquí mención de los *Salmos* y se amplía la referencia con «los otros libros».

4) *El testimonio de Josefo y de San Jerónimo.* Josefo (38-100), en su tratado contra Apion, afirma que no hay contradicciones en los textos sagrados, ya que los profetas fueron inspirados por Dios. Los libros inspirados son catalogados como los «cinco de Moisés», los «trece de los profetas» y «los cuatro restantes que contienen himnos a Dios y preceptos para la conducta humana». Según la evidencia que nos proporciona Josefo, el contenido del canon se acercaría bastante al que tenemos en nuestras Biblias. Así lo expresa Roger Beckwith: «Con toda probabilidad, los trece libros de los profetas son Job, Josué, Jueces (con la posible inclusión de Ruth), Samuel, Reyes, Isaías, Jeremías (con la posible inclusión de las Lamentaciones), Ezequiel, los Doce Profetas Menores, Daniel, Crónicas, Esdras-Nehemías y Ester; y los cuatro libros de himnos y preceptos incluirían los Salmos (probablemente con Rut), Proverbios, Eclesiastés y Cantar de los Cantares».[13]

---

[13] *Op. cit.,* 119.

San Jerónimo (342-420), el famoso traductor de la Biblia al latín —la llamada *Vulgata*—, fue uno de los grandes eruditos del hebreo y conocedor directo de toda la tradición escriturística del Antiguo Testamento, por haber sido judíos sus maestros. La relación de libros que nos detalla no coincide con la de Josefo —particularmente en los Hagiógrafos—, pero, una vez más, la lista de los libros se corresponde también con la relación de libros inspirados mencionados en los anteriores testimonios. Podríamos, pues, concluir que el proceso divino de revelación, que se inició con el Pentateuco, adquirió su terminación en el segundo siglo antes de Cristo. Como resultado de la labor de Judas Macabeo, reuniendo en 164 a. C. los libros sagrados —perdidos y esparcidos por la persecución antioquiana— fueron recopilados ya en forma final a partir de dicha fecha. Los libros del canon fueron agrupados en tres secciones y numerados según 24 encabezamientos, y más tarde en 22, para hacerlos coincidir con las 22 letras del alfabeto hebreo.

> «No puede dudarse, escribe Beckwith, que la "biblioteca" nacional de libros sagrados reunida por el sacerdote Judas Macabeo, en el segundo siglo antes de Cristo, así como el archivo de libros sagrados que se contenía en el templo en el primer siglo después de Cristo, constituía la misma colección... y estos 24 (o 22) libros, con muy escaso margen de duda, son los que integran la presente Biblia hebrea».[14]

Abundando más sobre el tema de los *testimonios* extrabíblicos sobre el canon del Antiguo Testamento, haremos una breve referencia a la *Apócrifa*, a la *Pseudoepígrafa* y a los *Fragmentos helenísticos*. La Apócrifa nos ha llegado a través de documentos griegos, latinos y siríacos de la Biblia. Algunos fueron escritos en griego —como La Sabiduría de Salomón, Baruc, Epístola de Jeremías, 2-4 Macabeos, etc.—. En cuanto a la fecha de algunos de los libros apócrifos relevantes, cabe citar Eclesiástico —principios del siglo II a.C.—, 1 Macabeos —alrededor

---

[14] *Ibíd.*, 317, 316. «An if one takes Aristobulus, the Septuagint and Philo as speaking for Hellenistic Judaism, the Dead Sea Scrolls as speaking for Essenism, the New Testament as speaking for Christianity and most of the other literature as speaking for Pharisaism, it is clear that in each group many of the books in all three sections of the Hebrew canon —Pentateuch, Prophets and Hagiographa alike— were accepted as canonical», 77.

del año 100 a.C.–, y Esdras –entre el 78-77 a.C.–. Los libros de la Pseudoepígrafa tenían una doble finalidad: por un lado los escritos en griego reivindicaban los valores religiosos y culturales judíos ante los gentiles; mientras que por el otro los escritos en hebreo y arameo iban dirigidos a un público judío y perseguían una meta ética y religiosa. Entre estos escritos cabe destacar 1 Enoc (entre 164-100 a.C.), el Libro de Jubileos (entre 164-100 a.C.), que parece haber ejercido una marcada influencia sobre la comunidad de Qumrân; los Salmos de Salomón (de mitad del siglo I a.C.) y la Asunción de Moisés y el Martirio de Isaías (ambos del siglo I, o un poco antes). Los Fragmentos helenísticos proceden de citas conservadas de libros perdidos, escritos por judíos helenistas. Los fragmentos más importantes son de un tal Aristóbolo, filósofo que vivió en Egipto a mediados del siglo II a.C., y que escribió un exposición del Pentateuco. Tanto Clemente de Alejandría como Eusebio mencionan algunos fragmentos de esta obra.

Las *traducciones del Antiguo Testamento* a otras lenguas constituyen otra prueba más en favor del canon hebreo. En uno de los fragmentos de Aristóbolo se dice que la traducción *septuagíntica* griega del Pentateuco fue hecha en Alejandría a mediados del siglo III. A esta traducción siguieron otras de los libros del Antiguo Testamento. Según el testimonio del traductor griego del Eclesiástico, a últimos del siglo II existían ya traducciones griegas de todos los libros vetotestamentarios. Las diferentes traducciones griegas y revisiones de la Septuaginta constituyen un importante documento sobre la antigüedad del canon hebreo –aunque al incluir libros apócrifos vendrían a ser, también, fuente de dificultades para la preservación exclusiva del canon hebreo–. Además del griego, algunos targums[15] arameos y el Pentateuco de la versión Peshitta siria constituyen una prueba antigua más sobre el canon del Antiguo Testamento.

Los targums sobre Job y el Levítico, hallados en Qumrân, son precristianos. La versión Peshitta del Pentateuco, y también de Crónicas,

---

[15] La palabra *targum* es hebrea y designa los textos bíblicos traducidos y comentados en arameo. Después de la cautividad de Babilonia (539 a.C.) el hebreo dejó de ser la lengua popular de Palestina, siendo sustituido por el arameo. Se sabe que existió un targum completo para cada uno de los libros del Pentateuco, de los Profetas y de los Hagiógrafos. Los *targumin*, más que traducciones directas, son interpretaciones del texto original hebreo. La escritura se conoció en Israel desde tiempos muy antiguos.

fue básicamente una traducción del hebreo al siríaco hecha por cristianos. (Posteriormente, y con excepción del libro de Eclesiástico, los libros apócrifos serían también traducidos del griego).

Entre los documentos hallados en las cuevas de Qumrân se encuentran las copias y fragmentos más antiguos que hasta la fecha tenemos del Antiguo Testamento. Desde 1947, fecha en que se iniciaron los descubrimientos en esta región del Mar Muerto, cerca de trescientas cuevas han sido excavadas y hallados miles de documentos y fragmentos de papiro. Más de la cuarta parte de los documentos hallados tienen que ver con pasajes y libros de la Biblia. Con excepción del libro de Ester, todos los demás libros del Antiguo Testamento están representados. Se encontraron dos copias del libro de Isaías: una incompleto, pero la otra —el llamado «Isaías de San Marcos»—, contiene todo el libro del profeta y la copia fue hecha, por lo menos, un siglo antes de nuestra era. Antes de los hallazgos de Qumrân, la copia más antigua de Isaías era del año 929 d.C. La copia del Mar Muerto tiene, pues, mil años más de antigüedad.[16]

Del libro de Daniel —uno de los favoritos de la comunidad de Qumrân—, se han encontrado siete copias y numerosos fragmentos. Del libro de Job se han hallado varios documentos —uno de ellos escrito en un hebreo muy antiguo y otro es un targum arameo—. Sobre los demás libros del Antiguo Testamento, con excepción de la ya mencionada ausencia de Ester, el número de documentos hallados es muy abundante y corrobora la autenticidad del canon vetotestamentario hebreo.

Entre los documentos del Qumrân que dan testimonio del canon hebreo cabe destacar los llamados *comentarios* de Habacuc, Miqueas, Nahum, Salmos e Isaías. Estos comentarios se hacen en el marco general de las doctrinas propias del grupo religioso de Qumrân. Así, por ejemplo, la interpretación que se da al libro de Isaías es marcadamente escatológica. Estos comentarios reflejan un esquema bastante fijo: se cita un texto de la Escritura y a continuación se dice: «la explicación del pasaje es la siguiente...» Juntamente con la lista de documentos vetotestamentarios se ha hallado también literatura apócrifa, como Tobías, Eclesiástico, Epístola de Jeremías, Libro de los Jubileos y el

---

[16] La copia griega de la *Septuaginta*, que se encuentra en el *Codex Vaticanus,* es aún más antigua, ya que es de mediados del siglo cuarto de nuestra era.

Génesis apócrifo. De estos dos últimos han aparecido diez copias. En esta inclusión de libros apócrifos la secta de Qumrân parece haber imitado a los judíos helenizados de Alejandría. En la literatura propiamente sectaria del grupo de Qumrân también abundan las referencias al canon hebreo de las Escrituras.[17]

Los documentos del Antiguo Testamento se transmitieron, no como meros legados literarios del pueblo hebreo, sino como poseyendo la autoridad e infalibilidad de unos escritos inspirados por Dios mismo –como así reconoce el mismo Josefo–. La apelación al «escrito está» de los libros sagrados encerraba una nota de suprema autoridad divina. En contraste con los otros libros, los libros de la Escritura se distinguían por su perenne contenido revelado y por su autoridad y origen divinos. La fórmula «escrito está» encierra una plena y total garantía de infalibilidad. La revelación de Dios ha de plasmarse *por escrito*. Así se dirige Dios a su siervo Isaías: «Vé, pues, ahora, y escribe esta visión en una tabla delante de ellos, y regístrala en un libro, para que quede hasta el día postrero, eternamente y para siempre» (Is. 30:8).

El mensaje de Dios ha de plasmarse en forma escrita, en un libro. Esta es la orden de Dios a Moisés: «Escribe esto para memoria en un libro» (Éx. 17:14). Las palabras de Yahvéh han de estar «al lado del arca del pacto» (Dt. 31:26). Pero no sólo la Ley revelada a Moisés ha de estar escrita, también lo ha de estar el mensaje profético y los narrativos históricos (Jer. 25:30; 29,1; 30:2; 36:1-32; 51:60-64; Is. 30:8; Ez., 43:11; Hab. 2:2; Dn. 7:1; 2 Cr. 21:12; 1 Cr. 29:29; 2 Cr. 9:29; 12:15; 13:22; 20:34; 26:22; 32:32; 33:18ss). Aunque la transmisión oral de los oráculos divinos es un hecho evidente en la historia de Israel, la plasmación escrita del mensaje oral constituía la forma final y última de esta revelación. Al hallarse el libro de la ley, en tiempos de Josías, el pueblo se percata de que ha encontrado las palabras, no de una ley nueva, sino de un ley permanente que había sido olvidada.

En tanto que las Escrituras fueron dadas por Dios como regla de vida, fe y práctica, y en el contexto de una inseparable connotación

---

[17] Los libros sectarios de la comunidad son estos: *Manual de Disciplina, La guerra de los hijos de luz contra los hijos de las tinieblas* (llamado también *Rollo de la guerra*), *Himnos de Acción de gracias* y el *Documento de Damasco* –del que ya se había descubierto una copia a últimos del siglo pasado.

soterológica, la inspiración divina se hace extensiva tanto a las fuentes orales originales como a su forma escrita. En 2 Reyes 17:37 y en Oseas 8:12 se habla de Dios como el *escritor* de la Ley. El libro del Deuteronomio se introduce a sí mismo como ley en forma escrita (17:14-20; 28:58, 61; 29:20ss; 30:10; 32:9-13; 19:22, 24-26; 4:2:12, 28:32; 17,19; 28,1, 14ss). En 1Crónicas aparece la palabra *libro*. El Salmo 119 encierra un canto de alabanza a la perennidad y vigencia de una ley que nos ha sido legada en forma escrita.

> **«En algunos lugares la expresión "como está escrito" aparece tal cual, sin indicarse el lugar donde está escrito (Esd. 3:4; Neh. 8:15; 2 Cr. 30:5,18; Sal. 149:9). Este sentido absoluto es sumamente significativo, pues, sin lugar a dudas, quiere decir: "tal como está escrito en la bien conocida autoridad de las Escrituras"».**[18]

La rotunda y enfática expresión hebrea *kakkathub* –«como está escrito»–, que aparece en Esdras, Nehemías y Crónicas, se continúa en la literatura hebrea y también en la griega. Esta es la manera como el Nuevo Testamento introduce los pasajes que se citan del Antiguo Testamento. En el libro de Eclesiástico y en algunos de los documentos del Mar Muerto se utiliza también esta expresión para designar el texto infalible del canon hebraico de las Escrituras. En la *Septuaginta,* la expresión *kakkathub,* o bien se traduce literalmente como *katá to gegramménon* (Esd. 3:4; Neh. 8:15), y que Pablo utiliza en 2 Corintios para citar del libro de los Salmos, o bien se recurre a la paráfrasis *katá tèn graphén,* «según las Escrituras» (2 Cr. 30:5). También se usa la forma participial *gegrammevnos* para referirse a la Escritura (Lc. 20:17; Jn. 2:17; 6:31; 12:14; 1 Cr. 15:54). La *Septuaginta* también emplea la forma perfecta pasiva *gevgraptai* –«está escrito»– con referencia al texto sagrado. Con esta autoridad implícita en el «está escrito» se asocia –desde los rollos del Qumrân en adelante– la idea de que el texto bíblico se ha recibido por inspiración verbal. La inspiración verbal y la infalibilidad se dan siempre en contemporaneidad. De ahí que el propio Filón se refiera al Pentateuco como una ley exenta de errores (*Quaest. et sol in Exodum 2,42)* y que Josefo, como ya hemos dicho, hable de

---

[18] Roger Beckwith, *op. cit.,* 69.

los documentos bíblicos escritos por los profetas por inspiración divina como estando exentos de contradicciones (*Contra Apion*, 1, 7 y ss).Y es sobre esta base de que no puede haber contradicción en los escritos sagrados que, más tarde, entre los rabinos surgieron dudas y controversias sobre cinco libros canónicos: Ester, Eclesiastés, Proverbios, Ezequiel y Cantares.

La autoridad divina de los libros sagrados podía también constatarse en algunas de las disposiciones de los fariseos sobre el modo de cuidar los libros del canon. Las Escrituras habían de ser rescatadas del fuego aunque el incendio tuviera lugar en el día del sábado. Cuando ya viejas y gastadas por el uso, no podían ser destruidas, sino que habían de ser guardadas en un lugar aparte, y dejar que por ellas mismas se deterioran del todo. Una vez habían tocado las Escrituras, las manos quedaban impuras y debían lavarse.

Algunos críticos y estudiosos del Antiguo Testamento entre ellos H.H. Ryle, mantienen la tesis de que el reconocimiento canónico de los libros sagrados se habría desarrollado según un proceso de formación y composición, más o menos lento, de una tradición oral que, una vez escrita había de encontrar el reconocimiento del pueblo. Según esta teoría, el carácter sagrado de estos escritos se habría hecho depender de su posterior aceptación y reconocimiento.

En algunos casos el proceso de canonización podía haber sido largo. En circunstancias de persecución y de impiedad generalizada, tanto el mensaje oral como el escrito no habrían obtenido un pronto reconocimiento. No fue este el caso con Moisés, Samuel, Natán, Isaías, Hageo y Zacarías, que, por haber desarrollado un gran protagonismo público, sus escritos habrían sido reconocidos como canónicos desde un buen principio.[19]

Una de las objeciones que se hacen sobre la inspiración y canonización de las Escrituras tiene que ver con la inserción e incorporación de otros textos en algunos de los libros sagrados. Moisés, se dice, se sirvió de documentos escritos y tradiciones orales para redactar el Pentateuco, y que incluso en su propio texto se hicieron posteriores modificaciones y añadidos. La composición del Pentateuco se hace depender de diferentes estratos de la tradición que se designan con

---

[19] *Ibíd.*, 67.

ciertas letras: la **J** por las fuentes «yahvistas», la **E** por las «elohístas», la **D** por las «deuteronómicas» y la **P** por las «sacerdotales». El proceso de edición y confección del Pentateuco es explicado así por Alfons Deissler, escriturista católico de Friburgo: Moisés fue un personaje de gran importancia en el Antiguo Testamento, ya que fue el fundador de la religión de Yahveh y autor del decálogo primitivo. Tuvo también influencia en el origen de los relatos sobre los patriarcas, y puso el fundamento de las creencias monoteístas de Israel. La transmisión oral y escrita de la herencia mosaica, «bajo la influencia todavía operante de la revelación divina», experimentó un posterior enriquecimiento con otras aportaciones. Así, hacia el año 900 se produjo en el sur la llamada obra yahvista –debida a una gran personalidad creadora, «que por desgracia nos es desconocida»–.

En el norte, poco después de la división del reino, surgieron los círculos levíticos opuestos al «régimen» yahvista, y se desarrolla la tradición mosaica «elohísta (hacia el 800). Tras la caída de Samaria, en torno al año 722, se forma en Jerusalén la «escuela deuteronómica», apoyada por los levitas fugitivos del reino del norte. Los representantes de esta escuela, a la luz del mensaje de los profetas, dan una nueva estructuración a la herencia mosaica con una liturgia encaminada a preservar el monoteísmo hebreo. El Deuteronomio primitivo, que debió de aparecer poco después del 700, influyó decisivamente en la reforma de Josías del año 620. Bajo el mensaje de Jeremías el Deuteronomio adquirió la forma con la que nos ha llegado.

Los sacerdotes de los santurios yahvistas, y más tarde de Jerusalén, recopilaron las leyes rituales y refundieron los textos narrativos con una intencionalidad teológica. Hubo redactores, designados con la letra **R**, que fusionaron en primer lugar los grupos **J** y **E**, y poco después del destierro los grupos **D** y **P**. De esto modo se llegó a la composición final del Pentateuco. La obra iniciada por Moisés, después de una larga evolución, adquirió su texto definitivo.[20]

También la plasmación escrita del libro de Isaías, así como de otros libros del canon, se explica según un proceso largo de gestación.

---

[20] Alfons Deissler, *El Antiguo Testamento y la moderna exégesis católica,* Editorial Herder, 1966, págs. 46-52.

*«Hoy día –escribe Deissler–, ningún exegeta católico, que haya logrado prestigio con valiosos trabajos científicos, atribuye todo el libro de Isaías a este profeta del siglo VIII antes de Jesucristo».[21]*

Sobre Jeremías, escribe el erudito católico, «sabemos que por orden divina tuvo que escribir en un rollo (Jer. 30:2) algunas partes de su mensaje» y también sus discursos contra Jerusalén (Jer. 36), y que en esto le ayudó su discípulo Baruc, que hizo las veces de secretario.

*«Pero tales redacciones al dictado fueron ciertamente casos excepcionales, y nunca comprendieron un libro entero. Precisamente el libro de Jeremías muestra sin lugar a dudas que este escrito profético requirió para su formación un largo periodo de tiempo. En efecto, el texto masorético y la antigua traducción griega de los Setenta muestran diferencias de consideración, ante todo, en el orden de sucesión de los oráculos y en su alcance. De donde hay que deducir que el libro necesitó más de 300 años para llegar a la fase final en la transformación de su contenido».[22]*

Este es un ejemplo de cómo los críticos contemporáneos pretenden explicar la formación y transmisión de los escritos vetotestamentarios.

Cuando un libro del Antiguo Testamento incorpora documentos anteriores, como es el caso de Génesis 5,1; Éxodo 24:7; Josué 24:26; 1 Samuel 10:25, o cita escritos anteriores, como es el caso de Números 21:14ss; Josué 10:12-ss; 2 Samuel 1:17-27; 1 Reyes 8:53 LXX, o se refiere a fuentes anteriores, como 1 Reyes 11:41; 14:19, 29; 2 Reyes 1:19; 8:23, o encierra indicios de desarrollo interno, como en Salmos 72:20 o Proverbios 25:1, esto no ha de interpretarse como si las fuentes anteriores no hubieran alcanzado canonicidad hasta una vez finalizado el proceso de compilación. Los ejemplos del Libro de la Alianza –Éxodo 20-23, 24,7–, del pacto de Josué con el pueblo, incorporado más tarde en el libro de su nombre –Josué 24:1-25, cp. v. 25–, y posiblemente también la naturaleza del reino en 1 Samuel 8:11-18, cp. 1 Samuel 10:25, ponen de relieve que pequeñas porciones en algún libro canó-

---

[21] *Ibíd.*, 61.

[22] *Ibíd.*, 59. «El verdadero profeta sólo *per acidens* es también escritor. En primer y último término, anuncia un mensaje a su tiempo y a su mundo». 58.

nico posterior ya habían sido reconocidas con anterioridad como sagrados y habían gozado ya de pública aceptación.[23]

Es más que probable, se afirma, que el Pentateuco, así como otros libros del Antiguo Testamento, fueran reconocidos canónicos antes de haber alcanzado su forma final. Cuando Esdras lee el libro de la ley, el pueblo lo recibe con total entrega y sumisión (Neh. 8:10, 13). Por aquel entonces, se argumenta, el Pentateuco ya se había plasmado en su forma canónica final. Sin embargo, la respuesta que el pueblo dio, siglos antes, cuando el libro de la ley fue hallado por Hilcías en el templo, fue la misma (2 R. 22-23; 2 Cr. 34). Se dice que en tiempos de Josías el libro de la ley no comprendía más que el libro del Deuteronomio. Si nos remontarnos todavía unos siglos antes, hallamos que la respuesta del pueblo al leer Moisés el libro de la alianza, es la misma que en los otros casos ya citados. Se supone que en tiempos de Moisés el libro de la ley no tenía más que cuatro capítulos (Éx. 24; 20-23). Según esta teoría, aunque la edición final del Pentateuco supuso una gestación lenta en el tiempo, ya desde sus formas más fragmentarias, los documentos de la ley fueron tenidos por canónicos. Pero aún haciéndonos eco de esta admisión, ¿puede defenderse que la ley leída por Esdras y por Josías constituía una estructuración más elaborada de la ley original dada por Moisés? No hay justificación bíblica para tal suposición. Toda la evidencia apunta al hecho de que los libros del Pentateuco tuvieron en Moisés a su autor y compilador.

La división del Antiguo Testamento en tres secciones –Pentateuco, Profetas y Hagiógrafos– se pretende explicar sobre la base de un lento proceso de reconocimiento y aceptación del canon. El libro de Daniel, por ejemplo, de haber sido reconocido como canónico en una fecha temprana, habría sido incluido en la sección de los Profetas. Esta argumentación, sin embargo, no es convincente. Ni los elementos proféticos, ni los contenidos históricos son determinantes en la división del canon. No sólo en los Hagiógrafos hay partes históricas; también las hay en el Pentateuco y en los Profetas. Por otro lado, antes de «cerrarse» la sección de los Profetas es lógico suponer que ya había partes de los Salmos y de los Proverbios que gozaban de reconocimiento canónico, pues como se lee en 2 Samuel 23:1ss; 1 Crónicas 25:1ss; 2 Crónicas 29:30, David, Asaf y Heman recibieron revelaciones de Dios;

---

[23] R. Beckkwith, *op. cit.*, 68.

y en cuanto a Proverbios 8:1-9, se explicita que encerraba nada menos que *Sabiduría* de Dios. El que los Salmos y el libro de Proverbios hubieran requerido cierto tiempo para su terminación final –como se desprende de Salmos 72:20 y de Proverbios 25:1– no es argumento para negar la canonicidad de las partes antiguas, ya que lo mismo puede decirse, por ejemplo, de Éxodo, Josué y Samuel.

En cuanto al carácter sagrado otorgado a las tres secciones del Antiguo Testamento, es cierto que por ser el Pentateuco la parte más antigua gozaba de una mayor significación religiosa; pero en modo alguno esto suponía un menor reconocimiento canónico hacia los otros escritos de las Escrituras. Es bien sabido que en la liturgia y leccionario hebreo los Hagiógrafos no eran utilizados en el grado que lo eran el Pentateuco y los Profetas. La lectura de la Ley y los Profetas era habitual en el día del sábado. De los Profetas se seleccionaban pasajes apropiados para ilustrar las secciones de la ley. Pero aunque los Hagiógrafos no solían ser leídos en la liturgia hebrea, dos de sus libros, el de los Salmos y el de Ester, ocupaban un lugar distinguido en los leccionarios del templo, en las festividades religiosas y en determinados cultos de ofrenda. El libro de Ester era leído en la fiesta de Purim, y al igual que los demás libros sagrados, había de ser leído directamente de un rollo, y no recitado de memoria. Es importante constatar el hecho de que entre los cinco libros que más tarde llegarían a ser considerados de dudosa canonicidad por algunos grupos religiosos judíos –Ester, Proverbios, Eclesiastés, Cantares y Ezequiel– el de Ester ocupaba un lugar muy destacado en la liturgia del templo. Como ya se ha dicho, tanto Ester como los Salmos formaban parte de los Hagiógrafos, de modo que los demás libros de esta tercera divisón de los escritos sagrados fueron también tenidos como canónicos.

Antes, pues, del llamado sínodo rabínico de Jamnia (c. del 90 d.C.), las tres secciones del Antiguo Testamento ya se conservaban en el templo como canónicas. Toda la evidencia apunta al hecho de que ya a mediados del siglo segundo antes de Cristo los Hagiógrafos constituían una parte bien definida del canon escriturístico. El prólogo de Eclesiástico demuestra que, efectivamente, ya en esta fecha esta tercera sección del canon adquirió su forma definitiva. Es decir: antes de que surgieran las disputas y controversias entre fariseos, saduceos y esenios sobre algunos libros del canon, el Antiguo Testamento ya se había plasmado en su su forma final y definitiva.

El tema de la triple división del canon hebreo ha sido siempre motivo de interés y especulación para los estudiosos del Antiguo Testamento. La personalidad extraordinaria de Moisés, el carácter excepcional de su ministerio en la dispensación de la ley y en el contexto general de los planes salvíficos de Dios, motivaría la agrupación de sus escritos en un cuerpo único de escritos: el Pentateuco. En cuanto a las otras dos divisiones, y como sea que en ambas se encuentran secciones proféticas, se ha argumentado que en la división de los *Profetas* se incluían los escritos de aquellos hombres que desarrollaron una *plena* dedicación profética; mientras que en los Hagiógrafos las profecías que se mencionan fueron dadas por hombres que no llegaron a desempeñar un exclusivo ministerio profético. David, por ejemplo, fue rey y Daniel gobernador.[24] Esta tesis no tiene en cuenta el hecho de que un buen número de los libros canónicos son anónimos y de que nada sabemos sobre los ministerios de los implicados. Pero es que, además, no parece ser este el criterio sobre el cual se estableció la distinción.

> **«La ley, escribe Beckwith, no constituyó nunca la totalidad del canon; las otras dos secciones se plasmaron, no como resultado de una canonización de documentos más recientes, sino como resultado de una división de materiales canónicos ya existentes».[25]**

Con toda probabilidad, fueron Judas Macabeo y sus allegados quienes dieron estructura a los Profetas y a los Hagiógrafos al dividir en dos grupos los diferentes documentos canónicos que coexistían con los mosaicos. Eso habría tenido lugar alrededor del año 164 antes de nuestra era. La triple división no se debió, como se suele decir, a una gestación lenta del canon.

La primera sección está integrada por la literatura mosaica, con sus componentes históricos y legales dispuestos según un orden cronológico. También las otras dos secciones del canon contienen documentos históricos y otros que no lo son. Los libros históricos cubren dos períodos posteriores y están también ordenados en una secuencia cronológica. Los otros libros no históricos –visionarios u oraculares, en

---

[24] Esta es la tesis avanzada por W.H. Green en su *Introduction to the Old Testament.*
[25] *Op. cit.*, 165.

el caso de los profetas, y líricos y sapienciales en el caso de los hagiógrafos–, fueron compilados según un orden que tenía en cuenta el tamaño y la extensión de los mismos.

> **«Se detecta un motivo lógico, dice Beckwith, en todos los detalles del orden y distribución de los escritos».[26]**

Así, pues, puede concluirse que el canon del Antiguo Testamento adquirió su plasmación definitiva a eso de la fecha ya mencionada del año 164 antes de Cristo. Muy importante sobre este particular es el testimonio de 2 Macabeos, 14-15:

> **«... Reunió Judas todos los libros dispersos a causa de la guerra que hemos padecido, y ahora los tenemos a mano. Si los necesitáis, enviadnos alguien que os los lleve».**

En las versiones modernas de la Biblia los libros del canon hebreo vienen agrupados en cuatro categorías:

1) la *Ley* (Génesis, Éxodo, Levítico, Números y Deuteronomio);

2) las *historias* (Josué, Jueces, Rut, 1-2 Samuel, 1-2 Reyes, 1-2 Crónicas, Esdras, Nehemías y Ester);

3) los libros *líricos* y de *sabiduría;*

4) los *profetas* (Isaías, Jeremías, Lamentaciones, Ezequiel, Daniel y los Profetas Menores).

Este orden se remonta al de la Vulgata y a las traducciónes anteriores griegas, que, además, incluyen una cuarta categoría: la de los libros apócrifos (1-2 Macabeos, Tobías, Judit, Baruc, Carta de Jeremías, Eclesiástico y Sabiduría).[27]

Las citas de Jesús –que encontramos en los Evangelios– son conformes al orden del canon hebreo. Por otro lado, Jesús nunca hizo

---

[26] *Ibíd.,* 165.

[27] La Biblia hebrea actual registra este agrupamiento:

1). La *ley* (con idéntico número de libros a los de nuestra Biblia);

2). los *profetas* (no según el orden del Talmud, sino según éste: Josué, Jueces, Samuel, Reyes, Isaías, Jeremías, Ezequiel y los Doce Profetas Menores);

3). los *hagiógrafos* (Salmos, Proverbios, Job, Cantar de los Cantares, Rut, Lamentaciones, Eclesiastés, Ester, Daniel, Esdras-Nehemías y Crónicas. El orden de Job, Rut y Eclesiastés puede variar).

referencia a los escritos apócrifos. En la tradición cristiana, San Jerónimo (342-420) agrupó los libros del Antiguo Testamento según el esquema básico hebreo.

Entre los documentos del Qumrân, que datan de últimos del siglo III antes de Cristo, con excepción del libro de Ester, se han encontrado manuscritos –totales o parciales– de todos los libros del Antiguo Testamento. Por lo general los libros aparecen en un rollo individual, aunque también se ha hallado la combinación Salmos<—>Profetas Menores. Según, pues, la inclusión de uno o dos libros en un solo rollo explicaría la variante entre 22 o 24 libros que se incluyen en el canon hebreo. Según Josefo, los libros eran 22. Este número se adaptaba a las 22 letras del alfabeto hebreo, pero es muy posible que la agrupación más antigua de los documentos fuera de 24 libros.[28]

En cualquier caso, lo que se debate no es la existencia de dos cánones distintos, sino de dos modos diferentes de agrupar los libros del Antiguo Testamento.

En la *Tosephta* y otros comentarios sobre la ley compilados en el siglo III de nuestra era se afirma que con la muerte de Hageo, Zacarías y Malaquías, la inspiración del Espíritu de Dios cesó en Israel. La profecía terminó con estos profetas, de modo que el libro de Eclesiástico se redactó después que el canon del Antiguo Testamento hubiera ya alcanzado su forma definitiva y completa. Como ya se ha indicado, la fecha de 164 antes de Cristo puede considerarse como la que marca la terminación y cierre definitivo del canon. Después de esta fecha empiezan a surgir en el judaísmo discrepancias y dudas sobre algunos de los libros del canon –concretamente sobre el libro de Ester, el Cantar de los Cantares, Proverbios, Eclesiastés y Ezequiel–.

Así, por ejemplo, los esenios no reconocían la canonicidad de Ester sobre la base de que su contenido no armonizaba con los otros textos sagrados, ya que:

---

[28] «Since the numeration 22 developed from the numeration 24, and since the change of number is achieved simply by moving Ruth and Lamentations to their new position as appendices to Judges and Jeremiah, without rearranging the other books chronologically, there may well have been an interim form of the numeration in which no other changes were made than the moving of Ruth and Lamentations. But if so, the Hagiographa would in this form have begun not with Ruth or with Job but with the Psalms, which would supply and additional reason for the title "Psalms" given to the Hagiographa in Luke 24,44; Philo, *De vit. cont.*, 25; and certain later texts». R. Beckwith, *op. cit.*, 261.

*1)* añadía un nuevo festival religioso –el de Purim–[29] y con ello iba en contra de Levítico 23 y de Números 28-29;

*2)* casándose con un extranjero Ester había quebrantado la normativa judía;

*3)* introducía un calendario distinto al judío.[30]

También con Eclesiastés los esenios y fariseos tenían dudas sobre su canonicidad, por considerarlo secular en sus enfoques, contradictorio y herético en algunas de sus afirmaciones (como, por ejemplo, 1:3; 11:9). En los primeros siglos de nuestra era, dentro ya de la tradición cristiana, hay algunos silencios sobre este libro y también sobre el de Ester –como el es caso con Atanasio y Gregorio Nacianceno–. Sin embargo el libro de Ester es mencionado por Clemente en el siglo I y por varios Padres de la iglesia occidental. Las dudas sobre la canonicidad de estos libros, más que de un estudio directo de los mismos por parte de los exegetas cristianos, proceden de la influencia de la tradición judaica. Ya hemos visto que estos libros formaron parte de los documentos que se guardaban en el templo y que integraban la lista de libros canónicos reconocidos por los judíos, y que según el propio Josefo, habían sido inspirados por Dios. Por los fragmentos que se conservan de la traducción de Aquila –judío prosélito, que en 128-29 después de Cristo hizo una traducción del Antiguo Testamento al griego, que sería también base del texto masorético– los llamados «libros cuestionados» formaban también parte del canon vetotestamentario y fueron incluidos en su traducción.

Como ya hemos visto, los llamados libros *apócrifos* no se incluyeron en el canon de los libros del Antiguo Testamento. Sin embargo, a partir de la *Septuaginta*, las traducciones de la Biblia a otras lenguas empiezan ya a incluir los libros de Tobías, Judit, Sabiduría y Eclesiástico y –con excepción del Código Vaticano–, también Macabeos. Como hace notar Kenyon, estos tres códices, de mediados del siglo cuarto, proceden de Egipto, pero de la misma fecha, y también de Egipto, procede la lista de libros bíblicos hecha por Atanasio y en ella quedan excluidos

---

[29] Con este nombre se designa la fiesta nacional y religiosa de los judíos instituída en memoria de la libertad y salvación de los judíos en tiempo de Ester.

[30] Para una detallada exposición del calendario judío-esenio, véase R. Beckwith, *op. cit.*, 292.

los apócrifos.[31] Una vez más, también en este tema el testimonio del Nuevo Testamento es decisivo e incuestionable: no se encierra en el Nuevo Testamento ninguna cita de la Apócrifa.[32] Si bien no hay citas de la Apócrifa en el Nuevo Testamento, sí que hemos de consignar el hecho de que en la epístola de Judas (14 y ss.) encontramos una referencia a 1 Enoc 1:9, y también a la Asunción de Moisés, es decir: a textos de la Pseudoepígrafa.[33] Judas hace suyos estos pasajes, escribe Beckwith «por ser edificantes y apropiados» en el tema de su epístola; pero en modo alguno se quiere decir con ello «que todo lo que se contiene en estos libros sea edificante y, mucho menos, como teniendo autoridad divina».[34]

Si bien pasajes como el de Judas suscitan ciertas dificultades interpretativas, es evidente que el testimonio escriturístico e histórico ofrece pruebas bien fundamentadas sobre la canonicidad de la lista de libros que se incluyen en el Antiguo Testamento y que recoge nuestra Biblia. La autoridad de este canon descansa en su inspiración Divina –doblemente atestiguada, también, por el testimonio del Nuevo Testamento–. A la prueba *inherente* y *objetiva* de los propios escritos canónicos se añade el testimonio *subjetivo* que el Espíritu Santo obra en el corazón del creyente, ya que el mismo Espíritu de Dios, que ha inspirado los textos sagrados da testimonio en nuestros corazones de que estos libros son de origen y autoridad divinas.

---

[31] F.G. Kenyon, *The Text of the Greek Bible,* London, Duckworth, 1949, págs. 81, 84, 86.

[32] Sí que puede decirse, sin embargo, que se dan expresiones paralelas que suponen un conocimiento de la Apócrifa por parte de los autores del Nuevo Testamento. Ofrecemos a continuación algunos ejemplos: *Sabiduría* 1:3; 19:17 <—> 2 Pedro 2:7ss. («el justo Lot»); *Sabiduría* 11:23 <—> Hechos 17:30 y Romanos 2:4 (Dios pasa por alto los pecados del hombre para que se arrepienta) etc. Para más ejemplos, véase R. Beckwith, nota 199, pág. 426.

[33] La referencia de Judas no se encuentra entre los fragmentos que nos ha llegado del libro de Enoc. Pero en tanto que este libro es anterior a la epístola de Judas, es más que razonable suponer que la cita de Judas es del texto original de Enoc. Posiblemente sea por esta cita de un libro de la Pseudoepígrafa, que la epístola de Judas no fue fácilmente aceptada como canónica en la tradición cristiana.

[34] R. Beckwith, *op. cit.,* 403. Añade Beckwith: «He is treating the incidents he selects as pieces of narrative haggadah –edifying–, but not necessarily historical... The Assumption of Moses is indeed a piece of narrative haggadah, which has close parallel in the midrash Deuteronomy Rabbah, and there is no real reason why Jude should not have viewed the alleged prophecy by Enoch in the same way and treated in the same manner» (*ibíd.,* 403).

# Transmisión
## de los documentos
### del

**Nuevo Testamento**

*David Estrada*

## Transmisión oral y escrita

¿Cómo se llegó a un canon[1] neotestamentario de 27 libros? ¿Qué criterios se siguieron para seleccionar y considerar como inspirados los documentos del *Nuevo Testamento*? ¿Cuándo podemos hablar ya de un canon definitivo, como el que conocemos hoy en día? La respuesta a estas preguntas conlleva, necesariamente, un análisis riguroso de los hechos históricos que se inscriben en el proceso de formación del canon neotestamentario, y esto es lo que intentaremos hacer, brevemente, en este escrito.

Durante un periodo de unos veinte años después de la ascensión del Señor, la naciente iglesia cristiana no disponía todavía de ninguno de los escritos del *Nuevo Testamento*.[2]

El *Antiguo Testamento* era la Biblia de los primeros creyentes. En consecuencia, vemos como Pedro predica a Cristo desde una base ve-

---

[1] El término griego *canon* designa una vara para construir algo recto y derecho –como las reglas de los carpinteros y albañiles–. También la regla de las proporciones de la figura humana y de las construcciones arquitectónicas se incluye en el concepto de *canon*. En una acepción pasiva el *canon* designa aquello que ha sido aceptado como regla de fe y práctica. En el caso concreto del Nuevo Testamento, el *canon* designa el catálogo de los libros sagrados admitidos por la iglesia cristiana. Es a partir del *Sínodo de Laodicea*, del año 363, que el término *canon* se aplica definitivamente a la normativa de las *Escrituras*. Con anterioridad, la autoridad de los libros sagrados venía implícita en los términos de *Antiguo Testamento* y *Nuevo Testamento* (o los *pactos* antiguo y nuevo).

[2] Como resultado de las identificaciones de algunos de los papiros del *Qumrân*, realizadas recientemente por el padre O'Callaghan, este periodo podría reducirse a la mitad.

totestamentaria; Esteban interpreta la economía de la salvación desde las promesas de la antigua dispensación; Felipe identifica la pasión de Jesús con el siervo sufriente de *Isaías* 53, y Pablo hace del *Antiguo Testamento* el fundamento y punto de partida de su mensaje y doctrina.[3]

El *Antiguo Testamento* es interpretado como teniendo cumplimiento en la persona y obra de Jesucristo. Y es por esto que los creyentes de Berea «recibieron la palabra con toda solicitud, escudriñando cada día las Escrituras para ver si estas cosas eran así» (*Hch.* 17:11).

Es muy posible que el primer libro del *Nuevo Testamento* que se escribió fuera la *Epístola de Santiago* –en la última parte de la década de los cuarenta–, mientras que el *Apocalipsis* sería el último de los libros del canon –escrito en torno al año 95–. Al principio, la predicación evangélica se realizó a través del testimonio *oral* de los Apóstoles y discípulos. La repetición del mensaje central sobre Jesús pronto adquiriría unos esquemas fijos de presentación y transmisión –formas estereotipadas–, que en buena parte explicaría el paralelo verbal y de contenido de los evangelios *sinópticos*. A ningún lector de los evangelios de Mateo, Marcos y Lucas puede pasar desapercibida una nota de semejanza en la mayor parte de los hechos y dichos que relatan. De los 661 versículos de Marcos, 606 de ellos reaparecen en Mateo, y 380, con ligeros cambios, en Lucas. Únicamente 31 versículos de Marcos no tienen paralelo en Mateo ni en Lucas. Al comparar entre sí los evangelios de Mateo y Lucas, observamos que unos 250 versículos son comunes –en tanto que guardan un estrecho paralelo verbal y de contenido–.

En opinión de algunos eruditos del *Nuevo Testamento*, esta identidad verbal y de contenido, de hecho reproduce el lenguaje originario de una forma oral de proclamación del *Evangelio* (Alford, Westcott y muchos exponentes de la *crítica formal*). En contra de estos esquemas estereotipados de transmisión oral, se ha aducido la imposibilidad de memorizar con fidelidad unos contenidos tan extensos como los que encontramos en los *evangelios*. No es ésta, sin embargo, una argumen-

---

[3] *Hch.* 2:3,10; y los capítulos 7 y 8. Los creyentes gentiles que no conocían el hebreo, utilizaban el texto griego del *Antiguo Testamento* de la version de los *Setenta*, la llamada *Septuaginta*. Fue precisamente esta familiaridad de los creyentes gentiles con el *Antiguo Testamento* que los judaizantes intentaron aprovechar para pervertir el evangelio de la salvación por la gracia.

tación convincente. Muchos han sido los creyentes, sobre todo en periodos de persecución, que lograron una perfecta memorización de las *Escrituras*. Fuera de la esfera religiosa, nos consta, por ejemplo, que Dante había conseguido memorizar toda la *Eneida* de Virgilio; y, según el testimonio de los hermanos Grimm, muchos de los cuentos y leyendas germánicas se transmitieron de generación en generación con una fidelidad asombrosa. Sin que con ello se rechacen otras fuentes de información accesibles a los evangelistas, F. F. Bruce escribe:

> **«el estilo estereotipado en muchos narrativos y discursos de los evangelios constituye una garantía de fidelidad esencial».[4]**

No se olvide, por otro lado, la agencia del Espíritu Santo en la preservación de las formas de transmisión oral del *Evangelio*.

Que Marcos, por ejemplo, que no era apóstol, tuvo recurso directo a la forma estereotipada oral del relato evangélico de labios del apóstol Pedro, es evidente por el testimonio de Papias, recogido por Eusebio en su *Historia Eclesiástica*:

> **«Marcos, habiendo sido el intérprete de Pedro, escribió con exactitud todo lo que él [Pedro] dijo, ya se tratara de los dichos o de los hechos de Cristo, aunque no en orden. Porque no había sido oyente ni compañero del Señor; pero después,**

---

[4] F.F. Bruce, *The New Testament Documents*, Wm. B. Eerdmans, Grand Rapids, Michigan, 1962, pág. 32. Añade Bruce: «No nos gustan los estilos orales o literarios estereotipados; nosotros preferimos la variedad. Pero hay casos en que prima el estilo estereotipado, incluso en la vida moderna. Cuando un agente policial, por ejemplo, aporta su evidencia ante un juzgado, no adorna su relato con las gracias de la oratoria, sino que intentará ceñirse, tan estrechamente como le sea posible, a una *forma* prescrita y estereotipada. Lo que de hecho se busca es una estricta conformidad con la realidad que se describe... Como resultado de esta observancia a la *forma* concreta, con frecuencia el reportaje de incidentes y dichos parecidos serán hechos en un lenguaje idéntico y en una trama organizada semejante. De esta identidad de lenguaje y trama no debe inferirse que dos relatos similares hagan referencia a un mismo y único suceso, o que dos parábolas semejantes –como pueda ser la boda de *Mateo* 22 y la gran cena de *Lucas* 14–, sean, necesariamente, dos versiones distintas de una misma y única parábola. No porque un policía nos haga una descripción de dos accidentes urbanos en un lenguaje casi idéntico hemos de suponer que se trata de dos variantes de un único e idéntico accidente». *Ibíd.* 32.

*como ya dije, acompañó a Pedro, que adaptó sus enseñan-*
*zas según la necesidad y no como si buscara hacer una re-*
*copilación de los dichos del Señor. Así pues, Marcos no come-*
*tió ningún error, escribiendo de este modo algunas de las*
*cosas que él [Pedro] había mencionado, pues con atención*
*buscó no omitir nada de lo que había oído, ni incluir en ello*
*algo erróneo».[5]*

Muchos son los eruditos del *Nuevo Testamento* que consideran el evangelio de Marcos como el más antiguo y, a la vez, fuente de dependencia de Mateo y Lucas. Aunque un estudio de la llamada «hipótesis marquiana» nos alejaría del marco específico de este escrito, en favor de la antigüedad de este evangelio diremos que, a la luz de las recientes identificaciones de O'Callaghan, el papiro más antiguo que nos ha llegado del *Nuevo Testamento* se corresponde con una porción de Marcos, concretamente con los versículos 52-53 del capítulo 6 (*7Q5*).

En sus inicios, el testimonio apostólico se centraba de un modo especial en lo que Jesús *hizo* en favor del pecador, de ahí la importancia de su muerte y resurrección. Pero una vez pasaron de muerte a vida, los primeros cristianos habían de ser instruidos en las cosas que *dijo* Jesús. Resulta sorprendente, observa F.F. Bruce, el hecho de que la mayor parte de los contenidos de Mateo y Lucas, que no tienen paralelo en el evangelio de Marcos, tienen que ver con los dichos de Jesús.[6] Entre los estudiosos del *Nuevo Testamento* está muy extendida la creencia de que estos *dichos* de Jesús se contenían en un documento original arameo –al que se hace referencia con la letra «Q»–. Nuevamente aquí

---

[5] *Op. cit.*, III, 39. Papias fue obispo de Hierápolis, discípulo de san Juan y amigo de Policarpo de Esmirna, según testimonio de Ireneo (*Adv. haer.*, V, 33, 4) que fue su discípulo. En confirmación de la autoridad petrina, detrás del evangelio de Marcos, F.F. Bruce escribe: «Further confirmation of the Petrine authority behind Mark was suplied in a series of acute linguistic studies by C.H. Turner, entitled "Marcan Usage", in the *Journal of Theological Studies* for 1924 and 1925, showing, among other things, how Mark's use of pronouns in narratives involving Peter seems time after time to reflect a reminiscence by the apostle in the first person. The reader can receive from such passages a vivid impression of the testimony that lies behind the Gospel: thus in 1,29, "we came into our house with James and John: and my wife's mother was ill in bed with fever, and at once we tell him about her"». *Op. cit.*, 36.
[6] *Ibíd.*, 37.

el testimonio de Papias, recogido también por Eusebio, parece corroborar la existencia de un texto arameo:

> **«Mateo recopiló las logia en habla hebrea [aramea] y cada cual las tradujo como mejor pudo».[7]**

Con toda probabilidad, el plural *logia* (oráculos), hace referencia a «los *dichos* del Señor». Con lo cual las palabras de Jesús, tal y cual las pronunció en arameo, serían traducidas al griego en los evangelios de Mateo y Lucas. El estilo peculiar del griego utilizado refleja el lenguaje profético del *Antiguo Testamento* y el paralelismo poético de los ritmos hebreos. El evangelio de Mateo, además de las fuentes ya mencionadas –comunes a Marcos y a Lucas– contiene otros *dichos* de Jesús que se supone fueron compilados y conservados por la comunidad judeocristiana de Jerusalén. Todo apunta a que el evangelio apareció en la Antioquía siríaca a principios de la décadas de los setenta.

Lucas, el autor de los *Hechos de los Apóstoles* y del evangelio que lleva su nombre, se nos muestra como una persona culta y con un gran dominio del griego *koiné*. Discípulo de Pablo y médico de profesión, se distingue en todo momento por la objetividad de su enfoque y la exactitud histórica de sus relatos.

La dedicatoria con la que empieza su evangelio resume elocuentemente el método de trabajo que ha seguido y el rigor de la investigación que se ha propuesto: «Puesto que ya muchos han tratado de poner en orden la historia de las cosas que entre nosotros han sido ciertísimas, tal como nos lo enseñaron los que desde el principio lo vieron con sus ojos, y fueron ministros de la palabra, me ha parecido también a mí, después de haber investigado con diligencia todas las cosas desde su origen, escribírtelas por orden, oh excelentísimo Teófilo, para que conozcas bien la verdad de las cosas en las cuales has sido instruido» (*Lc.* 1:1-4).

---

[7] Eusebio, *Historia Eclesiástica, III, 39*. Curiosamente, la utilización de la letra *Q* para la designación de este supuesto texto arameo, se debió a dos eruditos que, trabajando independientemente el uno del otro, propusieron –simultáneamente– la misma letra. Wellhausen lo designó *Q* por ser ésta la letra inicial de la palabra alemana *Quelle*, fuente. En Cambridge, J.A. Robinson, que ya había designado el fondo petrino de Marcos y de los otros sinópticos, con la letra *P* (de Pedro), estimó conveniente designar el material arameo subyacente en Mateo y Lucas, por la siguiente letra del alfabeto, es decir, por la *Q*.

Lucas recogió información de labios de aquellos «que vieron con sus ojos» todo lo concerniente a Jesús, y después «de haber investigado con diligencia todas las cosas desde su origen», decidió escribir su evangelio. Ciertamente el Espíritu Santo podía haber inspirado directamente a Lucas toda la información pertinente a Jesús, pero, por lo general, el método divino de operación no excluye los medios objetivos y humanos. Sin fango ni saliva hubiera podido Jesús devolver la visión al ciego, sin embargo, recurrió a estos medios para obrar el milagro. El *Evangelio de Lucas* –al igual que los *Hechos de los Apóstoles*– fue escrito muy posiblemente en Roma a principios de la década de los sesenta.

Los evangelios sinópticos, citando de nuevo a F. F. Bruce:

> **«fueron escritos durante un tiempo cuando todavía vivían muchos que podían recordar las cosas que dijo e hizo Jesús; y algunos, por lo menos, vivían todavía cuando se escribió el cuarto evangelio».[8]**

Esta es, pues, la información *ciertísima* que nos transmiten los evangelios.

El cuarto evangelio, considerado por muchos autores liberales del pasado como una producción tardía de la comunidad cristiana, tanto por el testimonio histórico en el que se enmarca, como por la evidencia interna que revela, constituye un documento valiosísimo sobre Jesús, ya que su autor se nos muestra como un testigo directo de los hechos y de las palabras que relata. Juan escribe como uno que «vio la gloria» del Dios encarnado (1:14); como «el discípulo amado que da testimonio de estas cosas y escribió estas cosas» (21:24); y las ha escrito en su evangelio «para que creáis que Jesús es el Cristo, el Hijo de Dios, y para que creyendo, tengáis vida en su nombre» (20,31). Sobre san Juan, el autor del cuarto evangelio, Ireneo (104-203), escribe:

---

[8] *Op. cit.*, 13.

[9] *Adv. haer.*, III,1. Ireneo fue obispo de Lyon y uno de los primeros polemistas de la Iglesia, llamado por Jerónimo «varón de los tiempos apostólicos» *(Epist.*, LXXXV; *P.L.*, 22, 687). En su carta a Florino hace Ireneo memoria de los días en que ambos se sentaron a los pies de Policarpo (69-155), obispo de Esmirna, que había sido discípulo del apóstol Juan, y de cuyos labios habían oído las cosas relatadas por Juan sobre Jesús (citado por Eusebio en su *Historia Eclesiástica*, V, 20).

*«Juan, el discípulo del Señor, el mismo que reclinaba su cabeza sobre su pecho, el mismo escribió también su evangelio cuando vivía en Éfeso, en Asia».*[9]

Poco después de que Juan completara su evangelio, en lo que podríamos llamar *el primer paso* hacia la formación del canon, los cuatro *Evangelios* empiezan a circular como constituyendo una colección unitaria de libros sagrados a la que se designaba con el título –en singular– de *El Evangelio*. Para la iglesia primitiva sólo había un único *Evangelio*, del que daban testimonio Mateo, Marcos, Lucas y Juan. Las epístolas paulinas fueron escritas entre los años 48 y 60, y presuponen ya en los lectores un conocimiento de los *evangelios* –si bien en algunos aspectos, como el de la resurrección del Señor, el Apóstol aduce una información adicional sobre los testigos de la resurrección–. En sus epístolas, el apóstol Pablo desarrolla y explicita las implicaciones doctrinales y prácticas del *Evangelio*.

Con toda probabilidad, a partir de la segunda mitad del siglo II, las epístolas paulinas –como colección unitaria– circularían ampliamente entre las comunidades cristianas.[10]

El proceso a través del cual los documentos del *Nuevo Testamento* llegarían a ser posesión de toda la colectividad cristiana, podría ser descrito –más o menos– en estos términos: durante algún tiempo –que nosotros estimamos como muy breve–, los *Evangelios* y las *Epístolas* constituirían el tesoro preciado de sus destinatarios (iglesias o individuos); en el caso de la iglesia de Colosas –y posiblemente también la de Éfeso– una determinada epístola circularía de una iglesia a otra iglesia, pero retornaría a la iglesia destinataria; pronto los individuos y las iglesias receptoras harían copias de los documentos recibidos y los enviarían a otras congregaciones, las cuales, a su vez, harían lo mismo con los textos recibidos. De este modo, y en un periodo de tiempo muy breve, los libros del *Nuevo Testamento* adquirirían una amplia difusión.

El recurso al *códice*, o libro manuscrito, en sustitución del *rollo*,

---

[10] En la *Segunda Epístola de Pedro* (3:15, 16), se alude a las epístolas paulinas de un modo general como conocidas por la Iglesia. Muy posiblemente aquí no se incluían las *Epístolas Pastorales* de Pablo –entonces en proceso de redacción–. La *Segunda Epístola a Timoteo* debió de escribirse, más o menos, por las mismas fechas en que Pedro escribió su segunda carta.

facilitaría enormemente el agrupamiento de documentos neotestamentarios en una sola colección unitaria. No es de extrañar, pues, que en una porción de códice como la de los llamados *Papiros de Chester Beatty,* de principios del siglo III, encontremos ya reunidos los cuatro *Evangelios* y los *Hechos de los Apóstoles,* y en otra porción del mismo códice tengamos las epístolas paulinas.

A la luz de la evidencia histórica podemos afirmar que ya a finales del siglo II el canon del *Nuevo Testamento* había adquirido su configuración actual. Desde Ireneo (140-203), escribe Westcott,

> **«el Nuevo Testamento** *se componía esencialmente de los* **mismos libros que nosotros poseemos en la actualidad, y ha-** *cia ellos se observaba la misma reverencia que nosotros les otorgamos ahora».*[11]

La necesidad de confeccionar un canon de libros inspirados se agudizó al tener que afrontar la Iglesia primitiva las mutilaciones de los *Evangelios,* y otros libros del *Nuevo Testamento,* por obra de Marción en su falso canon. A partir, pues, de mediados del siglo II, la línea de demarcación entre los escritos inspirados y los libros apócrifos empieza a perfilarse con toda claridad, y de esto es buen ejemplo la firme actitud de Ireneo y Tertuliano en su defensa de los libros inspirados. Otro factor, que también se apunta como decisivo en la formación definitiva del canon, se relaciona con el edicto del emperador Diocleciano del año 303, en virtud del cual todos los libros religiosos habían de ser quemados. Ello hizo que la Iglesia mostrara un cuidado muy especial en la preservación de los libros inspirados, para de este modo poder hacer frente al decreto de destrucción.

En el tema de la formación del canon llama poderosamente la atención el hecho de que la selección –y consiguiente reconocimiento del carácter inspirado de los 27 libros que lo constituyen–, no se debió a decreto alguno de los primeros concilios. Ni el concilio de Nicea

---

[11] F.F. Westcott, *A General Survey of the History of the Canon of the New Testament,* pág. 6. Añade Westcott: «All the Fathers at the close of the second century agree in appealing to the testimony of antiquity as proving the authenticity of the books which they used as Christian Scriptures. And the appeal was made at a time when it was easy to try its worth». *Ibíd.,* 314.

(325), ni el sínodo de Laodicea (363), hicieron pronunciamiento alguno sobre los libros del canon neotestamentario. Para la Iglesia antigua la composición del canon provenía y era resultado de la propia autoridad que estos libros, por haber sido inspirados por el Espíritu de Dios, poseían de un modo inherente. En el tercer concilio de Cartago, celebrado en el año 397, se especifica que por *Escritura divina* ha de entenderse solamente la colección de los libros canónicos –los únicos que deben leerse en la Iglesia–, enumerando a continuación los 27 libros del *Nuevo Testamento.* Con anterioridad, en el año 367, Atanasio ya había dado esta lista de libros canónicos, y lo mismo harían poco después Jerónimo y Agustín. La actitud de la Iglesia apostólica hacia los documentos canónicos del *Nuevo Testamento* fue similar a la observada hacia los escritos del *Antiguo Testamento:* se los consideraba también inspirados e investidos con el mismo grado de autoridad. En esto no se hacía más que seguir el ejemplo del propio apóstol Pedro que, en su segunda epístola, coloca los escritos paulinos al mismo nivel de «las otras escrituras» (3,15-16).[12]

En contra de la tesis de F.J.A. Hort y otros, atribuyendo a los primeros cristianos un cierto descuido en la preservación de la pureza de los textos neotestamentarios, nosotros defendemos el celo y cuidado de la Iglesia primitiva en la conservación y transmisión de los documentos bíblicos. Una y otra vez la exhortación apostólica pone en guardia a los fieles del peligro de los falsos enseñadores. Véase, como ejemplos: *Hch.* 20:27-32; *Gá.* 1:6-12; *2 Ti.* 3:1-4; 4:2; *2 P.* 2:1, 2, *1 Jn.* 2:18, 19; *2 Jn.* 7-11; *Jud.* 3-4, 16-19.[13]

Los falsos enseñadores, en palabras de Pedro, «tuercen las epístolas paulinas y las otras *Escrituras* para propia perdición» (3,16). «El que

---

[12] En la llamada *Epístola de Bernabé* (fechada entre el 70 y el 135), también encontramos ejemplos de equiparación entre los libros del *Nuevo Testamento* y los del *Antiguo.*

[13] Véase la obra de W.N. Pickering, *The Identity of the New Testament Text,* Thomas Nelson, Nashville & New York, 1977, págs. 93 y ss.

[14] Ireneo, *Adversus haereses,* IV, 32, 2. El hecho de que no se haga mención explícita de *Filemón* y *3ra. de Juan,* no supone que Ireneo no las considerara como canónicas. Como dice Pickering: «These two books are so short that Irnaeus may not have had occasion to refer to them in his extant works; it does not necessarily follow that he was ignorant of them or rejected them. Evidently the dimensions of the New Testament Canon recognized by Iraeneus are very closely to what we hold today». *Op. cit.,* pág. 99.

[15] *Aedversus haereses,* IV, 32, 8. Para asegurar la fiel transcripción de sus escritos, al final

pervierte los dichos del Señor —escribe Policarpo en su epístola— es primogénito de Satanás».[14]

Ireneo, por su parte, afirma que «la doctrina de los Apóstoles se transmitió sin falseamiento alguno —sin añadidos ni abreviaciones».[15]

En un interesantísimo pasaje, escrito con toda probabilidad en el año 208, Tertuliano exhorta a los herejes en estos términos:

> **«... apresuraos a visitar las iglesias apostólicas, en las que los mismísimos tronos (cathedrae) de los Apóstoles presiden todavía en estos lugares, en los que se leen sus auténticos (authenticae) escritos, dando a conocer su voz y mostrando separadamente el rostro de cada uno de ellos. Muy cerca de vosotros está Acaia, donde hallaréis Corinto; y en tanto que no estáis lejos de Macedonia, encontraréis allí Filipo y también Tesalónica. Y puesto que podéis hacer la travesía hasta Asia, allí encontraréis Éfeso. Sin embargo, puesto que estáis cerca de Italia, allí se encuentra Roma, de donde procede y está a nuestro alcance la mismísima autoridad [de los Apóstoles]».[16]**

La palabra *authenticae*, o bien hace referencia a los originales autógrafos griegos de los escritos apostólicos, o bien designa las copias íntegras y fieles de estos escritos (en oposición a los textos adulterados y mutilados de los herejes). En cualquier caso, resulta remarcable el hecho de que, a principios del siglo III, en los grandes núcleos antiguos, las comunidades cristianas poseían, sino los originales mismos, copias completas y fidedignas de estos manuscritos del canon neotestamentario.

En contra, pues, de la actitud de aquellos críticos que parecen deleitarse en acentuar la corrupción textual de los documentos antiguos

---

de éstos algunos autores añadían una solemne exhortación para el copista. Así Ireneo, al final de su tratado sobre el *Ogdoad*, escribió: «Por el Señor Jesucristo y su gloriosa venida —cuando juzgará a los vivos y a los muertos— te amonesto a ti, copista de este libro, a que compares lo que transcribes y lo corrijas cuidadosamente a la luz del manuscrito que estás copiando; y te insto, también, a que insertes esta exhortación en tu copia». Citado por B.M. Metzger, *The Text of the New Testament,* Oxford University Press, 1964, pág. 21. Si Ireneo tomó tales precauciones para asegurarse de la correcta transmisión de sus escritos ¡qué no habría hecho para garantizar una exacta y fiel reproducción de los textos sagrados! (cf. W. Pickering, *op. cit.,* 102-103).

[16] Tertuliano, *Praescriptione haereticorum,* XXXVI.

del canon, nosotros –sobre la base de una sólida evidencia interna y externa–, defendemos la integridad substancial del texto griego del *Nuevo Testamento* –contenido en una importante colección de documentos antiguos–. Sin embargo, esto no quiere decir que ignoremos el hecho –ampliamente atestiguado en los escritos de los padres apostólicos, nicenos y postnicenos– de que muy pronto en la historia de la Iglesia los falsos enseñadores adulteraron y pervirtieron una y otra vez el texto bíblico. Ireneo, Clemente de Alejandría, Tertuliano y muchos otros Padres de la Iglesia acusaron a los herejes de viciar y pervertir las *Escrituras* para apoyar sus errores. A mediados del siglo II, Marción expurgó del evangelio de *Lucas* todas las referencias a los orígenes judíos de Jesús. Mientras que Taciano, por su parte, adulteró algunos textos bíblicos en un intento de justificar sus doctrinas ascéticas y eucráticas. Por otro lado, los errores, omisiones y añadidos de copistas y compiladores, han dejado su huella en las numerosas variantes griegas del *Nuevo Testamento*. Con todo, su incidencia en el texto general básico del *Nuevo Testamento* es insignificante.[17] Sir Frederic Kenyon, uno de los más grandes eruditos en manuscritos antiguos del *Nuevo Testamento*, escribe:

> **«El intervalo entre las fechas de la composición original y la evidencia existente más cercana, resulta insignificante... Las Escrituras nos han llegado sustancialmente tal como fueron escritas. Tanto la autenticidad, como la integridad general de los libros del Nuevo Testamento pueden ser consideradas como finalmente establecidas».**[18]

Como ya hemos indicado, la abundancia de documentos antiguos sobre los textos del *Nuevo Testamento* es considerable. No hay otro libro

---

[17] Las teorías de crítica textual abogadas por Westcott y Hort, tendentes a desprestigiar el *Textus receptus,* acentúan –a veces con dogmatismo cerril–, el valor de «los textos más cortos y menos elaborados» de los manuscritos más antiguos. Así, por ejemplo, en *1 Timoteo* 3,16, el *Textus receptus* dice: «Dios fue manifestado en carne». Esta lectura viene avalado por 300 documentos, y solo 5, en vez de «Dios» tienen «el cual». Aun siendo, pues, abrumadoramente mayoritaria la evidencia en favor de «Dios», los editores contemporáneos del texto griego del *Nuevo Testamento* tienen «el cual». No estamos de acuerdo con O'Callaghan cuando escribe: «Algunos testigos tardíos tienen: "Dios manifestado en la carne"». *Nuevo Testamento trilingue, ad loc.*

[18] *The Bible and Archeology,* págs. 288-89.

antiguo que posea tantos documentos acreditativos de su autenticidad e integridad. También en este aspecto el *Nuevo Testamento* es un libro único. El número de manuscritos griegos, contabilizados hasta la fecha sobre el *Nuevo Testamento,* se acerca al de cinco mil. Podemos, ciertamente, hablar de una *transmisión* excepcional, tanto por la cantidad de documentos, como por el grado de fiabilidad de los mismos. A modo de contraste, resulta sumamente elocuente establecer una comparación con algunos libros famosos de la antigüedad. Así, de Tucídides (*c.*460-400 *a.C.*) y Herodoto (*c.*480-425 *a.C.*), los renombrados historiadores griegos, apenas si nos ha llegado algún que otro insignificante papiro de principios del primer siglo de nuestra era. El documento más útil de estos autores data del siglo décimo –es decir, de unos 1.300 años después que se escribiera el texto original–. De la famosa *Guerra de las Galias* de Julio César, escrito entre los años 58 y 50 antes de Cristo, de los diferentes manuscritos que se conservan, sólo unos nueve o diez tienen verdadero valor textual, y de éstos, el más antiguo, es de principios del siglo décimo de nuestra era.[19]

## Documentos más importantes del Nuevo Testamento

Ofrecemos a continuación una breve reseña sobre algunos de los documentos más importantes del *Nuevo Testamento,* tanto por su antigüedad como por la cantidad de textos neotestamentarios que contienen:

### 7Q5 = Marcos 6, 52-53

El documento más antiguo del *Nuevo Testamento,* que nos ha llegado hasta la fecha, es un fragmento de papiro de Qumrân, conocido bajo las siglas 7Q5, e identificado por el padre jesuita J. O'Callaghan, en diciembre de 1971, como correspondiente a *Marcos* 6:52, 53. Con anterioridad a su identificación, el papiro había sido datado del 50 *a.C.* al 50 *d.C.* Es decir, ya en la década de los cuarenta circulaba una copia –posiblemente egipcia– del *Evangelio según san Marcos.*[20]

---

[19] Para una relación más detallada de ejemplos, veáse la obra ya citada de F.F. Bruce, pág. 16.

[20] A pesar de la oposición y controversia que al principio suscitaron las identificaciones de

### Papiro Raylands

Este fragmento de códice de papiro, que se conserva en la John Rylands Library de Manchester, hasta las identificaciones de O'Callaghan, había constituído el documento más antiguo de un fragmento del *Nuevo Testamento*. Contiene cinco versículos del capítulo 18 de san *Juan* (31-33, 37, 38), y sobre una sólida base paleográfica, el papiro está fechado en torno al año 125; tratándose, con toda probabilidad, de una copia egipcia. Sobre el supuesto de que Juan escribió su evangelio en Éfeso, entre los años 90 y 100, el papiro Rylands demuestra que, poco después de su redacción, el evangelio de *Juan* ya circulaba entre las comunidades cristianas de Egipto.

### Papiros Chester Beatty

Se trata de once porciones de códice de papiro fechados entre la primera parte y la segunda mitad del siglo III. Contienen la mayor parte del *Nuevo Testamento,* incluyendo la *Epístola a los Hebreos* y el *Apocalipsis.*

### Códice Sinaítico (01)

Ya desde sus inicios, el siglo IV marcaría una verdadera revolución en la historia de la transmisión de los documentos bíblicos. Superadas las persecuciones, sin trabas de ningún tipo y con el pleno apoyo del Emperador, las copias de la *Escritura* se multiplican y adquieren gran difusión en todo el Imperio.[21]

El uso generalizado de la vitela, o pergamino, en sustitución del papiro como material de escritura, fue decisivo en la adopción del *códice* y el paulatino abandono del *rollo.* El recurso al códice, como ya apuntábamos anteriormente, hizo posible la colección unitaria de todos los textos bíblicos en un solo manuscrito. Por ser la piel más resistente que el papiro y puesto que ofrece más espacio para la escritura, los nuevos manuscritos aparecerían en letras más grandes y separadas

---

O'Callaghan entre los críticos del *Nuevo Testamento,* estudios recientes —como los del papirólogo C.P. Thiede— parecen corroborar plenamente las identificaciones del jesuita catalán (véase *Razón y Fe,* tomo 219, Nº 1.087, mayo, 1989).

[21] Según el testimonio de Eusebio (*Vit. Constant.,* IV,36), en el año 331 el Emperador había hecho una solicitud de cincuenta copias de la *Escritura,* en *vellum,* para uso de las iglesias de Constantinopla.

–mayúsculas o *unciales*–, y distintamente rotuladas. Este periodo uncial de escritura sobre vitela cubre un espacio de más de seis siglos, y durante el mismo se copiaron los manuscritos más valiosos del *Nuevo Testamento*.

El *Códice Sinaítico*, la gran joya del Museo Británico, es uno de los manuscritos de la Biblia griega más célebres y más importantes. Se trata de un infolio de pergamino de piel de antílope, de 43 por 37cm, en 346 hojas y media. Cada hoja tiene cuatro columnas y cada columna 48 líneas. La escritura es uncial, de una gran claridad y finura de trazo, sin espíritus ni acentos y sólo las iniciales salen del margen. Como fecha posible podría darse la segunda mitad del siglo IV, señalándose a Egipto como lugar de origen.

El relato del hallazgo de este códice, dice F. Kenyon, forma parte del manuscrito y no puede omitirse de ninguna historia del texto del *Nuevo Testamento*. En 1884, el gran erudito de la *Escritura* Constantino Tischendorf, con el fin de buscar nuevos manuscritos de la Biblia, emprendió viaje a la Península del Sinaí. En el Monasterio de Santa Catalina vio cómo los monjes del lugar, para encender el fuego, utilizaban hojas de pergamino contenidas en un cubo de basura. No tardó en darse cuenta Tischendorf de que eran parte de un códice de la *Septuaginta*. Los monjes, a petición suya, le regalaron las hojas de pergamino que todavía quedaban en el cubo, a la par que le daban la mala noticia de que muchos pergaminos como aquellos ya habían sido utilizados previamente para encender el fuego.[22]

Le fueron enseñadas otras hojas de pergamino –del mismo códice del que procedían las hojas que le habían regalado– y Tischendorf pudo comprobar que contenían los libros de *Isaías* y *Macabeos;* pero esta vez los monjes no quisieron desprenderse de las mismas. Con la mayor vehemencia de la que fue capaz, Tischehdorf advirtió a los monjes de que aquellos documentos bíblicos eran demasiado valiosos para ser utilizados como material combustible. Confiando en hacerse con el resto

---

[22] Eran cuarenta y tres las hojas de pergamino que Tischendorf había podido rescatar de la quema. Estas contenían textos de *1 Crónicas, Jeremías, Nehemías* y *Ester*, y se conservan actualmente en la biblioteca de Leipzig bajo el nombre de *Codex Friderico-Augustanus,*en honor al soberano alemán que patrocinó la expedición de Tischendorf. Estas hojas, como descubriría más tarde el ilustre erudito alemán, formaban parte del *Codex Sinaiticus*, pero han continuado conservándose en el museo de Leipzig.

del códice, en 1853 Tischendorf visitó de nuevo el monasterio de Santa Catalina, pero sin resultado positivo alguno. Sin embargo en 1859, en una tercera visita al monasterio –bajo el patrocinio del Zar de Rusia– los frutos de su paciente y perseverante búsqueda se traducirían en la obtención del valiosísimo *Codex Sinaiticus*. Envuelto en un pañuelo viejo y sucio, como única protección, le fue mostrado un manuscrito un poco mutilado, y que Tischendorf no tardaría en reconocer como el mismo códice del que habían provenido las cuarenta y tres páginas de pergamino obtenidas en su primer viaje.

Además de una gran parte del *Antiguo Testamento*, el códice contenía –en un excelente estado de conservación– la totalidad de los libros del *Nuevo Tetamento*, además de la *Epístola de Bernabé* y casi todo el llamado *Pastor de Hermas* –libros sobre los cuales durante algún tiempo existieron dudas sobre su canonicidad–. Como es de suponer, el regocijo de Tischendorf fue extraordinario. Después de largas y laboriosas gestiones, pudo conseguir de los monjes el oportuno permiso para llevar al Zar Alejandro II el preciado documento –acción que sería más tarde generosamente recompensada por el mandatario ruso–.

En el día de Navidad de 1933 el gobierno británico ultimó la compra del códice ante las autoridades soviéticas. El manuscrito está escrito en el estilo uncial de los más antiguos que se conocen y, como ya hemos adelantado, como fecha de antigüedad se da la de mediados del siglo IV.[23]

### Código Alejandrino (02)

Se trata de uno de los códices griegos, de mediados del siglo V, más conocidos en Europa. Procede de Egipto y se conserva actualmente

---

[23] No sólo por sus grandes caracteres unciales se evidencia su antigüedad, sino también por el hecho de que le faltan los doce versículos del final del *Evangelio según san Marcos* (16:9, 20), la doxología añadida posteriormente al *Padrenuestro* y el incidente de la mujer tomada en adulterio en el que se dice que «Jesús escribía sobre la tierra». En opinión de Tischendorf este códice debió ser uno de los cincuenta ejemplares de la Biblia que, según testimonio de Eusebio (*Vita Constantini*,IV, 36-37), Constantino mandó copiar en el año 331. El Códice Sinaítico contiene el *Nuevo Testamento* íntegro, pero el *Antiguo*, por el contrario ha sufrido grandes mermas (quedan únicamente fragmentos de los capítulos 23 al 24 del *Génesis*, 5, 6 y 7 de los *Números*, 9:27 y 19;17 de *1 Crónicas*, 9:9 al fin del *2 Esdras*, etc.).

en la biblioteca del Museo Británico.[24] En su forma actual el manuscrito consta de cuatro volúmenes, conteniendo 773 hojas de pergamino, 630 del *Antiguo Testamento* y 143 del *Nuevo*. Aunque le falta la mayor parte de *Mateo* (1:1-25:6), algunos pasajes de *Juan* (6:50-8:52) y de *2 Corintios* (4:13-12:6), contiene uno de los mejores textos del *Apocalipsis*.[25] El texto aparece en dos columnas (el *Sinaítico* tiene cuatro, mientras que el *Vaticano* tiene tres).

### Código Vaticano (03)

En opinión de muchos eruditos, este códice –que se guarda en la Biblioteca Vaticana– es el documento griego más valioso de cuantos nos han llegado. Se trata de un pergamino de extraordinaria perfección, escrito en caracteres unciales y por una sola mano. Tiene una altura de 27 a 28 cm y con igual ancho y cuenta 759 hojas, de ellas 617 para el *Antiguo Testamento* y 142 para el *Nuevo*. En él no han figurado nunca los libros de los *Macabeos;* accidentalmente faltan el cap. 1 del *Génesis,* algunos versículos de los *Salmos,* las dos epístolas a *Timoteo,* la de *Tito,* la de *Filemón,* el *Apocalipsis,* y de la *Epístola a los Hebreos* se ha perdido desde el cap. 9:13 hasta el final. Se escribió, con toda probabilidad, en Egipto a mediados del siglo IV, y –por lo menos– desde 1481 ha estado en la Biblioteca del Vaticano. Durante mucho tiempo la Iglesia Católica no concedió demasiada importancia al códice, y el acceso al mismo por parte de eruditos protestantes fue muy difícil y restrictivo (Tischendorf solo pudo estudiar el texto durante 42 horas, y no muchas más Tregelles).[26]

Finalmente, en 1889-90, el Vaticano publicó un facsímil fotográfico del códice.

---

[24] Al pie de la primera página del *Génesis* hay un grafito en árabe en que se advierte que desde 1098 era de pertenencia del tesoro patriarcal de Alejandría. Cirilo Lúcar, patriarca de Constantinopla, y luego de Alejandría, en 1628 lo regaló al rey de Inglaterra Carlos I.

[25] La disponibilidad de espacio que se desprende del pasaje joanino que se ha perdido, hace suponer que tampoco en este códice figuraba el comentario que se introduce en otros documentos en el relato de la mujer tomada en adulterio. Con excepción de la primera página, el códice contiene completa la *Primera Epístola de Clemente.*

[26] Aunque tarde para su edición del *Nuevo Testamento* griego, en 1533 Erasmo, a través de Juan Ginés de Sepúlveda, tuvo acceso a algunos textos de este códice.

### Código Ephraimi rescriptus (04)

Se trata de un códice muy parecido al *Alejandrino* y también de mediados del siglo V. Catalina de Medici, de cuya familia era propiedad desde el siglo XVI, lo llevó a Francia y en la actualidad se encuentra en la Biblioteca Nacional de Paris. En su forma original contenía la Biblia completa, pero en su condición presente está muy mutilado. De sus 209 hojas actuales de pergamino, 64 corresponden a porciones muy diversas del *Antiguo Testamento* y las otras 145 al *Nuevo*. A excepción de *2 Tesalonicenses* y *2 Juan*, todos los demás libros del *Nuevo Testamento* están incluidos, aunque ninguno en forma completa.

En el tema de la transmisión de los documentos neotestamentrios, este códice nos ofrece un aspecto muy interesante. Se trata de un códice palimsesto (*codex rescriptus*), es decir, de un manuscrito cuya escritura original fue borrada para escribir sobre el pergamino un texto distinto. La carestía y escasez de la vitela hacía que algunos pergaminos se utilizaran dos veces. Para borrar la escritura original se empleaba el lavado y la esponja si las tintas eran de escasa adherencia; de lo contrario, se recurría al raspado con cuchillas o con piedra pómez, ablandando antes el pergamino con leche y harina. Con el tiempo, y por lo general con la simple acción del aire, la escritura antigua solía aflorar. En el manuscrito que nos ocupa, y muy posiblemente en el siglo XII, una vez borrado el texto bíblico, se escribieron los sermones de un tal Efrén, monje sirio del siglo IV. Ya a principios del siglo XVIII se intentó descifrar completamente el texto original, sin embargo, no sería hasta el año 1834, y gracias al uso de un preparado ácido adecuado y al talento descifrador de Tischendorf, que se lograría una recuperación total de la escritura original.

### Código de Beza (05)

Este código fue adquirido por Beza en 1562 y donado en 1581, por el propio Reformador, a la Universidad de Cambridge, donde todavía se conserva. Algunos suponen que fue este el códice que en 1546 se utilizó en el Concilio de Trento.

Aunque es del siglo V, y exhibe un marcado carácter latino, no se ha podido precisar todavía su lugar de procedencia –para algunos Roma, y para otros Egipto o el norte de África–. En su estado actual consta de 406 hojas de pergamino; en el lado izquierdo el texto es en griego y en el derecho en latín. Se trata, pues, de un manuscrito bilingüe –y no siempre demasiado de fiar, tanto por sus adiciones como por sus omisiones–.[27]

### Códice Claromontanus (D2)

Este códice perteneció también a Beza, pero en el siglo XVIII, Luis XIV lo compró para la Biblioteca Nacional. Al igual que el anterior, es del siglo VI y bilingüe —también con el texto griego a la izquierda y el latino a la derecha—. En opinión de un buen número de críticos, este códice contiene el texto más autorizado de las *epístolas* neotestamentarias. Contiene, además, la *Epístola de Bernabé* y el *Pastor de Hermas*. El texto latino de este códice podría ser considerado como un precursor directo de la *Vulgata*.

## Los códices minúsculos o *cursivos*

Los códices que hemos reseñado vienen a ser los más importantes de los que nos han llegado hasta la fecha, y son los que mejor ilustran la transmisión del texto neotestamentario.[28]

Los manuscritos unciales de pergamino cubren un periodo de tiempo que va del siglo IV al siglo X. Pero ya en el siglo noveno, al incrementarse la demanda de manuscritos –no necesariamente religiosos–, y a fin de abaratar y aprovechar mejor el material de pergamino, se empieza a prescindir de los caracteres unciales –o letras mayúsculas, que tomaban un mayor espacio– y se generaliza el uso de un tipo de escritura más pequeño, de letras minúsculas, unidas entre sí por el mismo trazo contínuo de la pluma. Se imponía así el estilo *minúsculo,* o de escritura *cursiva.* A partir del siglo X, el *papel,* importado de Asia –y utilizado

---

[27] Así, por ejemplo, en *Lucas* 6:4, 5, añade: «En el mismo día, viendo a uno que trabajaba en el día del sábado, le dijo: hombre, si sabes lo que haces, bienaventurado eres; pero si no lo sabes, maldito y transgresor de la ley eres». En *Lucas* 22:20, omite la segunda referencia a la «copa del Señor»; en el versículo 36, omite «Paz a vosotros»; en el 40, «y diciendo esto, les mostró las manos y los pies»: y, finalmente, en el versículo 51 omite «y fue llevado arriba al cielo». Con frecuencia se entremezclan «Señor» y «Dios».

[28] Para una referencia mucho más completa de la lista de códices bíblicos, véase la obra de F.G. Kenyon, *Handbook to the Textual Criticism of the New Testament,* Wm. B. Eerdmans, Grand Rapids, Michigan, 1951.

ya en el siglo II en China– se usa cada vez más en Europa. Dos años más tarde, al generalizarse su fabricación en la mayoría de los paises europeos, el papel acaba sustituyendo definitivamente al pergamino.

Así, pues, en la historia de la transmisión de los documentos del *Nuevo Testamento*, los manuscritos *cursivos* –o en minúsculas– marcarán otro hito importante hasta el descubrimiento de la imprenta. Si bien en teoría los manuscritos minusculos, por ser posteriores a los unciales, no parecen tener la importancia de éstos, de hecho, algunos de estos documentos, por reproducir papiros muy antiguos, entrañan tanta o mayor valor que los códices mayúsculos. De los cerca de 2.500 documentos cursivos que se conservan, unos 800 contienen el texto de los *Evangelios,* más de 500 los *Hechos de los Apóstoles,* más de 600 las *epístolas* paulinas, y cerca de 250 el libro del *Apocalipsis.* Existen, según Kenyon, 46 manuscritos cursivos que contienen todo el *Nuevo Testamento.*[29] Muchos de estos documentos –que van del siglo IX al siglo XVI– no han sido todavía estudiados en profundidad.

## Las antiguas *versiones* de la Biblia y los *leccionarios*

Además de los papiros, códices –unciales y minúsculos– y referencias bíblicas en los escritos de los Padres de la Iglesia, en la búsqueda y recuperación del texto originario del *Nuevo Testamento,* las *antiguas versiones* de la Biblia y los *leccionarios* litúrgicos de la Iglesia, encierran gran valor para la crítica textual. Para la reconstrucción del texto original griego, el estudio de las traducciones de la Biblia al siríaco y al latín es importantísimo. Constatamos el hecho de que algunas de estas versiones se remontan a mediados del siglo II, y, en consecuencia, tienen una antigüedad de más de dos siglos con respecto a los códices *Vaticano* y *Sinaítico.*

En tiempos apostólicos la propagación del Evangelio fue muy rápida en Siria y Mesopotamia, regiones donde se hablaba el siríaco

---

[29] En el aparato crítico de las ediciones griegas del *Nuevo Testamento,* los manuscritos cursivos aparecen indicados en numeración arábiga. Y nuevamente aquí, para una reseña muy completa de manuscritos minúsculos remitimos al lector a la obra de Kenyon ya mencionada, págs. 124-144.

–muy afín al arameo de Palestina, que hablaron tanto Jesús como sus discípulos–. La necesidad, pues, de traducir las *Escrituras* a la lengua vernácula de estos lugares se hizo sentir muy pronto. La más antigua de las versiones siríacas es la *sinaítica*, descubierta en 1892 por dos hermanas gemelas –las Sras. Lewis y Gibson, de Cambridge– en el Monasterio de Santa Catalina, del Monte Sinaí, en el mismo lugar donde Tischendorf, en 1844, había descubierto el *Codex Sinaiticus*.[30] Más o menos del mismo tiempo es el *Diatessaron*, o armonía de los *Cuatro Evangelios*, de Taciano.

La llamada versión *Peshitta*, de principios del siglo V, parece seguir la versión hecha por Luciano de Antioquía en torno al año 300, y se la identifica con el llamado texto bizantino que combina fuentes documentales orientales, occidentales y, sobre todo, alejandrinas. El número de manuscritos que conservan el texto *peshitta* es de unos 243 –la mitad de los cuales se encuentran en la biblioteca del Museo Británico–. En tanto que esta versión se hace eco de los documentos griegos más importantes, se la considera como la base del *Textus receptus*.[31]

En el año 508, Filoxeno y más tarde Tomás de Charquel en el año 618 –ambos obispos de Mabugg o Hierápolis, cerca de Antioquía– hicieron una revisión de la *Peshitta*. En ambas versiones, entre los libros del *Nuevo Testamento* se incluyen las epístolas *2 y 3 de Juan, 2 Pedro, Judas* y el *Apocalipsis*. También en Egipto –que durante mucho tiempo fue un importante centro de cultura griega, sobre todo la región de Alejandría–, se hicieron traducciones de la Biblia en varios de los dialectos egipcios (sahídico, bohárico, fayúmico, bashmúrico, etc.). Algunas de estas versiones son de principios del siglo III.

Si bien en los primeros siglos de nuestra era un amplio sector de la población del Imperio Romano era bilingüe y conocía bien tanto el

---

[30] En Mateo 1:16 esta versión contiene una curiosa variante, pues dice: «Jacob engendró a José, y José, con quien se había desposado María, la Virgen, engendró a Jesús, que es llamado el Cristo». Parece, pues, como si se negara el nacimiento virginal de Jesús; pero, por otro lado, se hace referencia a María como «la Virgen». En la versión *siríaca curetoniana* del siglo V, de la que únicamente nos han llegado los *Evangelios,* la lectura es correcta: «Y Jacob engendró a José, marido de María, de la cual nació Jesús, llamado el Cristo».

[31] En contra del desprestigio al que Westcott, Hort y otros críticos han sometido al *Textus receptus,* véase la obra de Wilbur N. Pickering, *The Identity of the New Testament Text,* Thomas Nelson Inc. Publishers, Nashville & New York, 1977.

latín como el griego, con el correr del tiempo esta última lengua quedó relegada a los círculos cultos, con lo cual también se hizo necesaria la traducción de las *Escrituras* al latín –sobre todo en la provincia del norte de África, donde la cultura helénica no había tenido demasiado arraigo–. De la antigua traducción latina existieron dos versiones: la *africana* y la *europea*. Los orígenes de la primera son de mediados del siglo II. Muchas de las citas bíblicas de Tertuliano son en latín, y aun con más abundancia las encontramos en Cipriano. La versión latina europea, ya del siglo III, por lo general es más fiel al texto griego, y de la misma nos han llegado porciones de códice muy diversas, algunas de las cuales –como el *codex veronensis*– pudieron haber sido utilizadas por san Jerónimo en la preparación de la *Vulgata*.[32]

Ante la confusión originada por las numerosas y conflictivas versiones latinas de la Biblia en circulación, Dámaso, obispo de Roma, en el año 382 confió a san Jerónimo una revisión del texto latino. Jerónimo respetó las porciones existentes que estimó correctas y subsanó y mejoró aquellos pasajes no acordes con el texto griego. Como modelo para el texto griego original se inclinó por los documentos de tipo alejandrino. Contrariamente a lo que podría suponerse, la aceptación de la *Vulgata* fue un proceso lento, y no fue hasta bien entrado el siglo IX que logró desplazar a las otras versiones antiguas latinas. En 1546 el Concilio de Trento decretó el texto de la *Vulgata* como versión oficial de las *Escrituras* en la Iglesia Católica. Pero en tanto que existían varias versiones diferentes de la *Vulgata*, el decreto tridentino no clarificó en nada la conflictiva situación. En 1590 el papa Sixto V promulgó como oficial una versión de la *Vulgata* basado en el texto de la edición de Stephanus (Robert Estienne) del año 1528, que no tuvo una acogida favorable. Dos años después, el papa Clemente VIII autorizaría una nueva versión de la *Vulgata*, que con respecto a la del papa Sixto contenía unas 3000 variantes en el texto bíblico. Esta traducción latina, conocida como la *Vulgata clementina*, se ha convertido en la versión oficial de la Iglesia Católica.

De las distintas versiones de la *Vulgata* existen un gran número de manuscritos –sólo en Europa su número estima en más de ocho mil–. Entre los más importantes cabe destacar el *Codex Amiatinus*,

---

[32] En el aparato crítico de las ediciones griegas del *Nuevo Testamento,* las referencias a los diferentes manuscritos latinos se indican con las letras cursivas del alfabeto.

procedente del norte de Inglaterra, aunque en la actualidad se conserva en la biblioteca de Florencia; es del siglo VIII y contiene toda la Biblia. El *Codex Cavensis,* que se encuentra en la biblioteca de La Cava, Italia, fue escrito en España en el siglo IX, y es representativo de la *Vulgata* de tipo hispano; se trata, también, de un ejemplar completo de las *Escrituras,* en excelente estado de conservación. Otros códices, como el *Dublinensis* del siglo VIII o IX y el *Fuldensis* del siglo VI, no contienen toda la Biblia, pero si el *Nuevo Testamento* y, curiosamente, ambos manuscritos incluyen la *Epístola a los Laodicenses.*[33]

En el siglo XIII, coincidiendo con el interés por los temas bíblicos mostrado por la recién fundada Universidad de París, se incrementó enormemente el número de manuscritos de la *Vulgata.* De este tiempo data la división de la Biblia en capítulos, obra de Stephen Langton –durante algún tiempo profesor de la Universidad de París y, más tarde, arzobispo de Canterbury–.[34]

El primero libro completo impreso en Europa fue la espléndida edición de la *Vulgata,* hecha por Gutenberg en 1456 –y conocida como la Biblia de Mazarino–.

Como primera obra impresa del *Nuevo Testamento* en griego se menciona la edición de Erasmo de 1516, hecha en los talleres de Juan Froben, de Basilea. Sin embargo, esto no es del todo correcto, ya que dos años antes –es decir, en 1514– la parte correspondiente al *Nuevo Testamento* de la Biblia *Políglota Complutense* del cardenal Francisco Jiménez de Cisneros, ya había sido impresa, pero no se destribuyó públicamente en espera de la terminación del *Antiguo Testamento.*[35] Como reconocen la casi unanimidad de los eruditos del texto griego

---

[33] Para una relación extensa de los manuscritos de la *Vulgata,* remitimos nuevamente al lector a la obra ya mencionada de F.G. Kenyon.

[34] La división de los capítulos en *versículos* numerados se debió al dominico italiano Santes Pagninus (1470-1536), que en 1528 publicó una traducción de la Biblia hecha directamente de los textos originales. Era ésta una versión más correcta y fiable que la *Vulgata,* y aunque la literalidad de su estilo la hacía poco elegante, fue una obra muy consultada por los traductores de la época. Todo parece indicar que fue esta versión la que utilizaría Miguel de Cervantes en sus referencias bíblicas. En 1529 Pagninus publicó su famoso dicccionario hebreo *Thesaurus linguae santae,* del que se han hecho numerosas reimpresiones.

[35] De hecho, no fue hasta 1522 cuando el papa León X autorizó finalmente su publicación, es decir, cinco años después de la muerte del cardenal Cisneros.

del *Nuevo Testamento*, la edición de Erasmo es muy inferior a la *Complutense*, pero por haber aparecido antes —en un solo volumen y a un precio más asequible— llegó a ejercer una mayor influencia en la historia textual del *Nuevo Testamento*. En la revisión definitiva del texto griego que realizó Erasmo para la edición de 1527, se acusa la influencia positiva del texto de la *Políglota*.[36]

También el parisino Robert Estienne, conocido por el nombre latinizado de Stephanus —a quien ya hemos mencionado con relación a una edición de la *Vulgata*— publicó un *Nuevo Testamento* en griego sobre la base de los textos de Erasmo, la *Políglota* y 15 documentos antiguos de la Biblioteca de París (entre los que se encontraba el *Codex Bezae*). La tercera edición de este *Nuevo Testamento* en griego, aparecida en 1550, sería decisiva en la estructuración final del *Textus receptus*, y serviría de base para las traducciones vernáculas de conocidas versiones del *Nuevo Testamento*.[37]

Otra fuente de transmisión de los textos bíblicos la constituyen los llamados *leccionarios*, de extendido uso en los servicios litúrgicos de la Iglesia. Los *leccionarios* contienen porciones selectas de las *profecías*, las *epístolas* y los *evangelios* para los cultos de todo el año. Llamósele así porque las porciones bíblicas que se leían comenzaban con las palabras *Lectio Isaias, Lectio Epistolae* y *Lectio Sancti Evangelii*.[38]

---

[36] La *Complutense* se imprimió en seis volúmenes, con una edición de 600 ejemplares. De las dos primeras ediciones del texto de Erasmo se hicieron 3.300 copias.

[37] La labor de Estienne fue continuada por Theodore Beza, que entre 1565 y 1604 publicó nada menos que nueve ediciones del *Nuevo Testamento*. Su estrecha dependencia del texto de Estienne acentuaría aun más la importancia que se otorgaría al *Textus receptus*. La frase *Textus receptus* se encuentra por primera vez en la segunda edición de Elzevir (1683), en cuyo prólogo se lee: «Textum ergo habes nunc ab omnibus receptum». Comenta Kenyon: «Resulta, pues, claro que en lo que a la agencia humana concierne, el texto recibido —base para nuestra *Versión autorizada* [King James] y para los *testamentos* griegos más corrientes— carece de peso suficiente para nuestra aceptación; e iría ciertamente en contra de todos los cánones ordinarios de crítica literaria si se dijera que no necesita, a la luz de las autoridades más antiguas y mejores, de correcciones considerables». *Op. cit.*, 272.

[38] Llamósele también *Apostolos*, porque la mayor parte de las Lecciones estaban tomadas de san Pablo. Pero en la antigüedad comúnmente se le dio el nombre de *Comes, Liber Comitis, Liber Comicus*, por razón de que los ministros debían tenerlos siempre y en todas partes como fiel e inseparable compañero. Los *leccionarios* que contienen porciones de los *Evangelios* se les llama *Evangeliarii*, o *Evangelistaria*, y los que contienen pasajes de las *Epístolas* se conocen bajo el nombre de *Apostoli* o *Praxapostoli*.

El número de *leccionarios* rebasa la cifra de 1600. Como más antiguo se menciona el *Romano,* en uso ya en la última mitad del siglo V. Como *leccionarios* también importantes, podríamos destacar el *Mediolanse,* el *Bobiense,* el *Capuano,* el *Napolitano,* el *Galicano* y el *Mozárabe.* Están escritos, por lo general, en el estilo uncial, y se hace referencia a los mismos utilizándose los numerales arábigos. Los *leccionarios* han sido poco estudiados en el pasado, pero la tendencia en la actualidad es a concederles una mayor importancia en todo el proceso de transmisión de los documentos bíblicos.

## Transmisión y selección canónica

Con cierta frecuencia entre los documentos antiguos del *Nuevo Testamento* se han incluido algunos libros que, con el paso del tiempo, han sido excluidos del canon y considerados como escritos apócrifos. Entre estos libros cabe mencionar la *Didaché,* el *Pastor de Hermas,* la *Primera Epístola de Clemente,* la *Epístola de Bernabé,* el *Evangelio de los Hebreos,* los *Hechos de Pablo*[39] y el *Apocalipsis de Pedro* (A partir del siglo IV empezó a circular la llamada *Epístola a los Laodicenses*). Pero incluso sobre algunos libros del canon neotestamentario se manifestaron, ya desde antiguo, ciertas dudas en cuanto a su inspiración y autoridad. Estas reservas se centraron principalmente en los siguientes libros: la *Epístola de Santiago, 2 Pedro, 2 y 3 de Juan, Judas, Hebreos* y *Apocalipsis.* Sin embargo, como ya se indicó anteriormente, en el *Concilio de Cartago,* celebrado en el año 397, se mencionan, como única y exclusivamente canónicos, los 27 libros que se incluyen en nuestro *Nuevo Testamento.*[40] Todas las grandes confesiones de la Reforma aceptaron como canónicos los 27 libros del canon del *Nuevo Testamento.*

---

[39] En esta obra, del siglo II, se nos hace un retrato del apóstol Pablo en estos términos: «Era pequeño de estatura, cejijunto, de nariz grande, calvo, estevado, de constitución fuerte, lleno de gracia y que en algunas ocasiones tenía la apariencia de hombre y en otras de ángel».

[40] Estas dudas sobre la canonicidad de algunos libros del *Nuevo Testamento,* reaparecen a partir del siglo XVII. En su *Nuevo Testamento* griego de 1516, Erasmo acepta la canonicidad de la *Epístola de Santiago* con ciertas reservas. Por no considerarlos como «libros genuinos

## A modo de conclusión

La historia de la transmisión de los documentos del *Nuevo Testamento* nos muestra un proceso extraordinario de sedimentación textual del mensaje del cristianismo, sin paralelo con ningún otro libro. Por su abundancia, antigüedad y fiabilidad, el legado de manuscritos que actualmente obra en nuestro poder, constituye una base sólida para poder afirmar que poseemos la práctica totalidad del texto original de los libros canónicos. Podríamos incluso decir que *tocamos* los documentos originales. Las variantes textuales que aparecen en muchos de los manuscritos son secundarias, y en modo alguno afectan la esencia y el corazón de la fe revelada. Y en este contexto hemos de decir que el estudio serio y profundo de estas variantes ha de redundar, necesariamente, en unas versiones más correctas y fidedignas de la *Escritura*.

En la transmisión de los documentos del *Nuevo Testamento*, la agencia providente del Espíritu Santo en modo alguno puede pasar desapercibida. El mismo Espíritu que inspiró a los autores de los *Libros Sagrados*, hizo también patente su actividad en el proceso de *transmisión*, *selección* y *aceptación* del canon, no sólo de un modo *externo* —preservando los documentos a través de los siglos—, sino también de un modo *interno* en el corazón de los creyentes, al llevar a éstos al reconocimiento de la autoridad inherente de los propios libros del canon, y al obrar en su espíritu una firme persuasión de fe en sus contenidos revelados.

---

e importantes del *Nuevo Testamento*», Lutero puso al final de su traducción de la Biblia los textos de *Hebreos*, *Santiago*, *Judas* y el *Apocalipsis* (En comparación con los demás libros del *Nuevo Testamento*, la *Epístola de Santiago* «era de paja»). Aunque él mismo no creía que el *Apocalipsis* fuera apostólico, dejaba que el lector decidiera por sí mismo sobre su canonicidad. Calvino aceptaba sin reserva alguna la canonicidad de *Santiago*, *Judas* y *Hebreos*, pero nada nos dice sobre *2* y *3 de Juan*.

# ¿Nos podemos fiar del Nuevo Testamento?

## Nuevo Testamento?

*David Burt*

## Curriculum vitæ

David Burt cursó estudios de Filología Románica
en Oxford.

En el año 1967 llegó a España
bajo los auspicios de Operación Movilización,
para iniciar el testimonio cristiano
en la Universidad de Madrid.
Fue nombrado Secretario General de
los Grupos Bíblicos Universitarios en España.

En 1979 tomó el pastorado
de una iglesia Evangélica de Barcelona,
una de las más importantes del país.
Ha viajado dando conferencias por varios continentes.

Actualmente se dedica a pleno tiempo
a la labor de escribir
y ha editado numerosos libros de estudio
y vida cristiana.

Está casado con Margarita Burt, también escritora,
y son padres de una hija.

# Índice

# I

## *El cristianismo, una fe histórica*

Cuando los autores del Nuevo Testamento se pusieron a redactar los veintisiete libros que lo componen, decidieron correr un gran riesgo. Se atrevieron a situar los eventos que narraban dentro de un marco histórico determinado. Más aun, sostuvieron que el mensaje divino que habían de comunicar brotaba directamente de esos eventos. O sea, escribieron unos textos de contenido espiritual como si trataran de narraciones históricas. No escribieron como teólogos, sino como testigos de unos acontecimientos extraordinarios. El evangelio –el mensaje divino de salvación para los hombres– y el marco histórico en el cual está inserto en el Nuevo Testamento son inseparables.

Fue un atrevimiento de su parte porque, obviamente, cualquier error suyo en la recopilación de datos históricos sembraría en nosotros cierta desconfianza en cuanto a su fiabilidad o integridad como autores y, por extensión, en cuanto a la fidedignidad y veracidad del evangelio. Pero, por otra parte, su atrevimiento ofrece esperanza a cualquier persona deseosa de saber, con un mínimo de objetividad, si se puede fiar de los textos del Nuevo Testamento. Nos proporciona un medio por el cual examinar su veracidad. La exactitud del contenido espiritual del evangelio, por definición, no se presta ni a ser demostrada ni a ser refutada; se acepta -o no- por fe y por convicción personal. En cambio, la exactitud del marco histórico sí se presta a ser demostrada o refutada. Por lo tanto, si nuestra investigación del soporte histórico revela a los autores como historiadores dignos de confianza, aumentará también su credibilidad como escritores religiosos. Su veracidad en una área puede darnos confianza para creer lo que dicen en otra.

Cuando, pues, afirmamos que el cristianismo es una *fe histórica*, no solamente estamos diciendo que ha existido desde hace muchos siglos; tampoco que ha surgido inicialmente en medio de determinadas circunstancias históricas (lo cual es cierto de todas las demás religiones, ideologías y filosofías); ni siquiera que, para entenderlo bien, hay que conocer su origen histórico (lo cual también es cierto de las demás). No. Queremos decir algo más específico: que el mensaje del cristianismo no consiste sólo en pensamientos teóricos, sino también en hechos históricos.

El evangelio sostiene que Dios ha intervenido en la historia de maneras concretas. No sólo ha revelado su voluntad por medio de «mensajes» dados a los profetas y apóstoles, sino que ha actuado en la historia mediante *hechos* que sirven como refrendo y, a la vez, como fundamento de su revelación. Las palabras de los profetas y apóstoles y los hechos de Dios en la historia son inseparables. Juntos constituyen la revelación divina.

Dios ha hablado y ha actuado. Su actuación no es comprensible sin su comunicación, ni su comunicación sin su actuación. Ha obrado con hechos que se prestan a ser examinados por el método histórico. Él mismo ha entrado corporalmente en la historia en la persona de Jesucristo. El evangelio consiste, no sólo en las enseñanzas de Jesucristo, sino también en los hechos de su vida.

Es a todo esto a lo que nos referimos cuando hablamos de una *fe histórica*.

## Hechos y mitos

Como punto de contraste —y a fin de entendernos— consideremos las religiones de los romanos y los griegos. Eran religiones llenas de «historias». Los dioses tomaban forma humana y participaban en el devenir humano. Sin embargo, en tiempos de Jesucristo, muy pocos se tomaban en serio estas historias. No eran tenidas por «históricas». Eran «mitos», historias que, en el mejor de los casos, podían tener una función didáctica y, en el peor, constituían una proyección de los anhelos y temores más profundos del ser humano y de su inmensa capacidad supersticiosa.

Algo muy parecido ocurre hoy en día con las «historias» del hinduismo. Supuestamente, cada vez que un hindú ve un mono o un elefante se encuentra con una manifestación de alguno de sus dioses. Pero hay una gran ambivalencia, incomprensible para la mentalidad occidental, en su manera de relacionarse con ellos:

> ¿Tales historias [los mitos del hinduismo] se toman realmente en serio? Pues lo bastante como para asegurar el culto al dios en cuestión y para hacer que los fieles estén pendientes de su favor, pero no lo suficiente como para ser de verdadero valor religioso. Al mono, cuando se baja del árbol y empieza a destrozar la propiedad de una persona, puede que inicialmente se le salude con reverencia como el dios Hanuman, pero pronto se le arrojará del lugar apedreándole. También es normal que la gente coloque un poco de arroz delante de la imagen de Ganes, el dios elefante, pero sin estar muy convencidos del valor de esta acción. Es un hecho que para el hindú no importa que sean verídicas o no estas historias.[1]

Las «historias» del hinduismo, como las del paganismo de la antigüedad, son mitos que no pueden sostenerse a la luz del análisis histórico.

Algunos intentarían decir lo mismo de las historias del cristianismo. Dan por sentado que los elementos milagrosos de la narración bíblica no pueden haber sido históricos. Sin embargo, los mismos autores bíblicos, que sabían distinguir muy bien entre mitos y hechos históricos, sostuvieron que eran verídicos:

> No os hemos dado a conocer el poder y la venida de nuestro Señor Jesucristo siguiendo fábulas artificiosas, sino como habiendo visto con nuestros propios ojos su majestad (2 Pedro 1:16).

En contraste con las leyendas y supersticiones de otras religiones, el cristianismo pretende fundarse en hechos sólidos e históricos.

---

[1] Anderson: *The World's Religions*, pág. 113.

## Hechos y mentiras

El cristianismo, sin embargo, no es la única religión que pretende ser histórica en este sentido. Como botón de muestra de otras religiones supuestamente históricas, podríamos señalar el Islam o el Mormonismo. Nuestra acusación contra ellas es aun más seria que en el caso de los mitos: las «historias» que narran, y que sirven de soporte a sus creencias, han sido inventadas por el fundador de la religión en cuestión, sin base alguna en la verdadera historia y sin el apoyo de documentos, restos arqueológicos y demás herramientas de la historicidad.

Es de observar que, en ambos casos, la «revelación» fue dada a un solo hombre –Mahoma y José Smith–, mientras la revelación bíblica vino a lo largo de muchos siglos a una variedad de personas, y su propia coherencia en tales condiciones constituye un poderoso argumento a favor de su autenticidad.

Además, sabemos que la honradez y veracidad de aquellos dos hombres eran seriamente cuestionadas por sus contemporáneos. Pero lo más importante, para nuestros efectos, es que recibieron «revelación» acerca de lo que había ocurrido (supuestamente) *siglos antes de que ellos mismos nacieran*. No son testigos de hechos contemporáneos, sino se atreven a darnos la «versión correcta» de historias del pasado. Lo hacen sin poder aducir ningún testimonio documental o arqueológico. Todo depende de su propia palabra.

Así, el Libro del Mormón narra la historia «verídica» de poblaciones y civilizaciones antiguas de América, que en realidad no han dejado ni rastro de su existencia. Todo es producto de la fértil imaginación de José Smith.

Mahoma, por su parte, volvió a escribir la historia de muchos de los personajes bíblicos. Pero lo hizo sin referencia a ninguna otra fuente sino su propia imaginación (a excepción de aquellos detalles que tomó prestados a la Biblia). Es decir, no hay ningún documento anterior a Mahoma que dé apoyo a sus invenciones. ¡Desde luego es una nueva manera de escribir la historia! Por ejemplo, para creer que lo que él dice acerca de Abraham es cierto, tendremos que suponer que, en el siglo séptimo después de Cristo, Mahoma recibió de Dios la versión correcta de lo que ocurrió quince siglos antes de Cristo. Lo que resulta increíble es que millones de personas acepten esta «revelación» como historia verídica.

En cambio, los historiadores bíblicos siempre narran hechos contemporáneos o cercanos, o se toman la molestia de hacer una seria investigación de los documentos y demás fuentes de otros autores contemporáneos (p.ej. en el caso de los libros de los Reyes y las Crónicas del Antiguo Testamento). O bien son testigos oculares de los eventos que narran, o bien han hecho una investigación histórica de rigor. El evangelista Lucas, por ejemplo, no estuvo presente en los eventos de la vida de Cristo –cosa que él mismo reconoce abiertamente–, pero, en cambio, dedicó grandes esfuerzos a garantizar la exactitud de su Evangelio:

> *Puesto que ya muchos han tratado de poner en orden la historia de las cosas que entre nosotros han sido ciertísimas, tal como nos lo enseñaron los que desde el principio lo vieron con sus ojos, y fueron ministros de la palabra, me ha parecido también a mí, después de haber investigado con diligencia todas las cosas desde su origen, escribírtelas por orden, oh excelentísimo Teófilo (Lucas 1:1-3).*

Los escritores del Nuevo Testamento no pretendían ser teólogos profesionales, pero sí mantuvieron vez tras vez que eran testigos fieles que no hacían más que transmitir a otros las cosas que habían visto y oído:

> *A este Jesús resucitó Dios, de lo cual todos nosotros somos testigos (Hechos 2:32).*

> *Vosotros matasteis al Autor de la vida, a quien Dios ha resucitado de los muertos, de lo cual nosotros somos testigos (Hechos 3:15).*

> *El Dios de nuestros padres levantó a Jesús, a quien vosotros matasteis colgándole en un madero. A éste, Dios ha exaltado con su diestra por Príncipe y Salvador, para dar a Israel arrepentimiento y perdón de pecados. Y nosotros somos testigos suyos de estas cosas (Hechos 5:30-32).*

> *Nosotros somos testigos de todas las cosas que Jesús hizo en la tierra de Judea y en Jerusalén; a quien mataron colgándole en un madero. A éste levantó Dios al tercer día, e hizo que se manifestase; no a todo el pueblo, sino a los testigos que Dios había ordenado de antemano, a nosotros que comimos y bebimos con él después que resucitó de los muertos (Hechos 10:39-41).*

De hecho, en contraste con José Smith y Mahoma, los apóstoles nunca pretendieron ser los inventores de una nueva religión. No eran tanto teólogos como testigos. Lo que recibieron de Dios por revelación no fueron los hechos históricos en sí, sino el significado espiritual de los hechos (el cual, como veremos, es algo bien distinto). Por esto, la palabra «testigo» es empleada frecuentemente por Jesucristo y por los mismos apóstoles para describir su función.[2]

La historia auténtica, la que realmente ocurrió, se presta a la investigación y tiene el soporte de evidencias fehacientes. Nada de esto se da en el Mormonismo ni en el Islam. Por lo cual consideramos que son «historias» fraudulentas. En cambio –y este es el tema de nuestro estudio– el cristianismo no sólo se presta a un análisis histórico, sino se confirma por medio de él.

## Fe histórica e ideología teórica

Otras religiones –por ejemplo el budismo o el confucianismo en sus formas más puras– no pretenden que sus enseñanzas tengan raíz histórica alguna. Se componen de ideas éticas y espirituales que no tienen nada que ver con hechos históricos determinados.

Por supuesto, esto es cierto también de la gran mayoría de ideologías políticas y sistemas filosóficos que han surgido a lo largo de la historia humana. Quizás acudan a ciertos hechos históricos como ejemplos o ilustraciones de sus postulados. Puede que no sean comprensibles fuera de su contexto histórico. Pero no son «históricos» en el sentido que hemos dicho: no son ratificados por hechos históricos, ni tienen unos hechos históricos como su mismo origen y fundamento.

En cambio, el cristianismo sí. Algunos dirían que esto constituye una debilidad del cristianismo. Desde luego –como ya hemos dicho– su carácter histórico le hace vulnerable a cierta clase de ataque. Si los hechos históricos sobre los cuales se fundamenta pueden ser demostrados como falsos, entonces todo el sistema se tambalea. Pero esto es algo que los cristianos han reconocido desde el principio. Por ejemplo, esto es lo que escribió el apóstol Pablo:

---

[2] Ver, además de los textos ya citados, Lucas 24:48; Hechos 1:8,22; 22:15; 26:16; 1 Pedro 5:1.

*Porque si no hay resurrección de muertos, tampoco Cristo resucitó. Y si Cristo no resucitó, vana es entonces nuestra predicación, vana es también vuestra fe. Y somos hallados falsos testigos de Dios; porque hemos testificado de Dios que él resucitó a Cristo, al cual no resucitó, si en verdad los muertos no resucitan. Porque si los muertos no resucitan, tampoco Cristo resucitó; y si Cristo no resucitó, vuestra fe es vana; aún estáis en vuestros pecados (1 Corintios 15:13-17).*

Él sostiene que toda la fe cristiana descansa sobre el hecho histórico de la resurrección de Jesucristo. Si se pudiese demostrar que la resurrección no ocurrió, automáticamente se desmontaría toda la doctrina cristiana. Ya no habría evangelio.

Pero —repito— lo que a primera vista parece una debilidad del cristianismo, de hecho constituye su gran fuerza. Si los hechos históricos sobre los cuales descansa se mantienen ilesos ante los ataques de los escépticos; si una rigurosa investigación histórica no hace que se tambaleen las evidencias que los apoyan, sino que viene a confirmarlos; si el paso de los siglos confirma la existencia de una sólida base documental y arqueológica sobre la cual los hechos históricos del cristianismo descansan, entonces el carácter histórico del cristianismo resulta ser una razón de peso para creer en él.

Pensémoslo bien. Las ideas religiosas en sí no se prestan a ser comprobadas ni refutadas. ¿Cómo podemos medirlas? ¿Con qué herramienta determinar su veracidad? Jesucristo mismo tuvo que afrontar este problema, cuando los líderes del judaísmo cuestionaban la autoridad de su enseñanza. Y en diferentes ocasiones utilizó los «hechos históricos» de carácter demostrable, para confirmar realidades espirituales que no lo eran. Así pues, en una ocasión dijo a los judíos:

*Si no hago las obras de mi Padre, no me creáis. Mas si las hago, aunque no me creáis a mí, creed a las obras, para que conozcáis y creáis que el Padre está en mí, y yo en el Padre (Juan 10:37-38).*

Es decir, las obras de Jesucristo (hechos históricos) demuestran la autenticidad de sus enseñanzas y de su autoridad espiritual (las cuales de otro modo no tendrían ninguna demostración fehaciente).

En otra ocasión afirmó que los pecados de cierto hombre paralítico eran perdonados. Con esta afirmación, se atribuía a sí mismo una autoridad divina porque, como bien decían sus adversarios, ¿quién puede perdonar pecados sino sólo Dios? ¿Qué hacer en tal caso? ¿Cómo saber si Jesús tenía esa autoridad o no? El perdón de pecados no es algo que puedas demostrar objetivamente. Jesús confirmó su autoridad en una materia invisible ejerciendo autoridad en una esfera visible:

> *Jesús entonces, conociendo los pensamientos de ellos, respondiendo les dijo: ¿Qué caviláis en vuestros corazones? ¿Qué es más fácil, decir: Tus pecados te son perdonados, o decir: Levántate y anda? Pues para que sepáis que el Hijo del Hombre tiene potestad en la tierra para perdonar pecados (dijo al paralítico): A ti te digo: Levántate, toma tu lecho y vete a tu casa. Al instante, levantándose en presencia de ellos, y tomando el lecho en que estaba acostado, se fue a su casa, glorificando a Dios (Lucas 5:22-25).*

Los hechos históricos demuestran la autoridad espiritual de Jesús.

De la misma manera, los hechos históricos del evangelio nos pueden servir de guía y confirmación en medio de la confusión religiosa de nuestros días. Porque —reconozcámoslo— el tema de la religión a finales del siglo XX se nos presenta turbio y confuso. Es como si estuviéramos en un mercadillo de religiones, ideologías y filosofías. En cada puesto quieren vendernos su sistema. Todos dicen tener la verdad. ¿Cómo podemos decidirnos? ¿O debemos ir a la tumba sin llegar nunca a ninguna conclusión en cuanto al propósito de la vida y a la existencia de un más allá?

En medio de esta confusión, el evangelio cristiano nos dice: Si quieres, *puedes* saber; no necesitas quedarte con dudas; no es cuestión de hacer una selección arbitraria, sino de examinar las evidencias; y las evidencias que te propongo son evidencias históricas. ¿Quieres mirarlas?

Ya no es cuestión de seleccionar al azar aquella religión que «mejor nos va», sino de examinar los hechos y escuchar los testimonios de testigos oculares. Por ser el cristianismo una fe con contexto histórico y con enseñanzas arraigadas en la historia, adquiere una dimensión objetiva que admite una comprobación histórica que las demás religiones no tienen.

Mientras las historias de la vida de Buda no sirven ni para demostrar ni para cuestionar la veracidad de sus enseñanzas, la vida de Jesucristo se relaciona estrechísimamente con su doctrina. Los hechos de Jesús son una parte tan íntegra de su mensaje como sus palabras. No puede haber divorcio entre ellos. Lo que él revela no son teorías abstractas sino el mismo carácter de Dios manifestado en su propia persona, y la obra salvadora de Dios manifestada en su muerte, resurrección y ascensión.

Las enseñanzas de las grandes religiones del mundo existen con casi total independencia de la vida de sus fundadores. No es así en el caso de Jesucristo. Él mismo es el tema principal de su evangelio. Así resumen los apóstoles el mensaje cristiano:

> *Jesús nazareno, varón aprobado por Dios entre vosotros con las maravillas, prodigios y señales que Dios hizo entre vosotros por medio de él, como vosotros mismos sabéis; a éste, entregado por el determinado consejo y anticipado conocimiento de Dios, prendisteis y matasteis por manos de inicuos, crucificándole; al cual Dios levantó, sueltos los dolores de la muerte, por cuanto era imposible que fuese retenido por ella... A este Jesús resucitó Dios, de lo cual todos nosotros somos testigos (Hechos 2:22-24, 32).*

> *El Dios de Abraham, de Isaac y de Jacob, el Dios de nuestros padres, ha glorificado a su Hijo Jesús, a quien vosotros entregasteis y negasteis delante de Pilato, cuando éste había resuelto ponerle en libertad. Mas vosotros negasteis al Santo y al Justo, y pedisteis que se os diese un homicida, y matasteis al Autor de la vida, a quien Dios ha resucitado de los muertos, de lo cual nosotros somos testigos (Hechos 3:13-15).*

> *Porque primeramente os he enseñado lo que asimismo recibí: Que Cristo murió por nuestros pecados, conforme a las Escrituras, y que fue sepultado y que resucitó al tercer día, conforme a las Escrituras; Y que apareció a Cefas, y después a los doce (1 Corintios 15:3-5).*

La base del evangelio son ciertos hechos históricos de la vida de Jesucristo: especialmente su muerte, resurrección, apariciones y ascensión. Estos hechos, por supuesto, tienen un significado espiritual, que constituye el mensaje del evangelio para nosotros. Así pues, si examinamos la última de estas citas, vemos que la razón de la crucifixión fue que Jesús murió *por nuestros pecados*. Ahora bien, esta última frase es una interpretación teológica que no admite una comprobación histórica (¡ni tampoco una impugnación!). Pero queda arraigada en un hecho histórico: Cristo murió; lo cual sí puede ser investigado por medios históricos. Igualmente, cuando Pablo afirma que *Jesús fue resucitado para nuestra justificación* (Romanos 4:25), la última parte de la frase es una afirmación teológica que aceptamos por la fe (si es que lo hacemos); pero está arraigada en un hecho (la resurrección) que se presta a un estudio histórico.

La relación entre la *historia* cristiana (narrada principalmente en los Evangelios y el Libro de los Hechos) y la *doctrina* cristiana (expuesta también en éstos y además en las Epístolas del Nuevo Testamento) es estrechísima. La doctrina cristiana no es cuestión de especulaciones abstractas inventadas por pensadores filosóficos, sino de la interpretación lógica de unos hechos verdaderos, de los cuales los apóstoles son testigos. Esta dimensión objetiva, histórica, es la que falta en las demás religiones. Las «verdades» de éstas sólo pueden ser establecidas por factores subjetivos y aceptados por una fe ciega.

## La historicidad y el camino de la fe

La fe cristiana no es un suicidio intelectual. Satisface al ser humano en todos los niveles. Le proporciona evidencias adecuadas para contestar a sus interrogantes intelectuales legítimos. Se dirige igualmente a su mente y a su sentido ético, denuncia su culpabilidad, destapa su mala conciencia y le señala el camino del perdón y de la justicia. Le da también una visión coherente de la vida, satisfaciendo sus anhelos de eternidad y dándole esperanza de cara al más allá. Es asimismo una fe vital y real, cuya autenticidad se puede experimentar en la vida diaria, en la comunión con Dios y en la comprobación vivencial de su fidelidad.

Por así decirlo, hay muchos caminos de acceso a la fe cristiana (aunque Jesucristo mismo es la única *puerta* de entrada). Algunos, por ejemplo, acuden a Jesús porque reconocen la seriedad de sus pecados y entienden que sólo su muerte expiatoria puede proporcionarles justificación y paz con Dios; sólo después llegan a explorar las evidencias históricas de la vida de Jesús. Otros buscan un sentido a la vida, lo encuentran en el evangelio y entonces tienen que afrontar sus implicaciones morales. Y otros empiezan a interesarse por el evangelio cuando oyen hablar de la vida de Jesús, las circunstancias de su nacimiento y de su muerte, el testimonio de los testigos oculares de estos acontecimientos históricos. La historicidad del evangelio no es, ni mucho menos, el único factor en el camino de la fe. Pero siempre está allí, o bien como primer estímulo a una búsqueda espiritual, o bien como apoyo posterior a una convicción ya adquirida.

En realidad, hay dos puntos en los que la fe cristiana incide en la historia humana y, por lo tanto, se presta a la demostración y comprobación. Uno es su punto de origen: la vida de Jesucristo puede ser estudiada y analizada por medio del testimonio de sus contemporáneos. El otro es su punto de aplicación: cualquier persona puede aceptar el evangelio, comprometerse con Jesucristo por medio de la fe y ver si los postulados del evangelio son verdaderos en su propia experiencia personal.

En el primer caso se trata de una investigación histórica objetiva. En el segundo, de una experiencia subjetiva. Las dos se complementan mutuamente. La experiencia personal descansa sobre la base de unos hechos históricos. Los hechos históricos quedan confirmados y validados por la experiencia personal. Sólo puede rechazar la historicidad del cristianismo la persona que pueda decir: He investigado las evidencias históricas y he descubierto que son fraudulentas, por esto y por aquello; y además he creído en Jesucristo, me he comprometido con él como discípulo y he comprobado que no funciona.

La fe cristiana no es ciega. No está reñida con la verdad ni con el espíritu de análisis e investigación. Desde luego, la fe siempre va más allá de los conocimientos comprobables; pero, si es viable, siempre descansará sobre evidencias firmes. Porque el evangelio es cuestión de hechos, no sólo de palabras, podemos salir del mar de confusión y relativismo que caracteriza la religiosidad de nuestra generación. Cuando no hay hechos firmes, todo es cuestión de gusto, de temperamento, de subjetivismo, de azar. Puesto que en el cristianismo lo espiritual va cogido de la mano de lo histórico, tenemos un punto de referencia por el cual poder establecer si es verdadero o falso.

Como hemos dicho, en esto radica la fuerza del cristianismo. Puede someterse a pruebas históricas. Y el hecho es que durante dos mil años se ha sometido a ellas, y nunca de una manera más violenta y constante que en los últimos dos siglos. Ha logrado mantener su integridad frente a los ataques más escépticos, feroces y variados. Cuanto más se han sometido los hechos del evangelio a las pruebas históricas, tanto más se han ido acumulando evidencias que refuerzan su veracidad. Son algunas de éstas las que ahora procederemos a examinar.

# II

## *La fidedignidad del Nuevo Testamento*

Es porque el cristianismo es una «fe histórica» por lo que los documentos de la Biblia tienen tanta importancia. Nada más saber que el evangelio brota de ciertos hechos históricos, empezamos a plantearnos ciertas preguntas: ¿Cómo saber si estos hechos realmente ocurrieron? ¿Podemos fiarnos de aquellos hombres que pretenden haber sido testigos oculares? ¿No podían haber sido engañados o, peor aún, haber exagerado, cambiado o inventado estas historias? ¿Y cómo saber si lo que ellos enseñaban es lo que aparece hoy en día en las páginas de la Biblia? ¿No podría haber sido deformado por generaciones posteriores de cristianos?

Estas preguntas serían de orden secundario si la doctrina cristiana no estuviera tan vinculada a los hechos de la vida de Jesús. Si, por ejemplo, descubriéramos que Platón era un paranoico que tuvo cinco esposas y mató a tres de ellas, esta afirmación no afectaría demasiado a nuestra apreciación de sus ideas. Fue un gran filósofo -diríamos- pero tuvo una vida muy lamentable. En cambio, si se pudiera establecer lo mismo de Jesucristo, sería el fin del evangelio. Si Jesús sólo fuera un maestro de ética, no importaría demasiado; diríamos sencillamente que era un gran maestro que no practicaba lo que predicaba. Pero, de hecho, el evangelio depende de que Jesús es el Hijo de Dios, que vivió siempre en el poder de Dios y cumplió perfectamente la ley de Dios.

Por otra parte, si todos los manuscritos más antiguos de los libros de Platón hubieran desaparecido y sólo nos quedaran copias del siglo pasado, a pesar de ello pocos dudarían de la autenticidad de sus escritos. Poco arriesgaríamos teniéndolos por válidos. Pero si no tuviéramos manuscritos antiguos de los evangelios, seríamos un tanto necios si siguiéramos creyendo en ellos. En seguida podríamos sospechar que con el paso de los siglos la Iglesia habría ido añadiendo elementos míticos a la enseñanza primitiva de los apóstoles.

De hecho, ésta es precisamente la teoría de ciertos teólogos de nuestro siglo, que sostienen que el «Jesús histórico» ha sido enterrado en el Nuevo Testamento bajo una serie de mitos y leyendas que no son históricos, y que la tarea de la teología es la de recuperar al «Jesús de la historia» separándole del «Cristo de la fe». La razón por la que pudieron sostener estas ideas a lo largo de muchas décadas es sencillamente que no quisieron dar crédito a la abundancia de materiales documentales que tenemos en torno a la fidedignidad del Nuevo Testamento. Las evidencias no encajaban en sus teorías, por lo cual despreciaron las evidencias. Pero sus teorías son la clara demostración de cuál sería el veredicto sobre el evangelio de toda persona inteligente si *no* existieran estas evidencias.

Pero ¡basta de preámbulos! Vayamos al grano. ¿En qué consisten las evidencias en torno a la fidedignidad histórica de los textos bíblicos?

Digamos en seguida que éste es un tema inmenso que no podemos esperar abordar adecuadamente en un escrito de estas características. Por esto me voy a limitar sólo a los textos del Nuevo Testamento (y dentro de él me concentraré mayormente en los textos narrativos: Los Evangelios y los Hechos de los Apóstoles). Es así porque no podemos cubrirlo todo, y porque, como ya hemos dicho, la esencia de nuestra fe es la persona y obra de Jesucristo.[3]

---

[3] Aquí conviene hacer constatar que gran parte de la información que voy a exponer a continuación la he encontrado en un solo libro que es una obra maestra de la concisión y un título indispensable en la biblioteca de toda persona interesada en el tema. Me refiero a *¿Son fidedignos los documentos del Nuevo Testamento?*, del catedrático de teología F.F. Bruce (1972. Editorial Caribe, Miami). La versión original (*The New Testament*

Para hacer justicia a la cuestión de la historicidad del Nuevo Testamento, tendremos que investigar al menos nueve áreas de evidencias. Claramente, sólo podemos bosquejar ciertas líneas de aproximación al tema. Las áreas son las siguientes:

1. La inteligencia e integridad de los autores bíblicos.
2. La consistencia interna del texto.
3. La exactitud histórica de los autores.
4. Los restos arqueológicos que arrojan luz sobre la historia del Nuevo Testamento.
5. Escritos extra-bíblicos contemporáneos (es decir, de los primeros siglos después de Cristo).
6. La fecha de redacción de los libros del Nuevo Testamento.
7. Los manuscritos que sobreviven de los textos del Nuevo Testamento y sus fechas.
8. La formación del canon (el proceso de debate y selección por el cual los libros fueron incorporados al Nuevo Testamento).
9. Las tradiciones literarias del primer siglo y la luz que arrojan sobre el Nuevo Testamento.

Consideremos brevemente estas áreas una por una.

## 1. El carácter de los autores

¿Qué clase de personas fueron los autores del Nuevo Testamento? Necesitamos poder contestar a esta pregunta para saber si podemos fiarnos de su palabra o no.

En primer lugar, digamos que casi todos los apóstoles eran hombres humildes. Muchos de ellos eran pescadores. De los doce a los que Jesús eligió inicialmente, ninguno (según nuestro conocimiento) era teólogo. Este hecho tiene sus ventajas y sus inconvenientes. Su poca formación académica podría haberles conducido a ser engañados. Por otra parte,

---

*Documents, are they reliable?*) de esta obra fue revisada y ampliada posteriormente por el propio Bruce, por lo cual algunos datos de la versión final no aparecen en la traducción española.

no eran personas que habrían inventado gratuitamente una nueva religión. Las sutilezas religiosas proceden de profesores universitarios, no de pescadores. Ellos mismos no pretendían ser grandes maestros, sino sencillamente testigos oculares de ciertos hechos y portadores del mensaje recibido de Jesucristo.

Por supuesto, no todos los autores del Nuevo Testamento eran hombres de poca formación académica. Mateo, autor del primer Evangelio, había sido cobrador de impuestos. Entendía de números y tenía una mente lógica y ordenada. Pablo, autor de la mayor parte de las Epístolas, había tenido una educación privilegiada y es tenido hoy en día por uno de los mayores pensadores del primer siglo. Su compañero de viajes, Lucas, autor del tercer Evangelio y del Libro de los Hechos, era médico y, como veremos, un historiador destacado.

Había de todo. No podemos pensar ni que eran hombres tan ignorantes que pudieron haberse dejado llevar por extravagancias sentimentales (ya hemos visto cómo Pedro, aun siendo pescador, insistía en que sabía distinguir entre leyendas y realidades históricas), ni que eran tan listos que pudieron ponerse de acuerdo para engañar a la gente con historias falsas.

Por otra parte, sería del todo increíble que éstos, que predicaban la importancia de la verdad, la rectitud, la honradez y la integridad, fueran ellos mismos unos cínicos mentirosos. Ciertamente, en la historia de las religiones ha habido hipócritas y embusteros capaces de predicar la veracidad y a la vez decir mentiras. Pero, tarde o temprano, su inconsistencia queda revelada. No es así en el caso de los autores del Nuevo Testamento.

Al menos dos cosas hacen del todo improbable que ellos fueran unos mentirosos (además de la rigurosa ética que predicaban). Una es el hecho de que continuamente pueden apelar a sus lectores en cuanto a la verdad que proclaman:

> *Varones israelitas, oíd estas palabras: Jesús nazareno, varón aprobado por Dios entre vosotros con las maravillas, prodigios y señales que Dios hizo entre vosotros por medio de él, como vosotros mismos sabéis...* (Hechos 2:22).

> *No estoy loco, excelentísimo Festo, sino que hablo palabras de verdad y de cordura. Pues el rey sabe estas cosas, delante de quien también hablo con toda confianza. Porque no pienso que ignora nada de esto; pues no se ha hecho esto en algún rincón* (Hechos 26:25-26).

muestran un conocimiento de primera mano. Tanto el ambiente como los detalles son correctos.

Los expertos en historia de la navegación reconocen que el Libro de los Hechos es *uno de los documentos más instructivos para conocer la náutica antigua.*[6]

Otro ejemplo es el uso que hace Lucas de diferentes títulos imperiales:

- En Chipre, según Lucas, Pablo y Bernabé se encontraron con *el procónsul Sergio Paulo* (Hechos 13:17). Tratándose de una *provincia senatorial*, el gobernador de Chipre efectivamente sería un *procónsul*. Lucas, aun cuando el imperio romano era un mosaico de diversos territorios, cada uno con su propia estructura y, por lo tanto, con una gran variedad de títulos diferentes, ha acertado. Además, Sergio Paulo es conocido por inscripciones arqueológicas de la época.

- En Acaya, Lucas nos dice que el procónsul era Galión (Hechos 18:12). Nuevamente se trata de una provincia senatorial y el título es correcto. Galión también es conocido en la historia secular, siendo hermano del famoso hispano, Séneca.

- Asia era otra provincia senatorial. Durante algún tiempo, algunos expertos decían que Lucas se había equivocado cuando ponía en labios del escribano de Éfeso la frase *audiencias se conceden y procónsules hay* (Hechos 19:38), porque nunca había más de un procónsul a la vez. Antiguamente se decía en defensa de Lucas que seguramente el escribano hablaba en términos generales y por esto empleó el plural. Pero ahora los historiadores han establecido un dato extraordinario: poco antes del alboroto de Éfeso, el procónsul, Silano, había sido asesinado por Helio y Céleres, y oficialmente existía una vacante en el proconsulado. Por el texto de Lucas, se puede deducir que con toda probabilidad los asesinos habían asumido el título de *procónsul* mientras esperaban la ratificación del senado. ¡No es la primera vez que

---

[6] La cita es de H. J. Holtzmann, *Handcommentar zum NT*, 1889.

los historiadores seculares han aceptado plenamente la autoridad de Lucas cuando los teólogos le han restado credibilidad!

• En la misma historia del alboroto en Éfeso, aparecen unos amigos de Pablo llamados, en nuestra versión, *algunas de las autoridades de Asia* (Hechos 19:31). Más literalmente, esta frase debería ser traducida como *algunos de los asiarcas*, porque *asiarca* era el título dado a los hombres principales de la región, título que Lucas difícilmente habría conocido de no haber estado allí.

• También en la misma historia, la ciudad de Éfeso es llamada *guardiana del templo de la gran diosa Diana* (Hechos 19:35). Una inscripción recién hallada por los arqueólogos entre las ruinas de Éfeso demuestra que ésta no es sólo una descripción de la ciudad, sino su título oficial. Lucas lo sabía.

• Filipos no era una provincia senatorial, sino una colonia romana, tal y como Lucas mismo nos dice en Hechos 16:12. Por lo tanto, sus oficiales tenían otros nombres distintos: pretores y lictores (traducidos *magistrados* y *alguaciles* en nuestra versión de Hechos 16:20, 35). Aquí nuevamente se creyó durante algún tiempo que Lucas se había equivocado, porque –se decía– en las colonias romanas los máximos responsables no eran *pretores* sino *duumviros*. Pero, después, alguien se acordó de lo que Cicerón había dicho de los duumviros de Capua:

> *Esos hombres desean ser llamados pretores, aunque en las otras colonias son llamados duumviros.*[7]

No se trata de un error de Lucas, sino del testimonio de un ansia de poder entre las autoridades de Filipos parecida a la de Capua.

• Las autoridades de Tesalónica son llamadas *politarcos* por Lucas (en el texto griego de Hechos 17:6; en nuestra traducción dice sencillamente *las autoridades de la ciudad*). Esta es una palabra desconocida en la literatura clásica, pero ha aparecido en

---

[7] Citado por Bruce, pág. 84.

diferentes inscripciones arqueológicas de la región de Macedonia. Nuevamente, Lucas confunde a los escépticos.

- En Hechos 28:7, cuando Pablo sufre el naufragio en Malta, leemos acerca del *hombre principal de la isla*. Durante mucho tiempo se creía que ésta era sencillamente una frase descriptiva. Pero ahora se ha establecido que era el título oficial del gobernador romano.

- Y un par de ejemplos del Evangelio de Lucas. Cuando Mateo y Marcos hablan de Herodes Antipas, le dan el título que era corriente en el uso popular: *el rey Herodes*. En cambio, Lucas emplea el título oficial y le llama *tetrarca* (en Lucas 3:1).

- En el mismo versículo hay mención de un tal Lisanias, tetrarca de Abilinia. Antes, este nombre era considerado un error. El único Lisanias de Abilinia conocido por la historia secular murió ajusticiado por Marco Antonio en el año 34 a.C. Pero recientemente se ha encontrado una inscripción de dedicación de un templo, que reza: *Reedificado por Ninfeo, liberto de Lisanias el tetrarca, para la salvación de los señores imperiales y de toda la casa.* Puesto que los *señores imperiales* eran el emperador Tiberio y su madre Livia, y Tiberio no ascendió al trono imperial hasta el año 14 d.C., los historiadores actuales están persuadidos de que tiene que haber habido un segundo Lisanias, y acuden al texto de Lucas para confirmarlo.[8]

En todos estos ejemplos vemos la escrupulosa exactitud de Lucas. Hasta tal punto es así, que en varias ocasiones los historiadores han tenido que rectificar sus teorías y reconocer que él tenía razón.

Todas estas evidencias de la exactitud de Lucas no son casuales. Un hombre cuya veracidad puede ser demostrada en asuntos que se prestan a la comprobación, probablemente es veraz allí donde no disponemos de medios de comprobación. La exactitud es un hábito mental, y sabemos por la experiencia que, afortunada o desafortunadamente,

---

[8] Por ejemplo, Eduardo Meyer en *Ursprung und Anfänge des Christendums* (1921), i. pág. 49.

algunas personas habitualmente son veraces mientras otras suelen ser inexactas. Los datos en torno a Lucas le hacen digno de ser considerado un escritor habitualmente exacto.[9]

Lucas es un historiador de primera calidad; no sólo son fidedignas sus afirmaciones de los hechos; también posee un verdadero sentido histórico; fija su mente en la idea y el plan que gobierna la evolución de la historia y proporciona la medida de sus énfasis a la importancia de cada acontecimiento. Sabe captar los eventos más importantes y críticos y muestra su verdadera naturaleza en mayor extensión, mientras sólo toca ligeramente –u omite del todo– muchos datos que no valían para su propósito. En fin, este autor debe ser colocado entre los más grandes historiadores.[10]

Lucas es un historiador de gran destreza, que puede situarse por derecho propio entre los grandes escritores de los griegos.[11]

## 4. Los restos arqueológicos

Si bien los restos arqueológicos son de gran importancia en los estudios del Antiguo Testamento, no lo son tanto en los del Nuevo. Esto no debe sorprendernos. Los hechos narrados en el Nuevo Testamento no son de gran envergadura política. No se trata de guerras, asedios, grandes movimientos culturales, ni de personajes de gran relieve político en su día, sino de hombres humildes que ministraban sin hacer ruido y realizaban sus viajes sin ceremonia social. Por la naturaleza de la historia del Nuevo Testamento, no esperaríamos encontrar evidencias de tipo arqueológico.

Algunas cosas hay, sin embargo. Se han encontrado monedas e inscripciones que hablan de Poncio Pilato (¡antes algunos pensaban que no era una figura histórica!). En Jerusalén se pueden visitar las ruinas del estanque de Betesda y de Siloé. Y hay tradiciones bien asentadas

---

[9] Bruce, versión inglesa, pág. 90.

[10] Sir William Ramsay: *The Bearing of Recent Discovery in the Trustworthiness of the New Testament* (1915), pág. 222.

[11] E.M. Blaiklock, catedrático de filología clásica de la Universidad de Auckland: *The Acts of the Apostles*, pág. 89.

que identifican la gruta del nacimiento en Belén, el aposento alto y otros lugares de los Evangelios.

En torno a los viajes misioneros de Pablo, la arqueología ofrece más datos aún. En Jerusalén se ha encontrado una de las inscripciones que prohibía la entrada de gentiles en los atrios del Templo:

> Ningún extranjero debe penetrar detrás del paredón que rodea el templo y su interior. Cualquier persona que sea sorprendida haciéndolo se habrá ganado la muerte que le espera.[12]

Recordemos que la gran revuelta de los judíos en Hechos 21 fue ocasionada por el temor de que Pablo hubiese profanado el templo por introducir en él a sus compañeros gentiles.

En la comarca de Listra se han encontrado evidencias del culto local a Júpiter y Mercurio, lo cual nos recuerda que Pablo y Bernabé fueran identificados con estos dos dioses por la población de aquella ciudad (ver Hechos 14:12).

En Éfeso se pueden ver las ruinas del teatro que fue escenario del alboroto de Hechos 19, y son bien conocidas las abundantes evidencias del culto a Diana que sirve de trasfondo a aquella historia. Se ha encontrado también una inscripción que habla de un templecillo de plata, tal y como se nos dice que fabricaba Demetrio, según Hechos 19:24.

En Corinto ha habido otro hallazgo curioso que quizás enlace con la estancia de Pablo en aquella ciudad:

> Cuando el apóstol Pablo escribió desde Corinto la epístola a los Romanos durante el invierno del año 56 al 57, envió saludos a varios camaradas y agregó: Erasto, el tesorero de la ciudad, os saluda (Romanos 16:23). En el transcurso de las excavaciones que el profesor T.L. Shear practicó en Corinto en el año 1929, encontró un piso que tiene incrustada una inscripción que dice: Erastvs pro: Aed: S: P: Stravit (Erasto, el procurador edil, colocó este piso con su propio peculio). A.M. Woodward afirma que la evidencia pone de manifiesto que este piso existía en el siglo primero de nuestra era, y es muy probable que Erasto el donante, fuera el amigo de Pablo, el mismo a quien menciona en su carta a los Romanos.[13]

---

[12] Citado por Bruce, op. cit., pág. 91.
[13] Journal of Hellenic Studies, xlix, 1929, pág. 221. Citado por Bruce, op. cit., pág. 91.

Las pocas evidencias arqueológicas que hay, por lo tanto, lejos de desacreditar el texto bíblico, lo apoyan.

## 5. Escritos extra-bíblicos

¿Y qué nos dicen otros textos del primer siglo (o de los primeros siglos) acerca de Jesucristo y del evangelio? ¿Vienen a confirmar el texto del Nuevo Testamento o a contradecirlo? ¿Qué decían sus contemporáneos acerca de los apóstoles y de la iglesia primitiva?

Nuevamente hemos de reconocer que las evidencias no son muy abundantes. Algunas personas suponen que en algún lugar del mundo tiene que haber una biblioteca repleta de textos del primer siglo, pero desgraciadamente no es así. La inmensa mayoría de archivos, documentos, libros, cartas y demás escritos de aquella época han desaparecido para siempre. Lo poco que nos queda, y que arroja luz sobre el cristianismo, se puede dividir en tres categorías:

a. Escritos de autores gentiles (haremos referencia sólo de los anteriores al 150 d.C).
b. Escritos de autores judíos del mismo período.
c. Escritos no-bíblicos de autores cristianos, también del mismo período.

### a. *Escritos de autores gentiles*

Podemos mencionar los siguientes:

1) Thallus

La *Historia de Grecia* de Thallus, escrita en el 52 d.C., es una obra perdida para nosotros, pero fue mencionada por Julio el Africano en el año 221. El carácter despectivo de la referencia nos asegura que es verídica. Se trata de la oscuridad que cubrió la tierra en el momento de la Crucifixión de Jesús (por cierto, uno de los detalles del evangelio que más dudas ha provocado en occidente, como se ve en un pasaje notoriamente escéptico del gran historiador de la Ilustración, Edward Gibbon, en su *La grandeza y declive del Imperio Romano*). Así dice Julio:

En el libro tercero de sus relatos, Thallus explica esa oscuridad diciendo que fue producida por un eclipse solar, y lo hace sin ninguna clase de razonamientos.[14]

Tal y como dice Maurice Goguel, aquí tenemos dos hechos de gran importancia: (a) Que a mediados del siglo primero ya era conocida la tradición del Evangelio o por lo menos la narración tradicional de la Pasión en los círculos de Roma que no eran cristianos, y (b) Que los enemigos del cristianismo pretendieron destruir la tradición cristiana formulando una interpretación natural de los hechos que contiene.[15]

2) Informes de Pilato

Otra obra desaparecida es el informe que Pilato escribió a Roma sobre la crucifixión de Jesús. Sabemos, sin embargo, de la existencia de este informe, porque Justino Mártir, en su *Defensa del Cristianismo* dirigida al emperador Antonino Pío (aproximadamente en el año 150), describe la crucifixión de Jesús y luego añade:

Que estas cosas fueron así, el que desee puede aprenderlas de las Actas que se levantaron bajo Poncio Pilato.[16]

Más adelante dice algo parecido en torno a los milagros de Jesús:

De que Él realizó tales milagros podéis saberlo leyendo las Actas de Pilato.[17]

Justino estaba persuadido de que en los archivos imperiales de mediados del siglo II existían documentos procedentes de Palestina en tiempos de Pilato, los cuales confirmarían sus argumentos.

3) Mara Bar-Serapión

Allá por el año 73 d.C., un sirio llamado Mara Bar-Serapión escribió desde la cárcel una carta a su hijo en la que describe

---

[14] Citado por Bruce. *op. cit.*, pág. 110.
[15] Maurice Goguel, *Life of Jesus* (1935), pág. 93.
[16] *Defensa del cristianismo*, i.35. Citado por Bruce. *op. cit.*, pág. 112.
[17] *Ibíd.*, i. 48.

lo que ocurre con las naciones que sacrifican a sus hijos ilustres. Concretamente cita los casos de Sócrates, Pitágoras y Jesucristo, y en el caso de este último afirma que la caída de Jerusalén en el año 70 fue el castigo de Dios sobre los judíos por haber crucificado a su rey. Desde luego Mara Bar-Serapión no era cristiano, pero él reconoce la perseverancia de los cristianos en la frase con la cual concluye su tesis:

*Y tampoco este Rey sabio murió para siempre, porque él sigue viviendo por medio de la enseñanza que él había dado.*[18]

Sus palabras nos indican que, ya en la segunda mitad del primer siglo, Jesucristo era considerado por ciertos sectores del mundo gentil como un gran maestro de la talla de Sócrates, que su muerte era conocida como un hecho histórico y que la Iglesia promulgaba sus enseñanzas.

4) Suetonio

Los grandes historiadores imperiales de los primeros siglos apenas hacen mención del cristianismo, debido a que aún había penetrado poco en los círculos más aristocráticos de Roma y era considerado algo del vulgo, una superstición digna sólo del populacho. Como había dicho Pablo a los corintios:

*Pues mirad, hermanos, vuestra vocación, que no sois muchos sabios según la carne, ni muchos poderosos, ni muchos nobles; sino que lo necio del mundo escogió Dios, para avergonzar a los sabios; y lo débil del mundo escogió Dios, para avergonzar a lo fuerte; y lo vil del mundo y lo menospreciado escogió Dios, y lo que no es, para deshacer lo que es (1 Corintios 1:26-28).*

Lo poco que dicen, sin embargo, viene a confirmar la narración bíblica, no a perjudicarla. Así pues, Suetonio, en su *Vida de Claudio* (de 120 d.C. aproximadamente) habla de las malas cosechas habidas en el reinado de Claudio, lo cual confirma un detalle de la narración de Lucas:

---

[18] Citado por Bruce, versión inglesa, pág. 114.

*Y levantándose uno de ellos, llamado Agabo, daba a entender por el Espíritu, que vendría una gran hambre en toda la tierra habitada; la cual sucedió en tiempo de Claudio* (Hechos 11:28).

Además, Suetonio describe la expulsión de los judíos de Roma, que también es mencionada en Hechos 18:2 (entre los expulsados se encontraban Aquila y Priscila). Lo curioso es que, según Suetonio, la expulsión vino como consecuencia de una revuelta entre los judíos por la instigación de un tal Chrestus.

*Como los judíos continuaran produciendo desórdenes, instigados por Chrestus, él los expulsó de Roma.*[19]

Todo hace pensar que el historiador no conocía bien los detalles y que en realidad se trataba de un alboroto causado por la confrontación entre los judíos que habían abrazado el evangelio y los que se oponían a Cristo (Chrestus).

5) Tácito

En su *Historia de la Roma Imperial* (del 115 d.C. aproximadamente), Tácito hace mención de varios personajes destacados de la ciudad que fueron castigados por asociarse con una «superstición extranjera» (por ejemplo Pomponia Graecina, esposa de un general que participó en la subyugación de Gran Bretaña en el 57 d.C). Aunque no se puede demostrar de una manera absoluta, muchos creen que la «superstición» en cuestión era el cristianismo. Esto viene a confirmar lo que dice Pablo en Filipenses 1:13 (escrito en el 60 d.C. aproximadamente): que el evangelio ya había penetrado los círculos altos de Roma.

Explícitamente Tácito menciona a los cristianos en torno al gran incendio de Roma. Nerón, presionado porque se hacía cada vez más claro que él mismo había causado el incendio, hizo de los cristianos el chivo expiatorio.

*Por consiguiente, Nerón, con el propósito de esquivar el rumor, declaró culpables y castigó empleando los mayores refinamientos de*

---

[19] Citado por Bruce, op.cit., pág. 115.

*crueldad a una clase de hombres a quienes el populacho denominaba cristianos, y que eran aborrecidos por sus vicios. Cristus, de quien derivaban el apelativo, había sido ejecutado por sentencia del procurador Poncio Pilato cuando Tiberio era emperador. La superstición perniciosa quedó detenida por un tiempo, pero para estallar más estrepitosamente, no solamente en Judea, su lugar de origen, sino en la misma Roma también, donde se agolpan todas las cosas horribles y vergonzosas del mundo, y donde encuentran albergue.[20]*

Obviamente, la cita, aunque declara que los cristianos eran inocentes del incendio, demuestra una actitud incrédula y hostil hacia el cristianismo. Pero establece que un historiador secular de gran prestigio, que escribía a principios del siglo segundo, aceptaba como un hecho incontrovertible la muerte de Cristo bajo Poncio Pilato.

6) Plinio el Joven

En el año 112 d.C. Plinio el Joven, gobernador de Bitinia, escribió una carta al emperador Trajano, en la cual pide consejo sobre cómo tratar a los cristianos, que proliferaban en su provincia. En medio de la carta hace una descripción de sus cultos, según evidencias conseguidas mediante la tortura de algunos cristianos:

*Tenían la costumbre de reunirse en un día determinado antes del alba, cuando cantaban un himno a Cristo como Dios, y se comprometían por juramento (literalmente por sacramento) a no cometer ningún acto malo, sino a abstenerse de todo fraude, hurto y adulterio, a no quebrantar su palabra ni negar su confianza cuando debían honrarla; después de lo cual era su costumbre separarse y volverse a encontrar para comer juntos.[21]*

Aunque esta cita arroja poca luz sobre el Nuevo Testamento, confirma que a principios del siglo segundo la Iglesia había crecido mucho en Asia Menor, que los cristianos practicaban una ética sana y noble y que enseñaban la divinidad de Cristo.

Éstas, pues, son las evidencias que hay de autores gentiles. No las he seleccionado por ser las que hablan en apoyo del Nuevo Testamento.

---

[20] *Anales*, xv. 44; citado por Bruce, *op. cit.*, pág. 114.
[21] Citado por Bruce, versión inglesa, pág. 119.

Sencillamente, no hay más. Pero las que hay son suficientes en sí para descartar la teoría, popular a mediados de nuestro siglo, de que Jesús sólo fue un mito. Más aún, confirman algunos detalles significativos: la figura histórica de Poncio Pilato, la crucifixión de Jesús cuando Pilato era procurador, el hecho de que Jesús era tenido por Cristo y por Dios entre los cristianos, el hecho de que el cielo se oscureció en el momento de la crucifixión. La apelación de autores cristianos a los archivos imperiales, a su vez indica la existencia de otros documentos, hoy perdidos, que habrían servido para reforzar más aún la historicidad del evangelio.

## b. *Escritores judíos*

1) La Mishnah y el Talmud

Con la caída de Jerusalén en el año 70 y la posterior expulsión de los judíos de la ciudad, los dirigentes religiosos empezaron a temer que se perdiesen muchas de las tradiciones orales de la nación y las interpretaciones rabínicas de la Ley. Como consecuencia, varios de los rabinos se dedicaron a clasificar y poner por escrito el cuerpo de enseñanzas de los años anteriores.

La Mishnah es el nombre dado a esta codificación de la jurisprudencia religiosa de los judíos. Representa la tradición de los ancianos que había sido trasmitida oralmente de generación en generación. Su redacción fue acabada más o menos en el año 200.

El Talmud está compuesto por la Mishnah juntamente con los comentarios añadidos a la misma por los rabinos de las escuelas de Jerusalén o Babilonia. El Talmud de Jerusalén data del año 300; el de Babilonia del 500. Puesto que la Mishnah es un código de leyes y el Talmud una serie de comentarios legales, no debemos esperar encontrar en ellos muchas referencias ni a Jesús ni al evangelio. Pero algunas hay.

Bruce las resume de esta manera:

*Según aquellos rabinos cuyas opiniones están registradas en esos escritos, Jesús de Nazaret fue un transgresor de Israel que practicaba la magia, se burlaba de las enseñanzas de los entendidos, encaminó erróneamente al pueblo y dijo que no había venido para destruir la ley sino para ampliarla (véase Mateo 5:17). Fue colgado en la víspera de la Pascua por herejía y por pervertir a la gente. Sus discípulos curaban a los enfermos en su nombre, y se menciona a cinco de ellos.*[22]

Estas referencias confirman:

- La crucifixión de Jesús («colgado» es la manera hebrea de indicar crucifixión, tal y como vemos en Gálatas 3:13: *Maldito todo el que es colgado en un madero*);
- La acusación de los enemigos de Jesús en cuanto a su interpretación de la ley (cuando afirman que Cristo había dicho que no había venido para abrogar la ley sino para «añadir» a ella, podemos reconocer que no corresponde exactamente a las palabras de Jesús -registradas en Mateo 5:17- sino a una interpretación malévola de la enseñanza del Sermón del Monte);
- El elemento milagroso del ministerio de Cristo y los apóstoles. Es de observar que las autoridades judías nunca cuestionaron los milagros de Jesús, ni sus palabras registradas en el Nuevo Testamento, ni en sus propios escritos; en ambos casos los atribuyeron a poderes satánicos. Es decir, discrepaban del Nuevo Testamento en cuanto a la **interpretación** de los hechos –tal y como el mismo Nuevo Testamento lo admite–, pero no dudan de los hechos en sí. Aquí tenemos una buena evidencia a favor de la historicidad de los milagros.

Otros detalles del Talmud indican que Jesús era llamado *Ben-Pantera* por los rabinos. Probablemente este nombre es una corrupción del griego *parthenos* y confirma que popularmente Jesús era conocido como el *Hijo de la Virgen*.

Los rabinos hacen también un torpe juego de palabras con la idea del *evangelio*. Hacen que el griego *euangelion* se parezca al hebreo *awon-gillayon* (pecado de la tableta). Aunque es un detalle sin gran trascendencia, al menos es un testimonio objetivo de la existencia entre los cristianos del primer siglo de un cuerpo de enseñanza llamado *evangelio*. Esto pone en un apuro a aquellos teólogos que pretenden que el «evangelio» sea una interpretación tardía de la vida de Jesús.

---

[22] Bruce, *op. cit.*, pág. 98.

2) Josefo

El testimonio más sorprendente de todos los autores no cristianos de los primeros siglos, nos llega de la pluma del historiador judío Josefo, cuyo libro *Las Antigüedades de los Judíos* vio la luz en Roma en el año 75 aproximadamente.

En él aparecen casi todas las figuras políticas del Nuevo Testamento:

> *En las páginas de Josefo encontramos muchas figuras bien conocidas a través del Nuevo Testamento: la dramática familia de Herodes; Tiberio, Claudio y Nerón, los emperadores romanos; Quirino, el gobernador de Siria; Pilato, Félix y Festo, los procuradores de Palestina; la familia de sumos sacerdotes: de Anás, Caifás, Ananías y los demás; los fariseos y saduceos y el resto, al punto que nos es posible alcanzar una mayor comprensión del Nuevo Testamento con los datos que Josefo suministra.*[23]

Además, Josefo describe la sublevación de Judas el Galileo, citada por Gamaliel en Hechos 5:37. Nos cuenta la muerte de Juan el Bautista y la de Herodes (cf. Hechos 12:19-23). Aunque su narración es muy diferente de la del Nuevo Testamento, las dos se confirman mutuamente. Describe también la muerte de Jacobo, el hermano de Jesucristo, no descrita en el Nuevo Testamento. Sin embargo, el texto más sorprendente de todos, tan sorprendente que ha sido motivo de gran polémica, versa sobre el ministerio del mismo Jesús:

> *Y sucedió que más o menos en esta época un tal Jesús, un hombre sabio, si es que en verdad podemos llamarlo un hombre, fue obrador de hechos maravillosos, el maestro de hombres que reciben la verdad con placer. Llevó tras sí a muchos judíos y a muchos griegos también. Este hombre era el Cristo. Y cuando Pilato lo hubo condenado a la cruz debido a la acusación que le formularon los principales hombres de entre ellos, aquellos que lo amaban desde el principio continuaron amándolo; porque él apareció vivo a ellos al tercer día, habiendo hablado los profetas divinos todas estas cosas maravillosas y otras mil acerca de él; y hasta ahora la tribu de los cristianos, llamados así por causa de él, no ha desaparecido.*[24]

---

[23] Bruce, *op. cit.*, pág. 101.

[24] *Antigüedades*, xviii.3.3; citado por Bruce, op.cit., pág. 105.

Es un texto muy discutido, principalmente porque, según nuestro conocimiento, Josefo nunca llegó a ser cristiano y, sin embargo, su escrito parece dar crédito a todas las enseñanzas fundamentales del cristianismo. Hay al menos cinco teorías ofrecidas por los expertos:

a) El texto es verídico y, por lo tanto, es evidencia de que Josefo era un simpatizante cristiano.

b) Es una interpolación cristiana posterior. Ésta es la tesis preferida de todos aquellos que tienen interés en desacreditar la historicidad del Nuevo Testamento. Sin embargo, es una teoría totalmente arbitraria (en cualquier investigación textual es una solución demasiado fácil e interesada eliminar aquellos párrafos que no encajan en nuestras teorías preferidas). Carece totalmente de base documental. Además los expertos están de acuerdo en que este texto es del estilo de Josefo.

c) Algunas frases del texto son interpolaciones (concretamente las que hemos escrito en negrita). Sin embargo, la selección de esas frases es arbitraria y sin fundamento documental.

d) Josefo está empleando un tono irónico. ¡Otra solución demasiado fácil! Convertir cualquier frase que no nos guste en una afirmación irónica es hacer que el autor diga justo lo contrario de lo que dice.

e) El texto que tenemos es abreviado. Es decir, se trataba de unos apuntes extensos de Josefo, el cual los ampliaría en una versión posterior. Allí donde dice que Jesús es el Mesías, en su versión final habría dicho que los discípulos *sostenían* que Jesús era el Mesías, etc.

Ninguna de estas teorías es completamente satisfactoria. Bruce hace su resumen de la importancia de la cita en las palabras siguientes:

*Por consiguiente tenemos muy buenas razones para creer que Josefo se refiere a Jesús, y da testimonio (1) de su fecha, (2) de su reputación de obrador de milagros, (3) de que es hermano de Santiago, (4) de que fue crucificado bajo la procuración de Pilato como resultado de los informes presentados por los dirigentes judíos, (5) de sus pretensiones mesiánicas, (6) de que fundó la tribu de los cristianos y, probablemente, (7) de la creencia de que resucitó de entre los muertos.*[25]

Cuando menos, el texto de Josefo demuestra que, ya en el año 75, habían llegado a Roma las noticias de que los apóstoles enseñaban estas cosas. Quizás más aún: que Josefo mismo, sin llegar a convertirse al cristianismo, aceptaba la probabilidad de estas enseñanzas. Y este texto, desde luego, hace callar a cualquiera que pretenda decirnos que no hay escritos seculares contemporáneos al Nuevo Testamento que nos hablen de Jesús. Sólo es el más destacado entre varios.

## c. *Escritos cristianos no-bíblicos*

Además del testimonio del Nuevo Testamento (mejor dicho, *testimonios*, porque el Nuevo Testamento es la recopilación de varios testimonios independientes), nos han llegado otros escritos de diferentes autores cristianos que no fueron incorporados en el canon de las Escrituras, pero que aportan cada uno su granito de arena.

1) Papiros de Oxyrhynchus
   Escritos con anterioridad al 140 d.C., contienen diversos dichos de Jesús. Algunos tienen su paralelo en el Nuevo Testamento, pero otros no.

2) Papiros llamados de Bell y Skeat
   Escritos con anterioridad al 150 d.C., contienen fragmentos de un Evangelio con cierto parecido a los sinópticos pero distinto de cualquiera de ellos.

3) Epístola de Bernabé
   Escrito aproximadamente en el año 100 d.C.

4) La *Didajé* (o Enseñanza de los doce apóstoles)
   También del año 100 d.C.

---

[25] Bruce, *op. cit.*, págs. 107, 108.

5) La Epístola de Clemente, obispo de Roma, a los Corintios
Escrita en el año 96, aproximadamente.

En estos tres últimos escritos, además de referencias a la vida de Jesús, encontramos citas de varios libros canónicos del Nuevo Testamento (concretamente de los Evangelios Sinópticos, Hechos, Romanos, 1 Corintios, Efesios, Tito, Hebreos y 1 Pedro). Estas citas establecen que todos estos libros fueron escritos, distribuidos y conocidos en las iglesias antes de finalizar el primer siglo.

6) Epístolas de Ignacio, obispo de Antioquía
Escritas alrededor del 115 d.C., estas epístolas contienen citas de Mateo, Juan, Romanos, 1 y 2 Corintios, Gálatas, Efesios, Filipenses, 1 y 2 Timoteo y Tito.

7) Epístola de Policarpo a los Filipenses
Fechada aproximadamente en el año 120, contiene citas de los Sinópticos, Hechos, Romanos, 1 y 2 Corintios, Gálatas, Efesios, Filipenses, 2 Tesalonicenses, 1 y 2 Timoteo, Hebreos, 1 Pedro y 1 Juan.

Estos últimos escritos son importantísimos por la evidencia que aportan en cuanto a la fecha de redacción de los libros del Nuevo Testamento. A mediados del siglo pasado, la escuela de Tubinga afirmaba que muchos de los libros del Nuevo Testamento, entre ellos los Sinópticos y Hechos, no existían antes del 130 d.C. Lo afirmaban porque aplicaban tesis hegelianas al estudio de los orígenes del cristianismo. Es decir, sus argumentos fundamentales se fundaban en prejuicios filosóficos, no en evidencias históricas. Con el tiempo sus tesis han sido desacreditadas, sencillamente porque los hechos históricos las contradicen. ¿Cómo pudieron Clemente, Ignacio y Policarpo citar de obras no escritas hasta diez o treinta años después? Pero por esto de *¡Calumnia, calumnia, que algo queda!*, sus ideas han penetrado mucho en el pensamiento popular de nuestro siglo y aún hay muchas personas que dan por sentado que los libros del Nuevo Testamento fueron escritos por autores anónimos del siglo segundo.

Lejos de ser así, las últimas investigaciones de cierto rigor histórico dejan fuera de duda que la mayoría de documentos del Nuevo Testamento pertenecen al primer siglo. Como dice Bruce:

*La cantidad de evidencias disponibles en nuestro día es tan superior [a la que existía en el siglo pasado] y tanto más contundente, que aun el más escéptico no puede negar que la mayoría de escritos del Nuevo Testamento pertenecen al primer siglo, sean cuales sean sus presuposiciones filosóficas.*[26]

## 6. La fecha de los libros del Nuevo Testamento

Con estas consideraciones nos estamos introduciendo en la complicada cuestión de cómo establecer la fecha de los escritos del Nuevo Testamento. Evidentemente podemos afirmar que cuanto más antiguos son, tanto más se acercan a los hechos narrados y menos podemos dudar de su fiabilidad.

Son muchos los factores que contribuyen a establecer la fecha. Los primeros son las evidencias interiores del libro mismo:

* Si el libro fue dirigido a un grupo de personas en circunstancias determinadas, estos mismos detalles circunstanciales constituyen una primera evidencia en cuanto a la fecha. Esto es cierto, por ejemplo, de las Epístolas de Pablo. Por sus referencias internas (mención de que el autor está en la cárcel, saludos a diferentes personas, situaciones teológicas, sociales, eclesiásticas, etc.) y por cotejar estas referencias con lo que sabemos de la vida de Pablo en el Libro de los Hechos, podemos establecer una probable fecha de redacción. En la actualidad los estudiosos opinan que las epístolas paulinas van aproximadamente desde el año 48 d.C. (Gálatas) hasta un poco después del año 60 (las Epístolas Pastorales). Es decir, fueron escritas entre 18 y 30 años después del ministerio de Jesucristo. Aún vivía en aquellos años un porcentaje elevado de las personas que habían convivido con Jesús y que, por lo tanto, podrían haber rechazado cualquier error histórico o fabricación engañosa de Pablo. Sabemos, por ejemplo, que Pedro había leído al menos algunas de estas epístolas. Él fácilmente podría haber denunciado cualquier dato falso. Lejos de esto, da fe de su integridad espiritual e incluso llega a sugerir

---

[26] Bruce, versión inglesa, pág. 15.

que las epístolas paulinas forman parte de las Escrituras reconocidas por la Iglesia:

*Y tened entendido que la paciencia de nuestro Señor es para salvación; como también nuestro amado hermano Pablo, según la sabiduría que le ha sido dada, os ha escrito, casi en todas sus epístolas, hablando en ellas de estas cosas; entre las cuales hay algunas difíciles de entender, las cuales los indoctos e inconstantes tuercen, como también las otras Escrituras, para su propia perdición (2 Pedro 3:15-16).*

- Si el libro es exacto en su información histórica -tal y como hemos visto, por ejemplo, en el caso de los títulos imperiales empleados por Lucas- tanto más probable es que hubiera sido escrito en fechas muy próximas a los hechos narrados.

- Si un libro narrativo termina de una forma abrupta, es de suponer que el autor acabó donde acabó porque lo estaba escribiendo en aquel mismo momento. Por ejemplo, Lucas deja la narración de Hechos «en el aire», con Pablo bajo arresto en Roma. La razón más probable es que él escribiera Hechos muy poco después (o sea en el 60-62 d.C.). Si no fuera así, lo normal es que hubiera seguido con la narración, explicándonos si Pablo fue liberado o ajusticiado. Si Hechos fue escrito alrededor del año 62, sabemos que el Evangelio de Lucas es más temprano aún (porque en Hechos Lucas lo llama *el primer tratado*, Hechos 1:1) y por lo tanto debe ser fechado con anterioridad al 62 d.C.

- Además de estas evidencias internas, las hay «exteriores». Acabamos de ver, en este sentido, la importancia de citas por parte de otros autores. Si un libro del Nuevo Testamento es citado por otro autor en el año 100, no necesariamente fue escrito en el año 99, pero desde luego no pudo ser escrito en el año 101. Una cita siempre establece una fecha tope para la redacción del libro citado.
  En resumidas cuentas podemos decir que los Padres Apostólicos (que escribieron entre el año 90 y el 160, varios de ellos muy al principio de este período) citan de casi todos los libros del Nuevo Testamento.

Además de ello, tenemos las aportaciones de algunos escritores heréticos. Hemos de tratarlos con precaución, porque eran capaces de fabricar datos a fin de apoyar sus creencias religiosas. Pero, por ejemplo, uno de ellos, un tal Marción, alrededor del año 140 publicó una lista de libros que él aceptaba como canónicos. Rechazaba algunos de los que están en el Nuevo Testamento porque no coincidían con sus énfasis teológicos, pero incluía una versión expurgada del Evangelio de Lucas y las Epístolas de Pablo. Otros, de la escuela gnóstica de Valentino, a mediados del siglo segundo empleaban los textos del Nuevo Testamento en sus debates con los cristianos ortodoxos. Ya en aquel entonces, los libros del Nuevo Testamento eran aceptados como la máxima autoridad en los debates teológicos y en la definición de la doctrina correcta.

Ahora bien, un texto no adquiere esta autoridad en poco tiempo. Ni mucho menos la adquiere si lo que se está buscando son evidencias de una autoridad apostólica. Si los escritores cristianos de finales del primer siglo y principios del segundo pudieron apoyar sus argumentos con citas de los libros del Nuevo Testamento, es porque desde hacía años la autoridad de éstos era reconocida en la Iglesia.

• La otra evidencia «exterior» en cuanto a la fecha de los libros novotestamentarios es la cantidad de manuscritos antiguos que han llegado hasta nuestros días (y que comentaremos en un momento).

Es a base de una profundización en todos estos factores como se puede llegar a establecer con cierta seguridad la fecha de los libros bíblicos.

En la actualidad, las fechas generalmente propuestas para los Evangelios serían las siguientes:

| | |
|---|---|
| Mateo: | 70 d.C. |
| Marcos: | 55-65 d.C. |
| Lucas: | 60 d.C. |
| Juan: | 80-100 d.C. |

Algunos, no sin justificación, proponen fechas aún más tempranas. Aun si aceptamos las fechas tardías, es de observar que fueron redactados en vida de muchos de los testigos oculares de los hechos narrados.

Anterior a todos ellos es el «Evangelio» de Pablo, idéntico en sus líneas maestras a los cuatro Evangelios mencionados.

> Encontramos en las Epístolas de Pablo material suficiente como para formar una breve Vida de Cristo, al decir de Ernesto Renán. Aunque Pablo recalca la pre-existencia divina de Jesús (por ejemplo, en Colosenses 1:15-17), sin embargo, sabe que fue una persona realmente humana (Gálatas 4:4); que descendió de Abraham (Romanos 9:5) y David (Romanos 1:3); que vivió bajo el imperio de la ley judía (Gálatas 4:4); que fue traicionado y que en esa misma noche instituyó una ordenanza memorial (1 Corintios 11:23-29); que sufrió la pena romana de la crucifixión (Filipenses 2:8, 1 Corintios 1:23; Gálatas 3:13; 6:14, etc.), aunque coloca la responsabilidad de esa muerte sobre los representantes de la nación judía (1 Tesalonicenses 2:15); que fue sepultado y que resucitó al tercer día; que luego fue visto por muchos testigos en diversas ocasiones, incluso una ocasión en que lo vieron más de quinientas personas a la vez, la mayoría de las cuales vivían todavía veinticinco años más tarde de ocurrido el hecho (1 Corintios 15:4-8).[27]

No solamente los datos básicos de la historia del evangelio son anticipados en los escritos de Pablo. También el carácter de Cristo tal y como se nos presenta en las Epístolas es igual a su carácter en los Evangelios.

> El carácter de Cristo, tal y como Pablo lo entiende, cuadra perfectamente bien con el retrato que aparece en los Evangelios. Cuando Pablo habla de la mansedumbre y ternura de Cristo (2 Corintios 10:1), recordamos las propias palabras del Señor: Yo soy manso y humilde de corazón (Mateo 11:29). El Cristo que se niega a sí mismo en los Evangelios es el mismo de quien Pablo dice: Porque ni aun Cristo se agradó a sí mismo (Romanos 15:3), y así como el Cristo de los Evangelios exige a los discípulos que se nieguen a sí mismos (Marcos 8:34), del mismo modo el apóstol insiste en que, siguiendo el mismo ejemplo de Cristo, el cristiano tiene el deber de soportar las flaquezas de los débiles, y no agradarnos a nosotros mismos (Romanos 15:1). Quien dijo: Yo estoy entre vosotros como el que sirve (Lucas 22:27), y ejecutó el trabajo doméstico de lavar

[27] Bruce, op. cit., pág. 76.

*los pies de los discípulos (Juan 13:4-7) es quien, también según Pablo, tomó forma de siervo (Filipenses 2:7). En una palabra: cuando Pablo quiere recomendar a los lectores todas las gracias y la hermosura que adornan al Cristo de los Evangelios, emplea un lenguaje que dice: Vestíos del Señor Jesucristo (Romanos 13:14).* [28]

En algunos casos, Pablo cita textualmente las palabras de Cristo (1 Corintios 7:10; 9:14; 11:23-26; 1 Timoteo 5:18, a la luz de Mateo 10:10; cf. Hechos 20:35).

¿Dónde encontró estas citas? Sin duda, existía en la iglesia primitiva una tradición oral (y quizás redactada por escrito desde fechas muy tempranas) que recogía los diversos dichos de Jesús, y así los pasaron de creyente a creyente y de generación a generación (ver punto 9). Seguramente Pablo conocía estas tradiciones, como también los autores de los Evangelios Sinópticos.

Por lo tanto, los que quieren ver en los escritos de Pablo una tergiversación posterior de aquel evangelio de Jesucristo que habían predicado los apóstoles, tienen todas las evidencias textuales y documentales en su contra. En los escritos de Pablo encontramos el marco tradicional del evangelio con todos los detalles más esenciales de la persona y la obra de Jesucristo, ya establecidos en una fecha aún más temprana que la de los Evangelios.

## 7. Los manuscritos

Según los últimos cálculos, existen unos 5.400 manuscritos antiguos del Nuevo Testamento,[29] desde pequeños fragmentos de algún libro hasta textos completos. Por supuesto, el estudio y clasificación de tantos documentos es un trabajo inmenso, y su fecha y significado son tema de debate entre los expertos. Pero algunas cosas son muy claras.

De inmediato podemos afirmar que este cuerpo de documentos constituye una evidencia para la autenticidad del Nuevo Testamento cien veces más importante que la que existe para cualquier otra obra literaria de la antigüedad.

---

[28] Bruce, *op. cit.*, pág. 77.
[29] Revista *Time*, 23 de enero de 1995, pág. 43.

Por otro lado, quizás resulte desconcertante para algunos saber que el manuscrito más antiguo que tenemos de la totalidad del Nuevo Testamento data de mediados del siglo IV. Se trata de dos documentos: el Códice del Vaticano y el Códice Sinaítico (conservado en el Museo Británico). En seguida nos preguntamos: ¿Qué seguridad puede haber en cuanto a la autenticidad del Nuevo Testamento si el manuscrito completo más antiguo data de 300 años después de su supuesta fecha de redacción?

La respuesta es que podemos tener muchísima seguridad, y esto por dos razones. En primer lugar, en el estudio de manuscritos antiguos 300 años es poca cosa. A fin de entenderlo consideremos algunos otros ejemplos:

- Julio César escribió su *Guerra de las Galias* aproximadamente en el año 60 a.C. El manuscrito más antiguo que actualmente conocemos data del 850 d.C., a una distancia de 9 siglos. En total existen sólo diez manuscritos.

- Tito Livio escribió su *Historia de Roma* en el año 10 d.C. De los 142 libros sólo existen hoy 35. El manuscrito más antiguo data de finales del siglo IV -una distancia de casi cuatro siglos- pero sólo contiene tres de los libros. Existen unos veinte manuscritos más.

- Tácito escribió sus *Historias* alrededor del año 100 d.C. Sólo tenemos dos manuscritos de ellas, y de los catorce libros que él escribió sólo nos han llegado cuatro y parte de un quinto. El manuscrito más antiguo es del 850 d.C., o sea, a una distancia de 750 años.

- Las distancias son aún mayores en el caso de los historiadores griegos. Los manuscritos más antiguos que tenemos tanto de Tucídides como de Herodoto datan de principios del siglo X d.C., a unos 1.400 años de la fecha de redacción. De la historia de Tucídides sólo tenemos ocho manuscritos.

Es con estos datos con los que debemos comparar los 5.400 manuscritos y tres siglos de distancia del Nuevo Testamento.

Pues bien, casi nadie duda de que los textos que actualmente tenemos de Julio César, Tito Livio y los demás, sean lo que estos autores verdaderamente escribieron. Menos razón aún tenemos para dudar de la autenticidad del texto del Nuevo Testamento.

En segundo lugar debemos subrayar que hemos dicho que el texto más antiguo que tenemos del Nuevo Testamento *completo* data del siglo IV, pero por supuesto tenemos textos fragmentarios más antiguos. Entre los muchos que hay anteriores al 350 d.C. podemos destacar los siguientes:

- Los papiros Chester-Beatty contienen los cuatro Evangelios, Hechos, las Epístolas de Pablo y Hebreos (es decir, la mayor parte del Nuevo Testamento) y datan de la primera mitad del siglo III.

- El fragmento John Rylands, del año 130 d.C. aproximadamente, contiene Juan 18:31-32. Fue descubierto en Egipto y sólo dista unos 30-35 años de la redacción original.

- En 1972 el padre O'Callaghan –quien a pesar de su apellido irlandés es oriundo de Tortosa– anunció el hallazgo de un pequeño fragmento (papiro 7Q5), procedente de la cueva 7 de Qumran, que él identificó como un texto del Evangelio de Marcos.[30] Previamente a su identificación, el fragmento había sido fechado por los expertos como procedente de los años 50-75 d.C. (¡o antes!). Hasta el día de hoy, a pesar del escepticismo de algunos, la autenticidad de esta identificación no ha podido ser desautorizada. Posteriormente, el mismo O'Callaghan ha ofrecido posibles identificaciones de otros pequeños fragmentos procedentes de la misma cueva.[31] De confirmarse estos detalles tendríamos evidencias firmes de la existencia de manuscritos del Evangelio de Marcos, el Libro de Hechos, la Epístola a los Romanos, 1 Timoteo, Santiago y 2 Pedro en fechas muy cercanas al momento de su primera redacción.[32]

---

[30] Josep O'Callaghan: *¿Papiros neotestamentarios en la cueva 7 de Qumran?* 1972. *Bíblica*, 7:1, págs. 91-104 (Pontificio Instituto Bíblico).

[31] Para un excelente análisis de los argumentos a favor de estas identificaciones, ver *The First New Testament* de David Estrada y William White (1978. Nelson, Nueva York).

[32] Mientras escribía estas líneas, han llegado hasta mis manos dos artículos que versan

Estos datos, entre otros, nos conducen a la conclusión inevitable que podemos exponer en las palabras concisas de un testigo excepcional, Sir Frederick Kenyon, uno de los grandes expertos de nuestro siglo en los manuscritos y arqueología de Oriente Medio:

> *El intervalo que media entre las fechas de composición originaria y las evidencias más antiguas que poseemos, queda reducido a un tiempo tan pequeño que en verdad se torna insignificante. Ya han sido removidos hasta los últimos baluartes como para que quede duda alguna de que poseemos las Escrituras en la forma substancial en que fueron escritas. Se puede decir que ya está consolidada finalmente la autenticidad y la integridad general de los Libros del Nuevo Testamento.*[33]

## 8. El canon y su formación

El Nuevo Testamento se compone de veintisiete libros diferentes, los cuales fueron escritos en distintos momentos y circunstancias por una diversidad de autores. El estudio de cómo se llegó a la aceptación de estos veintisiete libros por parte de la Iglesia, y al rechazo de otros, es sumamente aleccionador y arroja mucha luz sobre la autenticidad del Nuevo Testamento actual.

Ya en tiempos de los apóstoles, las iglesias empezaron a conocer la actuación subversiva de sectas heréticas, tanto de procedencia judía (los judaizantes que Pablo denuncia en Gálatas y en otros lugares) como gentil (diferentes grupos protognósticos como los que causaban confusión entre los colosenses o los lectores de las Epístolas de Juan). Esta proliferación de grupos tendenciosos, con sus evangelios fraudulentos y enseñanzas heterodoxas, a primera vista parece respaldar a aquellos escépticos que mantienen que es imposible distinguir entre lo que Jesucristo verdaderamente enseñó y lo que decían de él diferentes grupos rivales.

Pero, al contrario, esta situación polémica nos garantiza la pureza de la tradición apostólica. A causa de la amenaza de esas herejías, la Iglesia tuvo que establecer un listón muy alto para determinar si un texto verdaderamente llevaba el sello apostólico.

---

[33] Sir Frederick Kenyon: *The Bible and Archeology*, pág. 228.

Fue la misma amenaza herética la que hizo necesaria la agrupación de las Escrituras del Nuevo Testamento en una sola colección, a fin de garantizar una transmisión fiel de la enseñanza apostólica en el futuro. A la vez, las iglesias debían tener mucho cuidado para distinguir entre las tradiciones verdaderas y las falsas. Ningún texto fue admitido sólo por *pretender* ser apostólico o por pretender incluir dichos de Jesús. Las iglesias querían tener garantías en cuanto a su procedencia y, sobre todo, asegurar que se conformara con la fe *una vez dada a los santos* y llevara la marca de la autoridad espiritual de los apóstoles.

Un ejemplo de la preocupación por establecer el origen de los textos lo encontramos en las siguientes palabras procedentes de la *Historia Eclesiástica* de Eusebio. Él nos asegura que recibió la información de Papías, quien, a su vez, la tenía directamente de «el Presbítero»:

> *Marcos, siendo el intérprete de Pedro, escribió con precisión lo que este Pedro mencionó, ya fuesen dichos o hechos de Cristo; aunque no lo hizo ordenadamente. Porque él no fue ni un oyente ni un compañero del Señor; pero más tarde, como dije, él acompañó a Pedro quien adaptó sus enseñanzas a las necesidades que se presentaban, no como quien efectúa la compilación de los Dichos del Señor. De modo que al escribir las cosas que Pedro le mencionó, Marcos no se equivocó, porque prestó atención a una sola cosa: no omitir nada de lo que había oído, ni incluir ninguna aseveración falsa.[34]*

Se hace patente aquí la preocupación por la exactitud histórica y el sello apostólico. Si un texto (como ocurre en el caso del Evangelio de Marcos) no había sido escrito por un apóstol, era necesario establecer su vinculación con la enseñanza apostólica.

Sabemos (por Lucas 1:1, por ejemplo) que existían otros muchos «Evangelios» o escritos sobre el ministerio de Jesucristo. El hecho de que con el tiempo sólo fuera reconocida la autoridad de cuatro de ellos no es evidencia de una turbia confusión, sino de un escrupuloso rigor en la selección que sirve de garantía de la autoridad de los textos que actualmente constituyen el Nuevo Testamento.

Con el paso de los siglos, muchos textos no llegaron a ser incorporados al canon, no porque su enseñanza no fuera ortodoxa, sino por no alcanzar el listón exigido por las iglesias. Puntualicemos a este

---

[34] Citado por Bruce, *op. cit.*, pág. 35.

respecto que no es que «la Iglesia» haya establecido o restado autoridad a estos textos, sino más bien que las iglesias –en plural– reconocieron -o no- la genuina autoridad apostólica que ya llevaban en sí. Así ocurre, por ejemplo, con la Epístola de Bernabé o *El Pastor* de Hermas, que están incluidos en el Código Sinaítico, o con las Epístolas de Clemente que forman parte del Código Alejandrino (un manuscrito del Nuevo Testamento del siglo V). El rechazo final de estos libros, aunque habían sido aceptados por ciertas iglesias durante siglos, es la demostración del alto sentido de responsabilidad que las iglesias tenían en cuanto a asegurar la historicidad y apostolicidad del Nuevo Testamento.

El hecho de que otros libros de nuestro Nuevo Testamento, como Santiago, Judas, 2 Pedro, etc., tardaran mucho en ser universalmente aceptados, es otra evidencia de este mismo rigor. Lejos de admitir ingenuamente cualquier versión de la vida o enseñanzas de Jesús, las iglesias estaban –en todo caso– en el otro extremo: rechazaban cualquier escrito cuyo sello apostólico no podía ser garantizado. El largo proceso del establecimiento del canon –demasiado largo como para poder trazarlo aquí– es otra gran evidencia a favor de la fidedignidad del Nuevo Testamento.

## 9. Las tradiciones literarias contemporáneas

Nos queda un último factor a considerar. Se trata de las costumbres que existían en las prácticas literarias de la época. En las últimas décadas los expertos han investigado mucho sobre este tema y se ha llegado a establecer la existencia de al menos dos tradiciones que ayudan a confirmar la exactitud del texto.

En primer lugar, existían lo que los expertos suelen llamar *formas*, es decir, patrones estereotipados que los historiadores, oradores y predicadores del primer siglo solían emplear para sintetizar sus narraciones. Eran maneras tradicionales de contar historias, prescindiendo de detalles descriptivos y dejando sólo el «esqueleto» de la acción. Si esta clase de narración carecía de chispa y creatividad, al menos garantizaba la trasmisión fiel y exacta de los hechos.

F.W. Grosheide aplica de la manera siguiente la tradición de las formas a las narraciones apostólicas:

> En los días de los apóstoles existía una predicación estereotipada... de los hechos y palabras de Jesús, y esta predicación –esta tradición oral– es la que constituye la fuente principal de nuestros Evangelios Sinópticos.[35]

Bruce añade lo siguiente:

> No nos agradan los estilos orales o literarios, estereotipados; preferimos la variedad; pero aun en nuestra vida moderna aparecen ocasiones en que se nos imponen estilos estereotipados. Cuando el oficial de justicia presenta evidencias en los tribunales, no adorna el relato con las gracias de la oratoria sino que se adhiere, hasta donde le es posible, a formas prescritas de testimonio. La finalidad de esto es que su evidencia pueda conformarse tan estrechamente como sea posible con el curso de los acontecimientos que narra. Lo que le falta al relato de toque artístico, lo gana en exactitud. El estilo estereotipado de muchos relatos y discursos de los evangelios tiene la misma finalidad: garantizar la exactitud de lo principal.[36]

En segundo lugar, sabemos que en aquella época, en la que los medios de comunicación eran relativamente escasos, se daba muchísima importancia a la memorización. Los discípulos de los rabinos no tenían papel y pluma para poder tomar apuntes. Más bien debían aprender de memoria las enseñanzas del maestro, y éste se esforzaba por enseñar de una manera fácil de memorizar. En este sentido las parábolas tuvieron gran importancia, como también la versificación de sus ideas. Sabemos que Jesucristo hizo uso de las parábolas. También es probable que sus enseñanzas éticas fueran presentadas en forma de verso. Algunos eruditos han señalado que cuando el texto griego del Nuevo Testamento es traducido literalmente al arameo, salen con una frecuencia excepcional frases con características poéticas como el paralelismo, el ritmo y la rima. No por esto son menos históricas las enseñanzas de Cristo en los Evangelios. Al contrario, es la explicación de cómo los discípulos pudieron recordar con exactitud, a varias décadas de distancia, las palabras exactas del Maestro.

> Resulta más probable recordar un discurso trazado sobre un plan fácilmente reconocible, y es factible suponer que Jesús usó la poesía para que los discípulos memorizaran sus enseñanzas.[37]

---

[35] Evangelical Quarterly, iii, pág. 64.
[36] Bruce, op. cit., pág. 32.
[37] Bruce, op. cit., pág. 39.

*Puesto que Jesús apareció como un profeta entre sus contemporáneos, y los profetas acostumbraban a presentar los oráculos en forma versificada, resulta perfectamente creíble que poseamos algo que se asemeja a la ipsissima verba del Señor.*[38]

Lo que resulta del todo claro, especialmente en el estudio de los Evangelios Sinópticos, es que anteriormente a la redacción de los textos que han llegado a nosotros, existía una forma tradicional en cuanto a los dichos y hechos de Jesús que era trasmitida de congregación en congregación, de generación en generación, y de la cual se sirvieron los evangelistas al compilar sus escritos.

*Las fuentes orales proceden desde los mismos comienzos de la literatura cristiana, lo que quiere decir que, de hecho, todo el tiempo nos encontramos con evidencias que proporcionan testigos oculares. Los predicadores originarios del evangelio supieron el valor que tiene el testimonio de primera mano, porque vemos que vez tras vez hicieron uso de él. La afirmación constante y confirmada que presentaban era «Nosotros somos testigos de estas cosas», y no puede haber sido cosa tan fácil como ciertos escritores parecen suponer, inventar enseñanzas y hechos de Jesús en aquellos tiempos primitivos, cuando abundaban muchos discípulos que recordaban todo cuanto había dicho y hecho el Señor. La verdad es que las evidencias ponen de manifiesto que los cristianos primitivos tuvieron sumo cuidado de distinguir entre los Dichos de Jesús y sus propias inferencias. Cuando el apóstol Pablo discute el enojoso problema del matrimonio y el divorcio en 1 Corintios 7, por ejemplo, se cuida muy bien en hacer notar la distinción: «Yo digo, no el Señor»; y otra vez: «No yo, sino el Señor».*[39]

---

[38] Dodd, *History and Gospel*, pág. 89.
[39] Bruce, *op. cit.*, pág. 46.

# III

# *Conclusiones*

Estos nueve factores, por lo tanto, constituyen áreas obligadas de investigación en torno al tema de la historicidad y fidedignidad del Nuevo Testamento.

Sólo hemos podido bosquejarlas de una forma somera. Pero espero que haya servido para ver que juntas constituyen un formidable cuerpo de evidencia a favor de la autenticidad de los documentos bíblicos.

El Nuevo Testamento no puede ser fácilmente «explicado» como un libro de leyendas inventadas por hombres crédulos y engañados, ni como la fabricación tardía de una iglesia decadente. Todo apunta hacia la idea de que sus libros fueron redactados en fechas próximas a los hechos, por los apóstoles o por sus compañeros cercanos, y que el espíritu que informa su narración es el de la veracidad testimonial de los testigos oculares.

Esto no nos obliga a creer. La fe es siempre algo voluntario y no se presta a la coacción. Pero al menos este cuerpo de evidencias debe hacernos volver al Nuevo Testamento con renovado interés y con la disposición de aceptarlo como lo que pretende ser: el testimonio fidedigno de testigos oculares a los hechos y dichos verídicos del Jesús histórico.

# Los
## descubrimientos
### del

**Qumrán**

*Josep O'Callaghan*

## Curriculum vitæ

José O'Callaghan es Dr. en Filosofía y Letras
por la Universidad de Milán.
Ha sido profesor de griego bíblico y crítica textual del
Nuevo Testamento en la Facultad de Teología de Barcelona,
en el Pontificio Instituto Bíblico de Roma
y profesor de Papirología y Paleografía griega
en la Universidad de Barcelona, en el Pontificio Instituto
Bíblico de Roma, en la Universidad de Urbino (Italia),
y Decano de la Facultad Bíblica
en el Pontificio Instituto Bíblico (Roma).

Fue también fundador y director de la revista
«Studia Papyrologica» y de las colecciones
«Papyrologica Castroctaviana» y
«Estudis de Papirología i Filología Bíblica».

Escritor de 14 libros, entre ellos
*Los papiros griegos de la cueva 7 de Qumram* (1974),
*Nomina Sacra in papyris Graecis saeculi II neotestamentariis*
(1970),
*Los primeros testimonios del Nuevo Testamento. Papirología
neotestamentaria* (1995),
ha colaborado también en diversas revistas científicas
de España y el extranjero, con más de 200 artículos
y más de 100 recensiones científicas
en diversas revistas especializadas.

A tan brillante trayectoria académica debemos añadir su
identificación del papiro número 5 de la cueva 7 de Qumrán
con Marcos 6:52, 53.

P ronto cundió por los ambientes no sólo científicos, sino del gran público, el sensacional descubrimiento de Qumrán, a orillas del mar Muerto. Con no menor facilidad se formó la historia del hallazgo con todos sus pormenores. El pastor de la tribu beduina persiguiendo la cabra que se esconde en una nueva cueva, el ruido de la vajilla que se rompe al chocar la piedra lanzada, la inesperada sorpresa del pequeño beduino... las agencias informativas situaron el descubrimiento en el año 1947.

> **«Durante muchos años se ha estado creyendo que los rollos habían sido descubiertos en los comienzos del verano de 1947 por un joven de la tribu ta'amireh, que andaba buscando una cabra perdida. Ahora resulta que no fue uno, sino tres beduinos; que no fue en 1947, sino en 1946; y que no hubo cabra perdida...»**

Ciertamente, los descubridores de las cuevas de Qumrán fueron miembros de la tribu ta'amireh, que puebla el desierto de Judá desde hace cerca de tres siglos. En el invierno de 1946-1947, tal vez buscando el alivio del oasis de Ain Fesja, hacia el NO del mar Muerto, tres pastores merodeaban aquellos parajes con sus rebaños. Los nombres de los tres beduinos eran Jalil Musa, Yuma Mahoma Jalil y Mahoma Ahmed el-Hamed.

Yuma tenía la obsesión de encontrar un tesoro en alguna de aquellas agrestes cuevas. Un día, mientras sus dos compañeros estaban apacentando sus ovejas, Yuma se apartó de ellos y se fijó en una cueva

113

con dos agujeros de entrada. Por la parte inferior arrojó una piedra. El ruido de la misma al tropezar con una vasija de barro cocido le hizo suponer que había dado ya con el ansiado tesoro.

Comunicó a sus compañeros el hallazgo. La noche se echaba encima. Acordaron volver a la cueva después de abrevar sus rebaños en Ain Fesja. Pero Mahoma Ahmed, al amanecer, no pudo esperar más. Dejó a sus compañeros. Se dirigió a la cueva y, para explorarla mejor, colocó diversas piedras para asomarse más cómodamente a su interior. Con gran admiración observó la presencia de diez tinajas colocadas a lo largo de las paredes de la cueva. Todas, menos dos, estaban vacías. Seguramente, la decepción de Mahoma Ahmed y sus compañeros sería grande, pues en vez de las codiciadas monedas de oro, no tenían ante sus ojos sino unos legajos de pergamino enrollado...

En aquel momento –y a pesar de la tremenda decepción de los tres jóvenes beduinos– se iniciaba la época de los grandes descubrimientos del mar Muerto. Una vez más, la gran historia se iniciaba con un desengaño humano. Y esto que a los ojos de los pastorcitos no tenía sino la apariencia de un frustrado éxito era calificado el año 1948 por uno de los arqueólogos más eminentes, W.F. Albright, como «el descubrimiento de manuscritos más importante de los tiempos modernos».

Muchas fueron las vicisitudes por las que atravesaron los rollos entonces descubiertos. Pronto tendrían que entrar en juego los intereses culturales de diversas naciones. Pero, entretanto, el anticuario de Belén Abraham Iyda, aconsejado por su colega Faidi Salahi, devolvía a Yuma los deteriorados pergaminos por carecer de interés arqueológico... Eran tal vez fruto de rapiña en alguna sinagoga.

Lamentando su poca fortuna por el hallazgo, Yuma entró en relación con Jorge Isaías Shamoum, sirio ortodoxo, que inmediatamente informó al monasterio sirio de san Marcos en Jerusalén. El 19 de julio de 1947, el metropolitano Atanasio adquirió los rollos.

Otra parte del lote de estos primeros hallazgos fue a parar a manos del Dr. E.L. Sukenik, rector de la Universidad judía de Jerusalén, exactamente el día 29 de noviembre de 1947, fecha especialmente señalada para los judíos, pues era el día en que las Naciones Unidas decidieron la partición de Palestina.

No todo el material encontrado se quedaba en las tierras de origen. El 29 de enero de 1949, Mar Atanasio llegaba a Nueva York con el fin de vender cuatro rollos, gestión que logró relizar después de laboriosas negociaciones. Sin embargo, el gobierno de Israel no cejaba en el empeño de recuperar el precioso legado. Así, el 22 de febrero de 1955 se podía anunciar que Israel entraba en posesión de los cuatro rollos de Mar Atanasio. Protagonista excepcional de esta importante compra fue el Dr. Ygael Yadin, que había actuado como comandante jefe de Estado Mayor en la recientemente constituida nación israelí.

Este es, a grandes riesgos, el inicio de los descubrimientos de Qumrán. Evidentemente que hay muchos pormenores que no pretenden tratarse ahora y que fácilmente pueden consultarse en los libros que sobre el particular se han escrito. Pero, al menos, se ha pretendido esbozar el inicio de esta nueva época arqueológica.

# El fragmento 7Q5
## y el evangelio de san Marcos

Ruego se me permita hacer un poco de historia sobre esta identificación que hace ya tiempo propuse a la opinión internacional.[1]

En efecto, casi a los inicios de mi docencia en el Pontificio Instituto Bíblico de Roma, estaba componiendo una lista de los papiros de la LXX, para colmar una laguna en el campo de los estudios papirológicos.[2] Y como en la cueva 7 de Qumrán había dos fragmentos de papiros veterotestamentarios (los inventariados con los números 1 y 2), que fueron identificados por E.-M. Boismard (y el segundo con la ayuda de P. Benoit) como Ex 28,4-7 y Ep Jer 43-44, tuve que adentrarme en dicha cueva, para consignar en mi lista los dos nuevos papiros griegos del Antiguo Testamento.

Pero he de confesar que entonces (sin la ayuda de la informática) era como una distracción en mis trabajos científicos el identificar pequeños fragmentos de papiros publicados como anónimos.[3] Así pues,

---

[1] J. O'Callaghan, *Los papiros griegos de la cueva 7 de Qumrán*, Madrid 1974. En este libro se recogen los artículos publicados en Bíblica el año 1972.

[2] J. O'Callaghan, Lista de los papiros de los LXX, Bíblica 56, 1975, págs. 74-93.

[3] Puedo recordar otras identificaciones mías: *Eusebio: Historia Eclesiástica VI 43,7-8.11-12 en PBerl. inv. 17076*, Studia Papyrologica 14, 1975, págs. 103-108; *Jenofonte: Banquete 3,9 en PMon. Gr. Inv. 160*, Studia Papyrologica 18, 1979, págs. 133-136; *Théocrite I 31-35, 73-78*, Chronique d'Egypte 50, 1975, págs. 192-194.

al entrar en dicha cueva de Qumrán, vi otros trozos de papiro que permanecían sin atribución textual; y me dejé llevar de mi curiosidad por descubrir posibles identificaciones.

Como acertadamente sugirieron los autores de la edición príncipe, el inventariado con el número 5 era probablemente el fragmento de una genealogía veterotestamentaria, pues en él se leían con toda claridad las letras *nnes*, que podrían fácilmente proceder del verbo *egennesen* («engendró»). He de confesar que con paciencia de cartujo recorrí los innumerables pasajes del A.T., con genealogías (sin la ayuda de la computadora), y no logré dar con ningún pasaje genealógico que cuadrase a los restos paleográficos encontrados en el papiro. Tuve que desistir de mi propósito.

Entonces, como no es raro que suceda en los momentos de decepción científica, me vino la intuición de pensar que el grupo de las mencionadas letras podría formar parte del nombre geográfico *Gennesaret*, palabra que con esta grafía se encuentra muy raramente en el A.T.: sólo en 1 Macabeos 11:67. En aquellos momentos, más por reacción al desánimo que por convicción científica, quise explorar en el N.T. En primer lugar, con alguna sección genealógica, sin resultado positivo, y después con Gennesaret. Y entonces fue cuando quedé intensamente sorprendido, pues vi que el texto de 7Q5 (7Q es la sigla de la cueva 7 de Qumrán, y 5 —como hemos dicho— el número de inventario) era un fragmento del evangelio de Marcos, concretamente 6:52, 53).

No quise dar crédito al hallazgo, y lo dejé correr. No creía posible hallarme frente a un papiro marcano del año 50 (datación dada al fragmento por el pelógrafo de Oxford C.H. Roberts). Había trabajado en la biblioteca del Bíblico, y volví a mi cuarto, donde se presentó un colega a quien propuse la posibilidad de haber encontrado un papiro del evangelio de Marcos perteneciente al año 50. Su contestación fue decidida y rápida:

—¡Es imposible!

Lo dejé correr todo. No quise pensar más en ello, pero no lo podía evitar. Porque, ¿y si por casualidad aquello era verdad? No podía acallar la voz de mi intranquilidad. Al cabo de ocho días volví a probar con más serenidad. Y vi efectivamente que aquel pequeño pedazo papiráceo contenía un texto de Marcos.

Hice un primer borrador de mi identificación y fui a ver al entonces Rector del Bíblico y actual arzobispo de Milán, cardenal Carlo M. Martini. Entonces estaba ocupado, pero me pidió el borrador de mi trabajo. Lo estudió. Y al día siguiente vino a mi cuarto, y me propuso una serie de dificultades que procuré resolver. Me indicó que sería conveniente ver la posibilidad de identificar otros trozos neotestamentarios en los restantes papiros de la cueva 7, pues era muy extraño que allí sólo se encontrase un fragmento de Marcos. Esto me llevó a la identificación de 7Q4 como 1 Timoteo 3:16; 4:1-3.

Después de presentar mi trabajo a otros colegas del Bíblico para censurar y ver la aceptación o rechazo de mi propuesta, advirtió que los mismos no eran desfavorables a la publicación de mi artículo. Pero el cardenal Martini, con gran circunspección científica, quiso conocer la opinión de un eminente especialista de la Universidad italiana.

Una vez más quiero agradecer al profesor Sergio Daris su asesoramiento técnico. Con él tuve una sesión de discusión científica en su casa de Trieste, en cuya Universidad es actualmente Ordinario de Papirología. Obtenido su parecer favorable, mons. Martini autorizó la publicación de mi artículo en «Bíblica», la revista científica del Instituto Bíblico.

Para no complicar y hacer excesivamente técnica la presente exposición, me limito a dar la transcripción del referido fragmento de Marcos:

| | | |
|---|---|---|
| *[synekan] e[pi tois artois]* | 20 | letras |
| *[all'en au]ton e [kardia peporo-]* | 23 | " |
| *[men]e. Kai ti[aperasantes]* | 20 | " |
| *[elthon eis Ge]ennes[aret kai]* | 21 | " |
| *[prosormis]thesa[n. Kai exel-]* | 21 | " |

La traducción es la siguiente:

«(52) [pues no se habían dado cuenta] sobre [los panes, sino que] el [corazón] de ellos estaba obcecado. (53) Y habiendo hecho la travesía, [llegaron a] Genesaret [y desembarcaron]».

Antes de pasar a considerar concretamente este fragmento, conviene volver a la cueva 7 y atender, más en general, a la condición de sus fragmentos.

En ella todos los trozos hallados conservan escritura en griego, lo cual contrasta con la casi totalidad de los manuscritos encontrados en las otras cuevas de Qumrán. Es algo excepcional en el conjunto de los hallazgos.

Otra particularidad muy importante es que estos papiros están escritos solamente por una cara, y no por las dos (*recto* y *verso*). Esto que aparentemente carece de interés, es de suma importancia, pues acredita que se trata de fragmentos de rollo y no de códice (es decir, lo equivalente a nuestro libro, escrito por ambas caras de la página). Este dato aboga mucho en favor de la antigüedad de los manuscritos allí encontrados. El paso del rollo al códice (con el fin de ahorrar papel) se hizo aproximadamente hacia el año 80 d.C. Por consiguiente, aunque es verdad que hasta el presente todos los papiros neotestamentarios eran fragmentos de códice (y esto era así, porque todos los papiros son posteriores al año 80), tratándose de los de la cueva 7, del año 50, no podrían ser trozos de códice, pues eran anteriores a la fecha en que se dio el paso del rollo al códice.

Volvamos ahora al 7Q5.

En primer lugar, vemos que en este papiro la esticometría, es decir, el número de letras por línea es el mismo que en los precedentes papiros identificados del A.T. A todas luces, esta semejanza de regularidad esticométrica es muy favorable a la identificación. Conviene recordar que en los antiguos manuscritos literarios, las palabras se escribían sin separación de letras (*scriptio continua*), con lo cual el margen derecho quedaba convenientemente justificado. Se podía alterar un poco la longitud de las líneas, pero, en general, la norma era de mantener un número de letras aproximado. Además, el escriba profesional cobraba por el número de líneas, con lo cual era necesario mantener una cierta regularidad en el trazado de las columnas.

Es verdad que en mi identificación ha habido una cierta discusión en la interpretación de algunas letras, lo cual no es de extrañar, pues los papiros no llegan siempre en perfectas condiciones de lectura. Y

---

[4] El título original en alemán es: *Die älteste Evangelien-Handschrift? Das Markus-Fragment von Qumran und die Anfänge der schriftlichen Über lieferung des Neuen Testaments*, Wuppertal 1986 (la tercera y ampliada edición es del año 1992). De esta obra se han hecho traducciones en español, holandés e italiano. El mismo autor ha compuesto otra obra, enteramente nueva y más completa con este título: *The Earliest Gospel Manuscript? The Qumran Fragment and Its Significance for New Testament Studies*, London 1992.

concretamente los de la cueva 7 nos han llegado muy deteriorados. Como dice C.P. Thiede en su obra,[4] no hay una verdadera discrepancia entre la lectura de la edición príncipe y la del que suscribe. Sólo hay un punto de verdadera oposición –en la línea 2– entre la primera edición y la de O'Callaghan, que actualmente ha quedado ya resuelta. Se trata de la *n*, a cuya lectura se oponían resueltamente no sólo Boismard, sino otros impugnadores. Ahora bien, el 12 de abril de 1992, este papiro fue inspeccionado, con gran acribía científica, en la División de Identificación y Ciencia Forense de la policía nacional de Israel, análisis que fue retransmitido por la televisión de Baviera. Pues bien, el resultado de dicha indagación es que, efectivamente, dicha letra es una n.

En la línea 3 se advierte claramente una separación de letras, lo cual no se observa en las restantes líneas. Esto es debido a que, cuando se cambiaba de sección en una obra literaria, se separaban las letras, para remarcar esta particularidad. Y, además, conviene notar que el inicio de la nueva sección empieza con la conjunción *kai* («y») muy poco habitual en el comienzo de párrafos literarios y, en cambio, muy corriente en Marcos.

En el texto griego que hemos transcrito hay una particularidad fonética. Y es el cambio de dos consonantes dentales: d > t. A un papirólogo esto no le llama la atención en lo más mínimo. A pesar de todo, C.H. Roberts escribió:[5]

> **«El profesor O'Callaghan explica la conversión de una tau en delta [–decía yo exactamente lo contrario–] por un cambio consonántico; pero esto, aunque se halle ocasionalmente en un documento semiliterario, es inaceptable en un texto bien escrito de este período».**

Fue muy fácil contestar al profesor Roberts. En poco tiempo preparé una nota,[6] en la que aducía veinte casos del cambio d > t en papiros bíblicos, que son una escasa minoría en el abundante conjunto de papiros literarios.

---

[5] *On Some Presumed Papyrus Fragments of the New Testament from Qumran*, The Journal of Theological Studies, 23, 1972, 446, nº 4.

[6] J. O'Callaghan, *El cambio δ > τ en los papiros bíblicos*, «Bíblica» 54, 1973, págs. 415, 416.

Además, hay una confirmación epigráfica –de más valor que el testimonio de un papiro, en cuanto que sobre piedra se escribía con más atención, pues eran inscripciones que debían perdurar–, que indica que este cambio era familiar a los habitantes de Jerusalén por las épocas de nuestro papiro. En la grandiosa reconstrucción del templo, Herodes había hecho poner una inscripción griega en el segundo recinto, prohibiendo, bajo pena de muerte, el paso a todos los extranjeros, es decir, a los no judíos. Flavio Josefo habla de ello en la *Guerra judía* 5,5,2 y 6,2,4, y además en las *Antigüedades judías* 15,11,5. Una piedra con tal tipo de inscripción fue hallada en el siglo pasado. En ella la palabra que significa «separación, paso cerrado», está escrita con *t* en vez de *d*, pues se lee *tryphaktos* en vez del correcto *dryphaktos*.

Hay otra particularidad en este fragmento que ha podido crear alguna dificultad, y, esta vez, es de crítica textual. Con respecto al texto usado ordinariamente, en el papiro se omiten *epi ten gen* («a tierra») detrás del verbo *tiaperasantes*. Conviene considerar el empleo de este verbo en el N.T. Resulta que el verbo *diaperao* se usa sólo 6 veces en el N.T. (Mt. 9:1; 14:34; Mr. 5:21; 6:53; Lc. 16:26; Hch. 21:2). Y en ellas se comprueba que este verbo puede emplearse sin especial complemento; v. gr. en Mateo 9:1: *Kai embas eis ploion dieperasen kai elthen eis ten idian polin* («Y habiendo subido a la barca, hizo la travesía, y llegó a su propia ciudad»). Pero, pasando al evangelio de Marcos, en 5:21, vemos que el papiro más antiguo, hasta el presente, de este evangelista, el P[45] (PChester Beatty) omite *eis to peran* («a la otra orilla»), que es la indicación direccional que afecta a *diaperao*. Tal vez sea también conveniente recordar que en crítica textual interna o racional hay un principio que reza *lectio brevior, potior* («la lección más breve, es preferible»).

Como resumen de todo lo dicho, parece muy oportuno citar las palabras de C. Thiede en su obra (edición española, *¿El manuscrito más antiguo de los evangelios?*, Institución S. Jerónimo, Valencia 1989, pág. 62):

> **«el 7Q5, con sus particularidades textuales de la mutación fonética d/t y de la supresión del epi ten gen, debe ser clasificado en el prototipo de los manuscritos más antiguos del Nuevo Testamento. Se podría llegar a decir incluso que estas particularidades son precisamente las que hablan a su favor».**

Una de las voces que se han levantado con más facilidad, después de la ineficacia de los argumentos contra esta identificación, ha sido la de que O'Callaghan, con estos trabajos de identificación, ha querido hacer apologética. No hace falta que insista demasiado en rebatir esta afirmación. Como profesor, durante 24 años, de Papirología y Paleografía griega en el Bíblico de Roma, mi misión académica no ha sido la de hacer apologética, sino la de trabajar con el máximo rigor científico. Por otra parte, tampoco he dudado jamás de que la verdadera ciencia, con el cultivo de la Verdad, lleva necesariamente a Dios. Esto supuesto, se podrá fácilmente responder si he pretendido fines apologéticos con las otras identificaciones que puedo aducir a mi favor: Eusebio de Cesarea, Jenofonto, Teócrito, etc.

Creo oportuno prestar alguna atención a un punto que puede crear alguna dificultad en la mentalidad de los no iniciados a la ciencia papirológica. Y es éste: la pequeñez del fragmento 7Q5 parece abogar por la imposibilidad de llegar a una identificación válida. A esto se puede responder de dos maneras.

La primera es que si una hipotética identificación no es la verdadera, no se dará la *adecuada verticalidad* de las letras en las otras líneas del contexto literario. Recuérdese que se escribía en columnas y en *scriptio continua*. Por consiguiente, el hecho de que las letras de un pequeño fragmento se correspondan *verticalmente* con las que están en las líneas anteriores o subsiguientes, aboga mucho en favor de la identificación. Me refiero también a las letras incluidas en las partes integradas, es decir, las pérdidas por deterioro del papiro.

La segunda es que fragmentos bíblicos –no hablo ya de los literarios en general– más insignificantes que el 7Q5 han sido aceptados sin ninguna dificultad. Y aquí se encierra tal vez el meollo de la dificultad en aceptar nuestra identificación. En los demás casos no se implican consecuencias que requieran cambios de posiciones adoptadas respecto a la formación del texto evangélico.

Únicamente me limito a recordar el papiro n.º 73 en la lista de los papiros neotestamentarios hecha por K. Aland, cuya postura en no admitir la inclusión de 7Q5 en la lista de los referidos papiros es de todos conocida. Pues bien, este papiro n.º 73, en sus medidas máximas, es más pequeño que el 7Q5 (el primero: 3,7 x 2,1 cm; el segundo: 3,9 x 2,7 cm). En el *recto* del papiro 73 se consevan exiguos restos de tres líneas, de las que solamente se lee con seguridad (línea 2) *ouk* («no»). En el *verso* se pueden recomponer también tres líneas, de las que sólo se leen con certeza estas letras *yro* (línea 2) y *ne* (línea 3). A pesar de su exigua personalidad textual, no ha habido ninguna dificultad en aceptar este papiro como Mateo 25:43; 26:2, 3. Ahora bien, este papiro nº 73 pertenece al siglo VI o VII.

Prescindo de otras cuestiones que han sido tratadas en diferentes artículos míos y, además del simposio internacional que se celebró en la Universidad Católica de Eichstätt (Alemania), del 18 al 20 de octubre de 1992 sobre mi identificación, y paso a mencionar las últimas confirmaciones de la misma por dos personalidades eminentes, una del campo papirológico, y otra del campo matemático.

Con respecto a la primera, se trata de la profesora Orsolina Montevecchi, que durante muchos años ha sido la Presidenta de la Asociación Internacional de Papirólogos —y en la actualidad lo sigue siendo honoraria. Ha ejercido su largo magisterio de Papirología en la Universidad Católica de Milán. Pues bien, dicha profesora ha afirmado recientemente:[7]

> *«Como papiróloga puedo decir que la identificación me parece segura. Las cinco líneas todavía visibles de las que consta el fragmento corresponden a Marcos 6:52, 53. Es extremamente improbable la correspondencia con otro texto... Los vestigios están en líneas diferentes. Una vez comprobado que éstas coinciden con un trozo de Marcos, es dificilísimo, prácticamente imposible, que pueda tratarse de otro texto, aun desconocido. ¡Hay cinco líneas de texto en que basarse!»*

Y en una entrevista que se le hizo para la revista «30 días», respondió de este modo a las distintas preguntas que se le hicieron:

### Profesora, ¿qué idea tiene de las polémicas que durante estos años se han centrado en el fragmento 7Q5?

Orsolina Montevecchi:

*—Para una posible solución de la cuestión hace falta, en primer lugar, dejar al margen los prejuicios apologéticos o ideológicos. No hay nada que defender: incluso si el hallado en Qumrán no fuera un fragmento del Evangelio de Marcos, el cristianismo no pierde nada. Y por lo que atañe al otro «partido», no es correcto rechazar un debate científico sólo*

---

[7] *Vangelo e storicità. Un dibattito,* a cura di Stefano Alberto, Milano 1995, págs. 211, 212.

porque a priori *uno* está convencido de que un Evangelio no puede haber sido escrito en una fecha tan antigua. El ánimo debe estar libre de prejuicios.

Mi opinión puede referirse únicamente al aspecto textual y paleográfico. Esta es mi especialidad.

### ¿A qué conclusiones ha llegado?
Montevecchi:

–Como papiróloga puedo decir que la identificación me parece segura. Las cinco líneas aún visibles que forman el fragmento corresponden al pasaje del sexto capítulo de Marcos, versículos 52 y 53. Es extremadamente improbable la correspondencia con otro texto.

### ¿Por qué está tan segura?
Montivecchi:

–Las huellas se hallan en líneas diferentes: una vez averiguado que éstas coinciden con un fragmento de Marcos, es dificilísimo, prácticamente imposible que se trate de otro texto, quizás desconocido. ¡Hay cinco líneas de texto en las que basarse!

Además, en el fragmento existe un paso de un período a otro. Según la costumbre, en los textos antiguos este cambio de frase no se indicaba, como haríamos nosotros y como se lee hoy en las versiones modernas del Evangelio, con un «aparte», sino que consistía en un espacio vacío de tres o cuatro letras entre el final de un período y el comienzo del nuevo. Esto es exactamente lo que tenemos en este caso, entre el final del versículo 52 y el comienzo del versículo 53 del capítulo sexto. Añado que, según el estilo narrativo de Marcos, el capítulo sexto comienza con la conjunción «y» (kai, en griego). Y es lo que hallamos en el fragmento. Luego tenemos esa palabra, un poco extraña, que aparece sólo una vez en el Antiguo Testamento y tres veces en el Nuevo, «Gennesaret». También ésta coincide con este paso de Marcos. Y todo el resto concuerda.

Respecto a la fecha de composición, me parece que no se puede ir más allá de la mitad del siglo I. Es decir, después del 50. Como mucho, pues, este fragmento del Evangelio de Marcos puede fecharse 20 años después de la muerte de Cristo.

### Muchos paleógrafos, incluso ilustres, no están de acuerdo con esta identificación.
Montivecchi:

–Se han planteado algunas dificultades porque en el texto faltan tres palabras (epi ten ghen = hacia tierra) respecto al texto de Marcos. «Hecha la travesía, llegaron a tierra» se lee en el texto del Evangelio que ha llegado hasta nosotros. Pero este «hacia tierra» es superfluo; la travesía de un lago lleva obviamente a la otra parte. En realidad, aunque estos paleógrafos *parecen ignorarlo, es bastante frecuente, en los textos en papiro más antiguos de la Biblia, hallar la omisión de algún elemento no necesario para la comprensión del texto. Es como si esas palabras se hubieran añadido después a modo de explicación.*

*Otra fuente de oposición es el hecho de que se da un cambio de consonantes: una tau (t) env ez de una delta (d). Pero también este es un error frecuente. Ya que se dictaban los textos y el que escribía introducía errores de pronunciación. Hay muchos casos, en los papiros bíblicos, de cambio de tau por delta.*

*Estas son las dos objeciones que se hacen para invalidar la identificación de este papiro, ya que son las únicas variantes respecto al texto transmitido. Pero, repito, se trata de variantes «normales». Todos los demás textos del Antiguo y del Nuevo Testamento que han llegado a nosotros en papiro tienen estas ligeras alternancias gráficas. Sería sospechoso si no las tuviesen.*

### Algunos sostienen que no es posible una identificación segura en un fragmento tan pequeño...

Montevecchi:

*−Es una tontería. Una identificación puede ser incontrovertible aun cuando el fragmento fuera minúsculo. A veces, a los papirólogos nos basta poco para expresar una certeza. Y aquí existen 5 líneas que coinciden. El mismo arzobispo de Milán, Carlo María Martini, una verdadera autoridad en el campo bíblico, escribió en 1972, cuando era rector del prestigioso Instituto bíblico de Roma: «Aunque al profano puede parecerle contrario, es muy probable una coincidencia casual de algunas letras, dispuestas en diferentes líneas, con un texto literario conocido»...*

El otro testimonio es el de un matemático eminente. Se trata del profesor Albert Dou.[8] En una obra que ha escrito y que acaba de aparecer, cuyo título es *Los primeros testimonios del Nuevo Testamento. Papirología neotestamentaria,* el Dr. Dou tiene un importante apartado sobre *El cáculo de probabilidades y las posibles identificaciones de 7Q5.* En su estudio, el Dr. Dou hace varias hipótesis de cálculo, de las que copio las más pertinentes:

---

[8] Tal vez convenga recordar la personalidad científica de este gran matemático: Es Doctor en Matemáticas, y en la Universidad de Madrid ha sido catedrático de Ecuaciones diferenciales. Actualmente es Profesor emérito de la Universidad Autónoma de Barcelona, en la que enseña Historia de las matemáticas. Es, además, miembro de la Real Academia de Ciencias de Madrid y correspondiente de la de Barcelona.

## 1ª Hipótesis de cálculo

La probabilidad de que se encuentre casualmente otro texto, con el mismo número de espacios o letras y con una esticometría que oscile —como la de 7Q5, según la identificación de Marcos— entre 20 y 23 letras, es de *1 contra 36 mil billones*. Esta es la probabilidad que Dou llama $P_2$.

## 2ª Hipótesis de cálculo

La probabilidad de que se encuentre casualmente otro texto con una esticometría oscilante entre 37 y 42 letras es de *1 contra 430 billones*. Esta es la probabilidad $P_3$.

## 3ª Hipótesis de cálculo

Al equiparar, desde el punto de vista del cálculo de probabilidades, un texto literario expresivo con un inexpresivo texto matemático, se da lugar a un error de difícil estimación, que no se ha tenido en cuenta en el cálculo de $P_2$ y $P_3$.

Ahora bien, con los mismos presupuestos esticométricos de $P_2$ y $P_3$, el Dr. Dou propone a continuación las nuevas probabilidades de $P^*_2$ y $P^*_3$, que aproximan por exceso $P_2$ y $P_3$ y tiene en cuenta el error debido a la equiparación antes mencionada.

Los nuevos valores, pues, son para $P^*_2$, *1 contra 900 mil millones*. Y para $P^*_3$, *1 contra 10 mil millones*.

Después de todo lo expuesto, parece que se podría acortar el plazo propuesto en la predicción que me hizo un colega respecto a la aceptación de mi humilde propuesta científica. Él calculaba de 40 a 50 años. No sé si ahora podríamos hablar de menos tiempo...

# Revelación, Inspiración y Canon de las Escrituras

## José Grau

## Curriculum vitæ

José Grau es Teólogo.
Conferenciante y autor de numerosos libros.
Director de Ediciones Evangélicas Europeas.
Profesor y Presidente del
«Centro Evangélico de Estudios Bíblicos»

# *INTRODUCCIÓN*

La base de la teología cristiana es la revelación divina. Y esta revelación forma parte de la historia de la salvación. Es necesario que se llegue a comprender cuán imprescindibles son para la fe las ideas claras sobre la inspiración y la autoridad de la Biblia. Este debe ser el punto de partida de toda introducción a la Teología Evangélica.

El estudiante debe llegar a la convicción de que Dios no sólo ha obrado en Cristo para salvarnos, sino que ha dejado la interpretación divinamente inspirada de su actividad salvífica en las páginas de la Biblia.

A modo de breve, pero imprescindible, introducción sobre la Inspiración y autoridad de la Biblia, reflexionemos sobre las siguientes afirmaciones que constituyen no solamente nuestro punto de partida, sino la premisa teológica fundamental de este estudio:

> *«No podemos comprender el significado de la Escritura, y su importancia única para la Iglesia, tomando los conceptos de autoridad, inspiración y canonicidad de manera aislada, sino sólo proyectándolos sobre el fondo de la redención, de la cual han surgido las Escrituras».*
>
> *(Ridderbos)*

Es imposible desgajar la inspiración de la Biblia y la historia del reconocimiento del canon bíblico del tronco de donde ha surgido: la historia de la salvación.

Porque esta historia de salvación no sólo garantiza la obra salvadora de Dios en Cristo, sino la interpretación inspirada de la misma y su preservación para todas las generaciones futuras.

No se trata de imponer ninguna teoría de la inspiración, ni ningún canon, a los libros que componen la Biblia, sino que es la misma Escritura la que nos da la doctrina de la inspiración y de ahí que la canonicidad (canon = norma, autoridad) de los libros de la Biblia surja de su misma existencia.

# *REVELACIÓN*

**«Dios, habiendo hablado muchas veces y de muchas maneras... habiendo efectuado la purificación de nuestros pecados...»**

*(Hebreos 1:1-3)*

Dios ha querido salvarnos (*redención*) y nos comunica esta salvación por medio de palabras de vida eterna (*revelación*). La redención y la revelación no son más que dos aspectos de un mismo plan salvador, e iluminador, indivisibles y complementarios.

## I. El hecho de la Revelación

El hecho de la Revelación se funda en el carácter y la naturaleza del hombre, creado a la imagen y semejanza de Dios (Génesis 1:27) y llamado a tener comunión con su Hacedor, para conocerle, amarle, adorarle, servirle y glorificarle.

1) *Dios habló al hombre en el Paraíso*
   - Antes de la caída: Génesis 1:28-30; 2:16-25
   - Después de la caída: Génesis 3:9

2) *Dios fue conocido en Israel* (Salmo 76)
   - Habló a los Patriarcas: Génesis 6:13; 7:1; 8:15; 9:1; 12:1-3; 15:1.

- Habló a Moisés: Éxodo 3 y 4; 20; 31:18; etc.
- Habló a los profetas: Isaías 6; Jeremías 1 y 2; etc.
- Habló *en* el hijo y por medio de sus apóstoles: Hebreos 1:1ss; 2:13.

Fue sobre todo después del pecado, que la *revelación especial* de Dios mediante su intervención salvadora y su palabra iluminadora se hizo del todo punto necesaria.

## II. La necesidad de la Revelación

La Revelación no es sólo comunicación de verdad, sino proclamación del poder salvador de Dios. Por consiguiente, no tiende únicamente a impartir conocimiento, sino gracia; no sólo busca la instrucción de la mente, sino la salvación del hombre.

Para ello, resulta insuficiente la llamada «Revelación general».

1) *Insuficiencia de la Revelación general (natural)*
Por *«Revelación general»* se entiende el testimonio que la creación da de la existencia de un Creador (Romanos 1:19, 20).

Sobre este testimonio conviene puntualizar:

a) *Que el pecado pervierte* nuestro correcto entendimiento de Dios, tanto como nuestra primitiva y original relación con Él (Romanos 1:21-23). Es consecuencia lógica. Aún más: el pecado pervirtió y afectó de algún modo a la misma naturaleza (Génesis 3:17, 18).

b) Que debido a esta perversión, *la Escritura sitúa la «Revelación general» en un contexto dominado por la idea de la manifestación de la ira de Dios* (Romanos 1:18, 21-24).

c) Que los llamados *«Salmos de naturaleza»* (expresión de la Revelación general) *son expresiones de adoración* que surgen de corazones redimidos y no de hombres inconversos. Son el fruto y la fragancia del santuario de Israel (Salmos 8, 19, 65, 104).

d) Que la «Revelación general» pese a cumplir un cometido en los designios de Dios (que nos explica los «vestigios» o «residuos» de verdad latentes todavía en algunas aspiraciones religiosas de hombre no regenerados (Hechos 17:28) y que, aunado al poder preservador del Espíritu Santo (Juan 1:9; Génesis 6:3) y a la *gracia común* divina (Mateo 5:45; Romanos 2:14, 15), permite que el pecado no llegue a sus últimas consecuencias; no se trata más que de *una simple acción preservadora* pero no salvadora.

e) Y que, a la larga, la «*Revelación general*» *es el testigo acusador de nuestro pecado* al tener nosotros los ojos cerrados y resistir a la gracia de Dios, creyéndonos sabios (Romanos 1:22) cuando en realidad somos más necios. La «Revelación general» pone al descubierto todas las formas de incredulidad y atrae sobre ellas la ira de Dios.

2) *Suficiencia de la «Revelación especial»*

Lo que no puede hacer la «Revelación general» lo consigue la «*Revelación especial*», pues si aquélla no es discernible para nuestros «ojos miopes», ni encierra tampoco el mensaje salvador que precisamos, por el contrario, la «Revelación especial» contiene ambas cosas. En efecto, la «Revelación especial» es:

a) Como una lente que nos permite leer de nuevo correctamente en el libro de la naturaleza, además de abrir nuestros ojos a la gran salvación que Dios ha obrado en Cristo.

b) Es la «Buena Nueva» de la misericordia de Dios que desea salvarnos y darnos a conocer esta salvación. Esta «revelación» es ciertamente especial, única, extraordinaria, y tiene como centro y meta a Jesucristo.

Si el hombre natural no consigue entender perfectamente ni las cosas terrenas que podrían hablarle de la gloria de Dios, ¿cuánto más no necesitará de la revelación de Dios para entender las celestiales? (Juan 3:12).

«La fe viene por
el oír la Palabra de Dios.»

## III. Los instrumentos de la Revelación

Dios ha hablado. Su voz ha sido oída desde el cielo y, en Jesucristo, bajó a la tierra. Esta voz ha causado su impacto sobre la humanidad y de este impacto surgió la Biblia. Pero la Biblia misma no cayó del cielo como un meteorito.

La Biblia es el depósito de la Palabra de Dios; es el testimonio humano de lo que dijo e hizo el Verbo divino.

Dios quiso que su «Revelación especial» (registrada en las páginas de la Biblia) llegara hasta nosotros a través del testimonio de unos hombres a quienes fue manifestada esta Revelación (Moisés, Profetas y apóstoles).

¿Cómo hemos de entender este «testimonio humano» que, cual vaso de barro, contiene un tesoro divino?

1) *Testigos*
Testigo es toda persona que da testimonio de algo. Los testigos bíblicos vieron, escucharon y «tocaron» los hechos históricos por los que se manifestó la Revelación divina (Lucas 24:28; 1 Juan 1:1; 1 Corintios 15:6; Hechos 26:26).

2) *Testigos escogidos*
Los testigo bíblicos fueron escogidos por el Señor mismo para ser no sólo recipientes, sino portadores de la Revelación, para lo cual fueron equipados de manera única por el Espíritu Santo (Hechos 5:32; Juan 15:26, 27). El Espíritu Santo guió a los profetas y a los apóstoles a toda verdad (1 Pedro 1:10-13; 2 Pedro 1:21; 1 Timoteo 2:7). No bastaba que fueran simples testigos, habían de ser testigos inspirados, ayudados por Dios y controlados por Él para dar un testimonio veraz sin posibilidad de error.

3) *Testigos indispensables*
Los testigos bíblicos, profetas y apóstoles, no sólo fueron *receptores* de la revelación como testigos, sino que recibieron la vocación especial de ser al mismo tiempo *transmisores* de la misma (Gálatas 1:11ss; Juan 20:31). Y ello les convierte no sólo en «enviados» (apóstol quiere decir enviado), sino en fundamento indispensable del pueblo de Dios.

De ahí que la Iglesia se edifique sobre la Piedra angular, que es Cristo, pero, a su vez, sobre los testigos queridos y llamados por Cristo mismo: los apóstoles son llamados «el fundamento» de esta Iglesia (Efesios 2:20; Mateo 16:18). Esto fue así porque los apóstoles habían sido divinamente designados y sobrenaturalmente equipados, para ser instrumentos de la Revelación que habrá de llegar a todos los hombres, en todo tiempo, para bendición de los que han de creer en Cristo *por la palabra de ellos* (los apóstoles) (Juan 17:20).

### 4) *Testigos perennes*
Por su carácter único, estos profetas y apóstoles no tienen sucesores. No pueden tenerlos. El suyo es un ministerio único: es el fundamento del edificio que se coloca una vez por todas. Los requisitos para el apostolado prueban esta afirmación.

Estos requisitos eran:

a) Haber sido llamado por Cristo mismo (Gálatas 1:1), por revelación del mismo Señor (Gálatas 1:12).

b) Haber sido testigos de la resurrección de Cristo, es decir: haberle visto resucitado (1 Corintios 9:1; 15:8).

c) Ser inspirado e infalible como maestro, de tal forma que pudiera exigir para su enseñanza el respeto debido a la doctrina de Cristo mismo, dado que era la misma (1 Corintios 14:37; 1 Tesalonicenses 2:13).

d) Presentar un ministerio corroborado por milagros (2 Corintios 12:12).

Los apóstoles testifican de Cristo *una vez para siempre* en la consumación de los tiempos, y a su testimonio quedan ligados la Iglesia y el mundo, que serán juzgados por ellos.

> «Edificados sobre el fundamento
> de los apóstoles y profetas,
> siendo la principal piedra del ángulo
> Jesucristo mismo» (Efesios 2:20).

La Revelación llega hasta nosotros con la garantía de estar cimentada sobre *hechos* (2 Pedro 1:16), no sobre meras hipótesis, o simples ideologías o misticismos. La Revelación ha sido corroborada y transmitida, mediante el testimonio de unos hombres humanamente veraces, y sobrenaturalmente inspirados. Unos hombres, además, que experimentaron ellos mismos los primeros el poder de la Palabra transmitida que los salvó y regeneró.

De manera que no solamente los grandes hechos salvíficos de Dios en Cristo, sino su misma proclamación por testigos inspirados, escogidos por Dios mismo, pertenece al plan redentor de Dios.

Llegados a este punto, habremos de preguntarnos cómo el testimonio de unos hombres, profetas y apóstoles, llega hasta nosotros hoy. Esto equivale a plantearnos el problema de la Sagrada Escritura y saber si también sus páginas son inspiradas como lo fueron sus autores. ¿Cómo llega el testimonio de estos testigos a todas las generaciones siguientes hasta que Cristo vuelva?

# *INSPIRACIÓN*

## I. Toda Escritura es Inspirada

«*Toda Escritura es inspirada por Dios*» (2 Timoteo 3:16). La revelación especial se identifica con la Sagrada Escritura.

Para preservar y transmitir lo que había revelado, Dios ordenó que fuera puesto por escrito (Deuteronomio 18:18; Isaías 51:16; 59:21; Jeremías 1:9; Apocalipsis 1:11, 19). No significa esto que la Biblia contiene todo lo que Dios ha dicho (2 Crónicas 9:29; Juan 21:25), pero sí todo lo que es necesario para nuestra salvación. Y aparte de ella, ya nada más sabemos de la Revelación divina (Juan 20:31). Su enseñanza, es, pues:

1) *Norma para la Iglesia*
1 Tesalonicenses 2:13; 2 Tesalonicenses 3:6. Por consiguiente:

a) La tradición apostólica ha de ser guardada (transmitida). La Santa Cena es un ejemplo de cómo la tradición apostólica era custodiada y proclamada por la Iglesia primitiva (1 Corintios 11:2, 23; 15:3; 2 Tesalonicenses 2:15).

b) Porque dicha tradición viene de Dios y merece acatamiento (Gálatas 1:12; 1 Tesalonicenses 2:13). Compárese el valor de la tradición humana (Colosenses 2:8; Mateo 15:3), por vía de contraste.

2) *¿Cómo llega a nosotros esta norma apostólica?*

Por la Escritura que recoge la Tradición profética y apostólica (Romanos 1:1-3, 16:26).

Debía ser así, puesto que los apóstoles no viven siempre en el mundo, ni pueden tener sucesores. El Espíritu Santo les prometió su asistencia para que pudieran transmitirnos siempre e infaliblemente el contenido de la Revelación especial. Consideramos:

a) La triple promesa del Señor y su cumplimiento:

| **Promesa** | **Cumplimiento** |
|---|---|
| Juan 14:26 | Evangelios |
| Juan 16:13, 14 | Epístolas |
| Juan 16:13 | Apocalipsis y demás pasajes proféticos de Evangelios y Epístolas |

b) La conciencia apostólica de su puesta en práctica:
- En Pedro (2 Pedro 1:24, 16; 3:12, 15).
- En Pablo (1 Corintios 14:37; 1 Tesalonicenses 5:27; 2 Tesalonicenses 3:14)
- En Juan (Juan 21:14; 20:31; Apocalipsis 1:11. 19; 19:9).

c) Nuestra comunión con la verdad pasa a través (de las Escrituras) de los apóstoles (Juan 17:20; 1 Juan 1:1; 2:19).

d) Somos amonestados a guardar la palabra escrita (Colosenses 2:8; 1 Corintios 4:6; Hechos 20:28, 31, 32; Isaías 8:20).

El error de la doctrina católico-romana que sustenta poseer la Revelación especial no sólo en la Biblia, sino en una difusa y supuesta tradición, que progresa en la iglesia y, por su magisterio infalible, obedece a una triple confusión. Confunde la tradición apostólica con la tradición eclesiástica. Confunde episcopado con apostolado. Y confunde magisterio revelador de los apóstoles con magisterio expositivo de la Iglesia cristiana.

3) *¿Cuál es el carácter de esta norma?*

La inspiración. «Toda Escritura es inspirada divinamente» (2 Timoteo 3:16).

«Porque nunca la profecía fue traída por voluntad humana, sino que los santos hombres de Dios hablaron siendo inspirados por el Espíritu Santo (2 Pedro 1:21).

La naturaleza de la inspiración no puede describirse:

a) *En términos de inspiración mecánica* (fundamentalismo oscurantista).

b) *En términos de inspiración personal* (liberalismo racionalista).

c) *En términos de inspiración parcial* (neo-ortodoxia). Porque Dios, que es soberano en la redención, lo es también en la Revelación y el proceso de su transmisión. La inspiración bíblica es:

d) *Una inspiración orgánica.* El Espíritu Santo obró sobre los escritores, pero en armonía con su idiosincrasia personal, cultural y circunstancial. Ayudó sus mentes, su memoria; controló la influencia que el pecado y el error hubieran podido ejercer en sus escritos, pero los dejó expresarse a su manera. El estilo de Amós no es el de Isaías, ni el del Génesis el de Esdras. Pablo y Juan se expresan muy distintiamente y, sin embargo, todos nos dan Palabra de Dios.

e) *Una inspiración plenaria.* «Toda la Escritura es inspirada» (2 Timoteo 3:16).

f) *Una inspiración verbal.* Aunque no mecánica. Pablo cita Deuteronomio y Lucas como Escritura, y Pedro considera los escritos de Pablo en la misma categoría (1 Timoteo 5:18; 2 Pedro 3:16). Lo que está escrito no sólo es palabra de hombres, sino palabra de Dios (Mateo 19:4, 5; Hechos 4:25, 26; 13:34, 35; Hebreos 1:6ss; 3:7).

Aunque no siempre el Señor les dio las palabras mismas que debían transmitir (hubo casos en que sí lo hizo: Levítico 3; 4; 6:1, 24; 7:22, 28; Josué 1:1; 4:1; 6:2), la inspiración convertía su mensaje en palabra del Espíritu (1 Corintios 2:13), hasta el punto de que Pablo y Jesús mismo fundan, a veces, todo su argumento en una simple palabra (Mateo 22:43, 45; Juan 10:35; Gálatas 3:16). Lo que importa es el pensamiento, pero el pensamiento sólo halla expresión a través de palabras; hemos de huir del literalismo (diferencias en relatos sinópticos) pero también de la postura liberal o neo-ortodoxa que en su desprecio por las palabras desprecia también el mensaje.

4) *¿Cuál es la naturaleza de esta norma?*

Un libro divino y humano a la vez. «Los *hombres* de Dios hablaron siendo inspirados por el Espíritu Santo » (2 Pedro 1:21).

El elemento divino es garantía de su inerrancia y de la verdad de su mensaje, y el elemento humano incita nuestra humildad y nuestro estudio para discernir la perfección divina a través de las limitaciones (no los errores) del instrumento humano, de los vasos de barro de la Revelación.

En su interpretación habremos, pues, de tener muy en cuenta: El lenguaje y el estilo de cada escritor y de cada pasaje. Su fondo histórico. La situación geográfica y la situación humana de cada generación. Y el hecho de que la Revelación es progresiva.

A pesar del elemento humano (y los límites que comporta), la acción inspiradora del Espíritu hace que la diversidad y variedad de autores contribuyan a la formación de un todo orgánico: la Biblia. El libro por excelencia.

Como que en todas sus partes es obra de Dios, cada una de estas partes no debe ser estudiada de manera aislada solamente, sino en su relación y conexión con las demás. Porque la Escritura es el producto de la mente divina. Lo accesorio debe ser situado a la totalidad del conjunto; una doctrina complementada por otra y discernir así el armónico edificio de Revelación que es la Biblia.

El Antiguo Testamento constituye una parte del sistema progresivo de revelación que halla su culminación y su clave en el Nuevo. Y ambos encuentran su sentido en la Persona y obra de Cristo, cuyo Espíritu inspiró la totalidad de las páginas sagradas. El pensamiento central, el nervio común, que liga todas las partes de la Biblia y a la luz del cual debemos interpretarla es Jesucristo, Salvador, Señor y Revelador.

## II. Características de los libros inspirados

Dios nos comunica su mensaje por medio de palabras humanas, las palabras de sus testigos.

Así, la Biblia es un libro humano y, al mismo tiempo, es la Palabra del Dios vivo.

1) *La Biblia fue escrita por hombres*
«Los santos *hombres* de Dios hablaron... (2 Pedro 1:21) y luego escribieron (2 Pedro 1:14-16).

2) *La Biblia fue inspirada por el Espíritu Santo*
«Los santos *hombres* de Dios hablaron siendo *inspirados* por el Espíritu Santo (2 Pedro 1:21).

3) *Autores inspirados y libros inspirados*
• *Autores inspirados* (2 Pedro 1:21)
• *Libros inspirados* (2 Timoteo 3:16)

4) *Toda Escritura es inspirada*
No algunas partes solamente, sino la totalidad de su contenido (2 Timoteo 3:15, 16).

## III. El testimonio de Jesús

Jesucristo se refirió al Antiguo Testamento en términos inequívocos para señalar que se trataba de un conjunto de libros inspirados.

1) *«Está escrito»*
Esta expresión era una fórmula técnica entre los judíos para designar un libro sagrado y divinamente inspirado.
Jesús la emplea para referirse a 4 de los 5 libros del Pentateuco, al libro de los Salmos, a Isaías, a Malaquías y a Zacarías (Mateo 4:4, 6, 7; 11:10; Marcos 14:27; Lucas 4:4-12).

2) *«Ni una jota ni una tilde pasará de la ley»*
En esta frase que encontramos en Mateo 5:18, Jesús usa el vocablo «Ley» para designar no sólo el Pentateuco, sino la totalidad de las Escrituras, como lo prueba el versículo 17, donde declara que no ha venido para abrogar «la Ley o los Profetas». Para Cristo –como para los judíos en su tiempo– «Ley» y «Profetas» eran términos sinónimos e intercambiables que describían el conjunto de los escritos sagrados del Antiguo Testamento.

3) *«La Escritura no puede ser quebrantada»*

Expresión contundente de la alta y suprema autoridad de las Escrituras en opinión de Cristo mismo (Juan 10:34).

En este pasaje tenemos, además, otra prueba de lo que afirmábamos más arriba. Para referirse a la Escritura, Cristo habla de la «Ley» («¿no está escrito en vuestra Ley?», v. 34); ahora bien, la cita que da no es del Pentateuco, sino del libro de los Salmos, la tercera división de la Biblia hebrea. En este caso, «Ley» aparece como sinónimo de «Salmos».

Obsérvese, por añadidura, que lo que aquí Cristo vindica no es una sola parte de la Revelación escrita –los salmos o la Ley–, pues hemos visto que ambos conceptos han de entenderse como sinónimos e intercambiables, sino la totalidad de dicha Revelación, ya que alude a ella en *singular –è graphé*: la Escritura (no las Escrituras)– con lo que se subraya la idea de unidad fundamental de los libros inspirados y, con ello, la autoridad que todos ellos, y cada uno, encierra.

Los judíos concedían autoridad de «Ley» a toda Escritura y así solían designarla con este vocablo que se convirtió en designación técnica (Juan 12:34). Jesús siguió la misma práctica. En Juan 15:25 afirma algo que estaba «escrito en la Ley», para citar el Salmo 35:19. Igual hicieron los apóstoles: Pablo se refiere a los Salmos y a Isaías (1 Corintios 14:21) como la Ley (cf. también Romanos 3:19).

Vimos cómo Pedro (2 Pedro 1:16-21) identificaba toda la Escritura con el vocablo «profecía» y comprobamos ahora cómo esta misma identificiación puede darse mediante el uso de la palabra «Ley». Estos tres términos: *Ley, Profecía* y *Escritura* son estrictamente sinónimos y subrayan la unidad de la *Escritura* como Revelación inspirada de Dios.

La palabra «quebrantar» («la Escritura no puede ser *quebrantada*») es otro término muy en boga entre los judíos para señalar la infracción del sábado, o de las leyes (Juan 5:18; 7:23; Mateo 5:19). Aquí significa que es totalmente imposible negar la autoridad de la Biblia, pretender anularla o vulnerarla sin consecuencias nefastas. El pensamiento de Jesús en este pasaje (Juan 10:34ss) indica que si *la Escritura* no puede ser quebrantada –y alude en esta oración al carácter unitario de la misma– ninguna parte de ella puede serlo tampoco; y así la cita, en concreto, que aporta a los judíos debe ser tomada con todo el peso de autoridad que deriva por ser parte de la Biblia.

Con esta afirmación, Cristo afirma de la manera más contundente que la autoridad de la Escritura es única y suprema. Y ello tiene que ver con todas sus partes, aun las más mínimas. La cita del Salmo 82:6 es, en cierto modo, una frase casi casual en la pluma del salmista. ¿Qué significa pues esto? Que para el Salvador la autoridad de la Biblia abarca incluso sus formas más aparentemente casuales de expresión. Si es así, la inspiración divina controla todos los escritos originales tal como salieron de la pluma de los autores inspirados. De ahí que Pablo pudiera decir: «*Toda* Escritura es inspirada...» (2 Timoteo 3:16) y cada una de sus partes.

4) *«Era necesario que se cumpliese todo lo que está escrito»*

Todo el Antiguo Testamento señala a Cristo. Así, es necesario *que se cumpla* todo lo que está escrito en él en la «Ley», en los Profetas y en los Salmos (Lucas 24:44). La expresión *«es necesario»* tiene carácter enfático («muy enfático» –señala B. Warfield–); ¿por qué? porque «*así está escrito* y así fue necesario...» (v. 46). Es insensato todo el que alberga dudas sobre lo que está escrito en la Biblia (v. 25ss). Aquí de nuevo aparece el factor sinónimo que identifica una parte de la Escritura con la totalidad de la misma («Moisés... todos los profetas... todas las Escrituras...» –v. 27, cf. v. 25).

Con frecuencia advertía Jesús a sus discípulos que «todo lo que estaba escrito acerca de él» debía hallar cabal cumplimiento (Marcos 14:49; Juan 13:18; 17:12; Marcos 9:12, 13).

Sobre la base de las  declaraciones bíblicas, anunció que ciertos acontecimientos iban a producirse pronto («seréis escandalizados en mí; porque *está escrito*...» –Mateo 26:31 y 54; Marcos 14:27; cf. Lucas 20:17).

5) *«Escudriñad las Escrituras»*

Jesús no censura a los judíos por ser lectores de la Biblia; todo lo contrario, les anima a continuar siéndolo. Pero en las palabras del Señor hay un tinte de amargura porque los judíos leían las Escrituras con un velo puesto sobre el corazón (cf. 2 Corintios 3:15ss).

• *«Escudriñad las Escrituras...»*: cosa necesaria.

• *«a vosotros os parece que en ellas tenéis la vida eterna»*: un pensamiento correcto, si no fuera por el velo que os oculta el objetivo mismo de la Biblia y la verdad de Aquel de quien da testimonio.

- *«ellas son las que dan testimonio de mí»*: «ellas son» es un término muy enfático y la expresión «dan testimonio» significa un proceso continuo de testimonio.

- *«y no queréis venir a mí para que tengáis vida»*:

¡Esta es la tragedia! La finalidad de la Escritura es conducir a Aquel que da vida. El fracaso de los judíos estribaba, no en que las Escrituras fuesen insuficientes, sino en la manera cómo se acercaban a la Biblia. El fallo se halla, por consiguiente, en el hombre y no en el Libro de Dios.

### 6) «¿No habéis leído...?»

En cinco ocasiones, Jesús dirigió una misma pregunta a diferentes personas: «¿No habéis leído...?» refiriéndose a las Escrituras, y en las cuales él trataba de hallar el argumento que debía convencer a sus interlocutores.

Estas cinco ocasiones se nos relatan en los textos siguientes:
- Mateo 12:3-5 –sobre el sábado;
- Mateo 19:4: –sobre el divorcio;
- Mateo 21:16 –parábola de los labradores malvados;
- Mateo 22:31 –sobre la resurrección de los muertos.

De estas declaraciones de Jesús, se infiere que el Salvador apelaba a la Escritura para hallar la solución a todos los grandes problemas básicos de la vida y de la muerte. Sus respuestas demuestran que todo cuanto dijo e hizo lo llevó a cabo porque tenía la plena convicción de que estaba plenamente justificado, apoyado y refrendado por la Escritura.

### 7) ¿Se acomodó Cristo a su tiempo?

Por la serie de textos que hemos venido estudiando, se llega a la conclusión de que Jesús concedía tanta autoridad a la Escritura debido a que la consideraba Palabra de Dios, no porque –además, y correctamente– sus contemporáneos (a diferencia de muchos contemporáneos) las considerasen como a tal.

El testimonio de Jesús afirma, inequívocamente, que todo lo que está escrito en la Biblia es Palabra de Dios y, por lo tanto, merece el máximo respeto y acatamiento.

Es cierto que su concepto de la Escritura era, asimismo, el prevaleciente en su tiempo. Pero no nos queda ninguna duda de que era el sostenido por Cristo sobre la base, no de que fuera la opinión común, sino porque como Hijo de Dios y mediante su conocimiento humano-divino sabía que tal concepto era verdad. Esto explica que los grandes instantes de su ministerio terrenal vienen enmarcados en textos bíblicos que salieron de sus labios para consuelo, fortaleza o testimonio. En la tentación en la cruz y en la agonía, Jesús se sirvió de la Palabra inspirada de su Padre (Mateo 4; Juan 19:28; etc.). En estos momentos supremos, es inaudito imaginar que Jesús hiciera uso de unos escritos por el mero hecho de que eran popularmente aceptados, si no hubiese sabido que eran, al mismo tiempo, portadores de la Palabra divina.

Que Cristo no seguía fácilmente las modas de su tiempo, se puede comprobar en la actitud que tomó frente a la «tradición» de los rabinos judíos (Mateo 15:3-6; Marcos 7:7-9), mucho más popular que el acatamiento a la Sagrada Escritura.

Jesús se opuso a la manera cómo sus contemporáneos celebraban y entendían las normas del Antiguo Testamento sobre el sábado (Marcos 2:27), sobre la pureza externa (Marcos 7:15), sobre el divorcio (Marcos 10:2), etc. Él vino, no a abrogar la Ley, sino a cumplirla (Mateo 5:17), pero ¿cómo? ¿A la manera legalista de los rabinos? ¿Según la letra...? Todo lo contrario, Cristo cumplió la Ley demostrando en su vida perfecta el sentido espiritual y profundo de la misma, con menoscabo y desprecio de sus formas externas.

Por lo que concierne a los escritos del Nuevo Testamento, hemos estudiado en las páginas anteriores suficientemente las promesas y la dirección de Cristo por su Espíritu Santo sobre las personas de los apóstoles, para que abundemos ahora otra vez en ello. Les remitimos a lo dicho allí.

# CANONICIDAD

«Mirad que ninguno os engañe con filosofías falaces y vanas, fundadas en tradiciones humanas, dicho por vía de ejemplo de mí y de Apolos, os lo explico a vosotros para que en nosotros aprendáis a no ir más allá de lo que está escrito»
(Colosenses 2:8; 1 Corintios 4:6)

«La Santa Iglesia Cristiana, de la cual Jesucristo es la cabeza, ha nacido de la Palabra de Dios, en la cual permanece y no escucha la voz de un extraño»
(Zwinglio)

## I. Definición de la canonicidad

1) *El significado de la palabra «canon»* (deriva del griego «kanon» y, probablemente, también del hebreo «kane», que significa una vara para medir, o una regla; metafóricamente, la palabra ha venido a significar «norma» o «medida» de la verdad religiosa.

2) *El uso de la palabra en la Biblia* lo encontramos en Gálatas 6:16, Filipensese 3:16, donde significa que «la nueva creación» es el canon para el nuevo pueblo de Dios, «la regla», la norma del cristiano (2 Corintios 10:13-16).

3) *Uso de la palabra referido a la Biblia.* En el lenguaje de la Biblia «canónico» significa todo el contenido de las Escrituras; la «lista» o «catálogo» de los libros que componen la Biblia. La norma escrita reconocida por la Iglesia de los libros inspirados y, por tanto, normativos para ella.

Por oposición se llama apócrifo a todo escrito que, habiendo pretendido o pretendiendo todavía la canonicidad, no es inspirado y, por lo tanto, no es reconocido por el pueblo de Dios.

4) *Reconocimiento de la canonicidad.* La Iglesia reconoció como canónicos únicamente aquellos libros que reunieron las siguientes características propias de todo escrito portador de la Revelación divina:

a) Inspiración divina.
b) Apostolicidad en el caso del N.T. y profetismo en el A.T. que son la garantía de la inspiración divina requerida.[1]

---

1. El principio para aceptar un libro era la tradición histórica de su apostolicidad. Pero hemos de entender claramente que por esta apostolicidad no se quiere decir siempre que el autor haya sido un apóstol. Desde luego, cuando éste era el caso no había dudas: porque desde muy temprano la apostolicidad fue identificada con la canonicidad. Hubo dudas en relación a Hebreos, en Occidente, y a Santiago y Judas, que retrasaron la aceptación de estos libros en el canon de ciertas iglesias. Pero en un principio no fue así. El principio de canonicidad no es, pues, estrictamente la paternidad literaria apostólica de un escrito, sino la imposición que los apóstoles hacen del mismo. De ahí que el nombre que Tertuliano usa para canon sea «instrumentum»; habla del Antiguo y Nuevo Instrumento como nosotros nos referimos al Antiguo y Nuevo Testamento. Nadie niega que los apóstoles impusieron el Antiguo Testamento a la Iglesia —como su instrumento o regla—. Al imponer nuevos libros a las iglesias que fundaban, por la misma autoridad apostólica, no se limitaron a libros de su propia redacción. Es el evangelio de Lucas, un hombre que no era apóstol, el que Pablo coloca paralelamente en 1 Timoteo 5:18 con Deuteronomio y le llama «Escritura». Los Evangelios, que constituían la primera parte de los Nuevos Libros —«Los Evangelios y los Apóstoles fue el primer título que recibió el Nuevo Testamento—, según Justino, fueron «escritos por los apóstoles y sus compañeros». La autoridad de los apóstoles se hallaba en los libros que entregaron a la Iglesia como regla, no sólo en los que ellos mismos escribieron. Las comunidades primitivas recibieron en su Nuevo Testamento todos los libros que llevaban evidencias de haber sido dados por los apóstoles a la Iglesia como código de ley; y no deben desorientarnos las vicisitudes históricas de la lenta circulación de algunos de estos libros, como si la lenta circulación significara lenta «canonización» por una parte de las Iglesias (Benjamín B. Warfield, *The Inspiration and Authority of the Bible*, 1960, pp. 415, 416).

c) Unidad de la doctrina, que se deduce de los puntos anteriores y es su corolario.

d) Autenticidad, es decir, genuinidad del escrito en cuanto a paternidad que se atribuye, fecha, etc., a prueba de la crítica honesta.

La aceptación del Canon de la Escritura por parte de la Iglesia se basa en un criterio fundamentalmente cristológico. La Iglesia siguió el ejemplo de Jesús al admitir el A.T. como Escritura Sagrada, y estuvo atenta a la autoridad conferida a sus apóstoles por el Señor.

Fue el Espíritu de Cristo el que habló por medio de los profetas, y también de los apóstoles (1 P. 1:11). «Las ovejas de Cristo oyen su voz indefectiblemente». (F. Bruce, *El Fundamento apostólico*, pp. 23, 24).[2]

## II. El Canon del Antiguo Testamento

La Biblia usada por Cristo y sus apóstoles (la Biblia de Israel) constaba de tres partes: la ley, los profetas y los salmos.

1. La Ley (5 libros): Génesis, Éxodo, Levítico, Números y Deuteronomio.

2. Los Profetas (8 libros)

a) Primeros profetas: Josué, Jueces, Samuel y Reyes.

b) Profetas posteriores. Los mayores: Isaías, Jeremías y Ezequiel. Los menores: Los doce.

3. Los Salmos o Escritos (11 libros)

a) Poéticos: Salmos, Proverbios, Job.

b) Los cinco rollos: Cantares, Rut, Lamentaciones, Eclesiastés y Ester.

c) Tres libros históricos: Daniel, Esdras-Nehemías, Crónicas.

---

2. Establecemos ante todo que el libro de los Evangelios tiene por autores a los apóstoles, a quienes impuso el Señor mismo el encargo de predicar las Buenas Nuevas. Si tenemos también por autores a los discípulos de los apóstoles (apostólicos Marcos y Lucas), estos últimos no han escrito solos, sino con los apóstoles y según los apóstoles. Porque la predicación de los discípulos podría ser sospechosa de vanagloria si no estuviera apoyada por la autoridad de los maestros y por la autoridad de Cristo mismo, quien hizo a los apóstoles maestros. Tertuliano, *Contra Marción*, IV, 2.

El contenido de este canon es exactamente el que figura en nuestras Biblias, solamente cambia su distribución y agrupación en libros. Así los judíos contaban los dos libros de Reyes como una unidad (y también Crónicas), así Esdras y Nehemías, que en nuestras ediciones contamos como libros individuales.

¿A qué obedecía esta división de los judíos? La triple división del A.T., tal como hemos detallado, correspondía al parecer a la posición de sus autores y dependía también del uso litúrgico en el Templo.

Los primeros cinco libros fueron escritos por Moisés con pocas excepciones (Deuteronomio 34, por ejemplo). Moisés fue el gran legislador hebreo, el primer profeta del pueblo de Israel. Los autores de la segunda división eran hombres que desempeñaban el oficio profético, para lo cual poseyeron el don de la profecía. Y los autores de la sección tercera eran siervos de Dios que tuvieron el don, pero no el oficio de profetas; es decir, hombres inspirados por Dios, pero no profetas de oficio (David, Daniel, Salomón, etc.).

¿Por qué, pues, las Lamentaciones se hallan en la tercera sección? Esto ocurría en algunos lugares, pero no siempre (según testimonio de Josefo y Jerónimo) a veces juntamente con Rut se hallaba en la segunda sección como apéndice de Jeremías, y Rut como apéndice de Jueces. En realidad, se supone que fue así hasta el siglo II antes de Cristo, y no fueron colocados en la tercera sección por razones litúrgicas y prácticas para el uso del culto público.

¿Por qué Daniel está también en la tercera sección?

Porque Daniel fue político y sabio, pero no profeta, aunque poseyó el don de la profecía en alto grado. Su labor, sin embargo, fue como la de su contemporáneo Ezequiel, profética. Se le llama profeta en el N.T. (Mateo 24:15) en el mismo sentido que a David (Hechos 2:29, 30; Mateo 13:15) en el sentido de haber hecho predicciones, pero el significado de la palabra profeta (nabhi) en hebreo es más que esto. El oficio y la obra de Daniel fueron algo excepcional, y para ello, estuvo equipado con el don de la profecía, como David.

¿Por qué Amós, que manifestó él mismo no ser profeta, fue colocado por los judíos en la segunda sección?

En Amós 7:14, 15 el autor explica cómo fue llamado por el Señor al oficio profético siendo él un pobre hombre de las montañas, sin haber imaginado nunca antes desempeñar dicho oficio, por no haber asistido ni a las escuelas de los profetas, ni ser hijo de profeta. En el momento de su llamamiento recibió la investidura de su nuevo oficio, lo que no sucedió con Daniel. Amós fue un auténtico profeta por llamamiento directo del Señor. Aún más: su llamamiento es el ejemplo más claro de vocación al oficio profético.

Los varones del tercer grupo ocupan en el A.T. la posición que, en cierta medida, tuvieron en el N.T. hombres como Marcos, Lucas y Judas, a los cuales Tertuliano llamaba «varones apostólicos» para diferenciarlos de los mismos apóstoles.

## III. El Canon del Nuevo Testamento

El Canon del N.T. se formó dentro de un período de tiempo mucho más corto que el del A.T. por ser la culminación, la cima de éste. El Nuevo Testamento fue compuesto en la segunda mitad del primer siglo (alrededor de 51 años, 45-96 después de Cristo), «en el cumplimiento de los tiempos» (Gálatas 4:4), la época sagrada y única de la manifestación del Hijo de Dios. Este canon consta de 27 escritos).

## IV. El significado del Canon

Para entender correctamente lo que el canon bíblico significa para la Iglesia, y para cada cristiano, hemos de tener en cuenta:

1. La Iglesia confesó, pero no confirió, la canonicidad de los libros inspirados.
2. La Iglesia informó al mundo, y sigue informándole, acerca del fundamento sobre el que se asienta, pero no es ella la que formó dicho fundamento, sino Cristo mismo.
3. La Iglesia fue la editora, no la autora del canon.
4. El reconocimiento del canon, no la formación del canon, por parte de la Iglesia fue aquel proceso por medio del cual el pueblo fiel fue discerniendo, con creciente toma de conciencia, su fundamento profético y apostólico. Este proceso tiene su propia historia, en la que es notable ver cómo y cuándo la Iglesia primitiva consideró uno por uno los 27 libros que componen el N.T. como la colección de escritos divinamente inspirada y de

igual autoridad que el A.T. (cf. *El fundamento Apóstolico*, caps. VI y VII).

5. El canon debe controlar a la Iglesia, no la Iglesia al canon, porque Dios es soberano no sólo como Señor y Salvador, sino como Revelador. Ninguna Iglesia debe pretender, someter el canon a su autoridad, sino todo lo contrario: someterse ella a la autoridad del canon. Este es su deber primario.

   Ninguna Teología, como hace el modernismo existencialista o racionalista, debe pretender tampoco someter el canon, y la misma Iglesia, a la arbitrariedad de la última moda filosófica (léase la cita de Zwinglio al comienzo de este estudio).

6. El canon es una norma cerrada y única. «Al aceptar el canon y reconocer sus límites, la Iglesia no sólo distinguió entre escritos canónicos y no canónicos, sino que señaló los límites donde se encierra la única tradición apostólica autorizada. Todo esto carecería de significado si al mismo tiempo hubiera de haber continuado una tradición oral ilimitada también canónica» (H. Ridderbos y Oscar Cullmann).

   Estas tres citas sitúan el problema en su auténtica perspectiva:

- «Los escritos bíblicos no poseen autoridad divina porque están en el canon, sino que están en el canon porque son inspirados, es decir, porque poseen autoridad divina» (N.B. Stonehouse).
- «La autoridad precede a la canonicidad» (F.F. Bruce).
- «Al establecer el principio del canon, la Iglesia ha reconocido por esta misma actitud, que a partir de entonces, a partir de aquel momento, la tradición ya no era más criterio de verdad. Subrayó la tradición apóstolica. Declaró implícitamente que, a partir de aquel momento, toda tradición posterior debería quedar sujeta y sumisa al control de la tradición apostólica (la Biblia)» (Oscar Cullmann).

# V. El Canon cristiano-hebreo y el Canon romano

Hay unanimidad total entre todas las Iglesias que pretenden el nombre de cristianas por lo que se refiere al Nuevo Testamento, es decir, en cuanto al número de libros y al texto. Todas tenemos el mismo N.T.

Pero no ocurre así con el Antiguo Testamento. Nuestras Biblias tienen 39 libros inspirados, cuyo texto corresponde exactamente a la división de 24 rollos practicada por Israel.

En cambio, en las Biblias editadas por los católico-romanos aparecen 7 libros más, amén de ciertas adiciones a algunos libros canónicos. Por las razones que expondremos seguidamente, estos libros son apócrifos, no inspirados, mera literatura humana, con todo el valor histórico (en algunos casos, no siempre), o literario que se quiera, pero escritos humanos al fin.

Los libros apócrifos son: *Tobías, Judit, Sabiduría, Eclesiástico (no confundir con Eclesiastés), Baruc, 1 y 2 de Macabeos* y las siguientes adiciones: *Esther* (10 vv. del cap. 10 al 16 de las versiones católico-romanas), *Daniel* 3:24-90 y caps. 13 y 14 de dichas versiones.

Estos son los libros judíos no canónicos que Roma acepta como tales; pero existen aún otros libros apócrifos que ni los judíos ni la Iglesia Cristiana, ni Roma han aceptado jamás (por ejemplo: *2 y 3 de Esdras, la oración de Manasés, Enoc,* etc.).

1) *Las razones que aduce Roma en favor de su canon*

a) Que algunos Padres de la Iglesia (muy pocos por cierto) citaron estos libros como si fueran inspirados. Cierto, pero también citaron los otros apócrifos. ¿Por qué no los admiten todos, guiados meramente por estas citas?

b) Que los libros apócrifos se encuentran en muchas versiones antiguas. En la versión llamada de los Setenta, sobre todo, que sirvió de base para muchas versiones posteriores. Vale aquí lo mismo que hemos dicho ya: ¿por qué no acepta, pues, Roma todos los apócrifos que contienen estas ediciones?

2) *Las razones que tenemos para no incluir los apócrifos*

a) No formaron parte nunca del canon judío. Pablo afirma que los judíos fueron los depositarios de la Revelación (Romanos 3:2) y el suyo es, por tanto, el canon válido. No existe ni un solo ejemplar del Antiguo Testamento editado en hebreo que contenga los apócrifos.

b) Los libros apócrifos no son citados nunca por el Señor ni por sus apóstoles en el N.T., según reconoce el Diccionario de la Biblia de Herder (católico), artículo: Canon del A.T., p. 269. Téngase en cuenta que el N.T. cita 280 veces al A.T. y casi siempre de la versión griega de los Setenta que contenía los apócrifos.

c) Josefo, el gran historiador judío, testifica que los apócrifos no se hallaban en el canon judío.

d) Filón, el gran filósofo judío de Alejandría y la comunidad judía alejandrina de habla griega (que solía usar la versión de los Setenta) no consideraron, ni usaron jamás, los apócrifos como Sagrada Escritura.

e) No encontramos los apócrifos en ningún catálogo de libros canónicos reconocidos por la Iglesia en sus primeros cuatro siglos de existencia.

f) Los más ilustres Padres de la Iglesia rechazaron categóricamente los apócrifos: Melitón, Atanasio, Jerónimo, Cirilo, Rufino.

g) La versión de los Setenta fue una edición compuesta por motivos culturales, no religiosos. Tolomeo II Filadelfo quería reunir en la famosa biblioteca de Alejandría la sabiduría de todo el mundo antiguo y mandó ordenar la traducción al griego de todos los libros existentes en hebreo o escritos por los hebreos, de modo que pudiera disponer de todo el acervo cultural judío. Fue traducido todo este material por judíos alejandrinos alrededor del año 280 a.C.

h) Los mismos libros apócrifos delatan no ser de inspiración divina. Por ejemplo, los libros de los Macabeos que tienen un cierto e indudable interés (y aun en ocasiones un evidente valor histórico) renuncian a toda pretensión de inspiración (2 Macabeos 15:39).

i) Los apócrifos enseñan doctrinas contrarias a otras enseñanzas bíblicas (Sabiduría 10:1-4 compárese con Génesis 6:5-7); dejan sentir la influencia pagana sobre sus autores, pues toleran la salvación por obras, los encantamientos mágicos, las oraciones por los muertos, etc.

j) Casi todos estos apócrifos fueron escritos mucho después de que se hubiera cerrado el tiempo del canon del A.T., que duró hasta Malaquías. Sus autores no pueden ser profetas, ni tener el oficio profético, ni ser, por tanto, inspirados. 1 Macabeos 3:46-49 demuestra que Israel, después de Malaquías, se regía por el «Libro de la Ley», y en 1 Macabeos 9:27 se confiesa paladinamente que Israel vivía en una época «desde el tiempo en que no había entre ellos profetas».

k) La mayoría de estos libros son fraudulentos desde el principio, pues suelen apoyarse en la autoridad de algún gran hombre de Dios del pasado, como si fuera su verdadero autor.

l) Aunque fue permitida la lectura de dichas obras, tanto en Israel como en la Iglesia Cristiana, para instrucción, jamás fueron tenidas por canónicas ni inspiradas, sino hasta el Concilio de Trento (1546, diecisiete siglos después que la Iglesia había vivido sin ellas); este concilio no fue representativo de la Cristiandad, y hoy en día los mejores teólogos católico-romanos desean que haya sido superada la época tridentina (cf. José Grau, *Catolicismo Romano: Orígenes y Desarrollo*, tomo II).

m) La inclusión de estos libros en el canon romano se explica históricamente por la actitud que el Vaticano tomó en el siglo XVI de oponerse sistemáticamente a todo cuanto afirmaran los reformadores por el solo hecho de venir de ellos. Además, proveyó a Roma argumentos para algunas de sus doctrinas que no podían recibir espaldarazo de los demás libros (purgatorio, oraciones por los muertos, etc.).

La sola autoridad de Atanasio y de Jerónimo, si tuviéramos que atenernos sólo al testimonio de los llamados Padres de la Iglesia, vale más que todas las declaraciones de Trento.

n) Las Iglesias Evangélicas, al rechazar la apócrifa, siguen fieles a la norma que rigió la historia de Israel y la Iglesia Primitiva.

## VI. Literatura apócrifa judía

• 2 Esdras, que en algunas ediciones se denomina 1 Esdras, sobre todo en ediciones exclusivas de literatura apócrifa; y en otras ediciones se le llama 3 de Esdras, para diferenciarlo de Nehemías, que algunos judíos titulaban 2 Esdras. En ningún caso debe confundirse, no obstante, con el Esdras canónico.

- 3 Esdras (que por las mismas razones apuntadas arriba en algunas ediciones se le llama 2 Esdras o 4 Esdras en otras).
- Tobías, incluido en libros deuterocanónicos de la Biblia romana.
- Judith, incluido en libros deuterocanónicos de la Biblia romana.
- Esther, adiciones al texto canónico: 10 versículos más al capítulo 10 y los capítulos 13 y 14 en la Biblia romana.
- Sabiduría Salomón, incluido en la Biblia romana.
- Eclesiástico, incluido en la Biblia romana.
- Baruc, incluido en la Biblia romana.
- Daniel, adiciones al texto canónico, 3:24-90 y capítulos 13 y 14 de versiones de la Biblia romana.
- 1 y 2 de Macabeos, incluidos en la Biblia romana.
- *Enoc*
- *Asunción de Moisés*
- *Ascensión de Isaías*
- *Libro de Jubileos*
- *Salmos de Salomón*
- *Testamento 12 Patriarcas*
- *Oráculos sibilinos.*

*Nota:* Estos últimos 7 libros, señalados en cursiva, son los apócrifos que no son admitidos ni por los judíos ni por ninguna iglesia cristiana.

Una edición con selecciones de la literatura apócrifa ha sido editada en castellano por Ediciones Eler (Barcelona).

Una edición completa en inglés de dicha literatura: *The revised standard version* (1957) y *An introduccion to the apocripha, Oxford University Press.*

Una edición completa de la apócrifa admitida por la Iglesia romana se puede encontrar en cualquier versión de la Biblia católica romana. Recomendamos la Nácar-Colunga por el cuidado que tiene en deslindar y advertir cuándo comienza y acaba el texto «deuterocanónico» en oposición al canónico.

# VII. Algunas reflexiones sobre la teología del Canon

*La aportación de H. Ridderbos*

Hace medio siglo, en 1955, Herman N. Ridderbos llamó la atención sobre la naturaleza histórico-redentora del *canon*. Todavía en 1988 se hacían nuevas ediciones de su obra.

Este teólogo holandés recogía y desarrollaba una línea de pensamiento latente desde hace siglos en la teología protestante. Hodge, Bruce, Cullmann, Ramm y otros laboraron y laboran en este campo de la teología bíblica sobre el *canon*.

Con toda rotundidad, Ridderbos afirma que la puesta en escrito de la tradición apostólica y su valoración como *canon* fue única y exclusivamente la obra del mismo Señor resucitado. Fue su acto final en la *historia de la salvación y la revelación especial* antes de la segunda venida. Había escogido a sus apóstoles para ser sus representantes, habiéndoles dado autoridad para serle testigos de su persona y de su obra, de su enseñanza y de su resurrección. El conjunto de este testimonio escrito bajo dicha autoridad apostólica es la roca sobre la que habló en Mateo 16:18. Sobre esta roca como fundamento, la Iglesia tiene que cimentarse y edificarse.

Al clarificar la naturaleza única, y conclusiva, de la obra redentora de Jesucristo con el cierre del *canon* bíblico, Ridderbos ha hecho una importante contribución a la teología evangélica. La *historia de la salvación* es el registro de las obras de la gracia divina para la salvación del mundo. De etapa en etapa, la maravillosa redención llevada a cabo por Dios en Cristo –de manera única, irrepetible y siempre perfecta– fue registrada por escrito y convertida en norma, *canon*, para el pueblo de Dios.

Así como en la cruz el Salvador pudo decir «Consumado es» (Juan 19:30), también podía exclamar al ser completado el canon: «Realizado es». Ya no queda nada más por revelar hasta la segunda venida de Cristo. Como escribe Ridderbos: «al completarse el canon, la historia de la redención llegaba a su conclusión; ya podía empezar la historia de la Iglesia».

Concretamente, la historia de la Iglesia del N.T. no empezó el día de Pentecostés. Comenzó al cerrarse el canon. Porque lo que leemos en Hechos forma parte todavía de la *historia de la salvación*.

El libro de Hechos es llamado, con toda propiedad, el *Libro de los Hechos de los Apóstoles*. Por medio de sus apóstoles, Cristo establece la Iglesia y esto se describe en términos de crecimiento de la Palabra, tanto o más que de crecimiento numérico de personas:

«*Y crecía la Palabra del Señor, y el número de los discípulos se multiplicaba grandemente en Jerusalén...*»

«*... la Palabra del Señor crecía y se multiplicaba...*»

«*... y la Palabra del Señor se difundía por toda aquella provincia...*»

«*... así crecía y prevalecía poderosamente la Palabra del Señor*»
(Hechos 6:7; 12:24; 13:49; 19:20)

Y así fue cómo la Palabra llegó desde Jerusalén a Roma. Cuando Pablo hubo predicado el Evangelio en el corazón mismo del Imperio Romano, Cristo Jesús entró triunfante como Rey de reyes allí donde Satán tenía su poderoso trono, la ciudad de las siete colinas (Apocalipsis 17:9). La tarea de los apóstoles llegó a su fin. El libro de los Hechos de los Apóstoles podía cerrarse ya.

Las obras de Dios son perfectas. Y la obra de la redención es la más perfecta y maravillosa obra divina. ¿Cómo imaginar siquiera la más mínima imperfección en la obra reveladora del Salvador? El Señor no hace nunca las cosas a medias; nunca ha dejado por terminar ninguna de sus obras. Si la salvación expresa el carácter perfecto de las actuaciones divinas, también tiene que mostrarlo el relato inspirado de esta redención.

Mientras que el Espíritu Santo sigue obrando en la historia de la Iglesia, no debemos confundir, sin embargo, su trabajo providencial en medio de su pueblo con la inspiración por parte de este mismo Espíritu del registro sagrado de acontecimientos salvíficos llevados a cabo por Dios en Cristo. Es decir, debemos diferenciar la *historia de la salvación* –la historia del canon– de la *historia de la Iglesia*. O lo que es lo mismo, discernir el fundamento del edificio que, luego, va edificándose sobre dicho fundamento único (Efesios 2:20).

Cuando el libro de Los Hechos de los Apóstoles llega al final, este final cierra los últimos episodios de la redención llevada a cabo por Cristo. Ya no queda nada más que decir tocante a la *redención* y a la *revelación*. Sólo quedaba por hacer una cosa, una sola cosa: la puesta por escrito de algunos documentos más del Nuevo Testamento y el cierre definitivo del *canon*.

Como señala Ridderbos, esta perspectiva supone un importante discernimiento desde otro punto de vista:

> *El cierre del canon no forma parte de la historia de la Iglesia. Porque la Iglesia no hizo el canon; como tampoco el Evangelio fue obra suya. Tanto el Evangelio como el Canon crearon a la Iglesia.*

La autoridad de los apóstoles es la autoridad de Cristo mismo. No hay diferencia entre lo que Pablo enseña por «mandamiento» o por «permiso», o, sin tener mandamiento, bajo su propia responsabilidad.

La autoridad del apostolado fue ejercida personalmente en el primer siglo y quedó limitada a este tiempo. Los apóstoles murieron y su tes- timonio dejó de ser personal para convertirse en palabra escrita. El apostolado fue un ministerio único e irrepetible por la misma razón. Único por quedar circunscrito a aquellos que el Señor llamó e invistió de autoridad, una autoridad ejercida con la ayuda del Espíritu Santo, que hizo de los escritos apostólicos textos inspirados e infalibles. Así lo explica Ridderbos:

> *«Los apóstoles no fueron simplemente testigos o predicadores en sentido general, en sentido eclesiástico. Su palabra es una palabra reveladora; es, en realidad, el testimonio único, dado una vez por todas, sobre Jesucristo; un testimonio frente al cual tanto la Iglesia como el mundo son responsables y por el cual seremos juzgados todos, creyentes e inconversos».*

## VIII. La autoridad de la Biblia

¿De dónde procede la autoridad de la Biblia?
De su autor: Dios.
–Porque Dios es la máxima autoridad, su Palabra es la máxima autoridad.
–Porque Dios es absoluto, su Palabra es autoridad absoluta.

La naturaleza de la autoridad de la Biblia es triple:
* necesaria
* total
* final

> «Si la Biblia es el portador único de la autoridad del Dios Creador único y de Jesucristo, el Salvador único del mundo, ello supone que no puede surgir —ni en la Iglesia ni fuera de ella, otra fuente de autoridad que pretenda suplantar su lugar. La autoridad de la Biblia radica en Dios, el único que tiene derecho soberano sobre el universo entero»
>
> *(Andrés Kirk)*

## IX. El Canon: ¿Confesión de fe de la Iglesia o fuente de la fe de la Iglesia?

### Marción y el canon del Nuevo Testamento

> «El desafío de Marción al cristianismo obligó a las iglesias a decidir qué libros debían estar incluidos en las Escrituras sagradas y cuáles no. En esta perspectiva, Marción habría hecho más bien que daño a la Iglesia. ¿No quedó establecido el canon del Nuevo Testamento como consecuencia del desafío de Marción a la cristiandad?»

Con estas u otras palabras parecidas se suele explicar hoy en multitud de libros y seminarios la génesis del canon novotestamentario y los orígenes de su formación.

¿Es correcta dicha «explicación»? O, dicho de otro modo, ¿queda despachada así, suficientemente, toda la compleja problemática de la gestación del canon cristiano?

Evidentemente, Marción sirvió de acicate para que las iglesias proclamaran y *confesaran* cuáles eran a su parecer los escritos inspirados del Nuevo Testamento.

Todos estamos de acuerdo en que Marción ayudó a la Iglesia a definirse en su *confesión* de fe sobre el canon sagrado de manera oficial e inequívoca.

Pero no olvidemos que mientras la proclamación de la Iglesia es *confesión* de fe, *el Canon es fuente de fe*. Es decir, algo muy distinto. Sin esta fuente primera no existiría la posterior confesión.

● *¿Historia de la formación o del reconocimiento del canon?*

La Iglesia no decidió nunca qué libros tenían que formar el Nuevo Testamento. La Iglesia, las iglesias, confesaron los escritos que habían recibido de la autoridad de los apóstoles, porque eran conscientes de que debían cimentarse sobre el fundamento de los apóstoles y profetas (cf. Ef. 2:20).

El Señor, en su providencia, ya había decidido desde el principio los libros que constituirían el Canon inspirado.

Muchos hablan hoy de la «historia de la formación del canon». Creo que este lenguaje puede inducir a confusión y operar como una cortina de humo que dificulta la visión clara de toda la problemática inherente en las cuestiones que atañen a la autoridad del Nuevo Testamento. En lugar de referirnos a la «*formación* del canon», sería más concreto y exacto matizar: «historia del *reconocimiento* del canon».

Porque la Iglesia *no formó*, sino que *reconoció* el canon. La Iglesia *no engendró* el N.T., sino que *reconoció* agradecida los escritos que le eran dados por el testimonio apostólico.

En términos sencillos, digamos que la Iglesia fue la *editora*, pero no la *autora* del canon inspirado.

Autores como Ridderbos, Bruce y Ramm han señalado atinadamente que Dios es soberano tanto en la *revelación* como en la salvación. Por consiguiente, *la génesis del canon no hay que ir a buscarla en la historia de la Iglesia, sino en la historia de la salvación.*

El carisma de la inspiración no lo dio Dios a la Iglesia, sino a sus profetas y apóstoles escogidos precisamente con la finalidad de que fueran testigos autorizados de la vida, la muerte, la resurrección y las enseñanzas de Jesucristo (cf. Jn. 17:20). Testigos inspirados, se entiende.

La autoridad inspirada de los apóstoles es el *fundamento,* mientras que las confesiones y los credos de la Iglesia pertenecen *al edificio* que va construyéndose a lo largo de los siglos hasta que Cristo vuelva, para ser un templo santo en el Señor.

Repitámoslo: el testimonio y los credos de la Iglesia son *confesión de fe*. Pero el canon mismo es *fuente de fe*, fuente inspirada por Dios (2 Timoteo 3:16).

### ● *Significado de la condena de Marción*

¿Por qué fue criticado, y rechazado, Marción al reducir el número de los libros del Nuevo Testamento?

La oposición que recibió de parte de los líderes más destacados de las iglesias y de cristianos de mayor valía, como Ireneo y Tertuliano, no obedecía a rencillas ni antipatías personales. Ellos estaban contra Marción porque rechazaba gran parte de los Evangelios y otras porciones de los escritos apostólicos que no admitía en su lista –o canon– particular.

*¿Qué significa esto? Que ya existía una colección de libros tenidos como inspirados en las iglesias y considerados canónicos*, independientemente del hecho de que el discernimiento de cada comunidad necesitó cierto tiempo para reconocer algunos de estos escritos, exactamente como había ocurrido en el antiguo Israel para *reconocer* todo el Antiguo Testamento.

La condena de Marción como hereje es inimaginable sin la existencia previa de una colección de escritos tenidos como inspirados. Ello supone el concepto bien arraigado de una norma identificada como una colección de la que era ilícito apartarse, pues era canon para la Iglesia de todos los tiempos.

Por ejemplo, Ireneo defiende los 4 Evangelios, ni uno más ni uno menos (*Adv. Haer*, III, 11) con un claro sentido de continuidad con lo que siempre se había creído y con las fuentes inspiradas de donde se había bebido. La dependencia de Ireneo de anteriores y continuadas convicciones con respecto al canon de los 4 Evangelios se remontaba a Papías y a Policarpo.

Para Tertuliano, los 4 Evangelios tienen por autores a los apóstoles, *a quienes impuso el Señor mismo el encargo de predicar las buenas nuevas*. Si tenemos también por autores a discípulos de los apóstoles (los apostólicos Marcos y Lucas) estos últimos no han escrito solos, sino con los apóstoles y según los apóstoles (cf. Lucas 1:2). Porque la predicación de los discípulos podría ser sospechosa de vanagloria si no estuviera apoyada por la autoridad de los maestros y por *la autoridad de Cristo mismo, quien hizo a los apóstoles maestros* (Tertuliano, *Contra Marción*, IV, 2).

Aquí tenemos compendiada toda la teología del Canon.

● *El Canon, ¿Historia de la Iglesia, o historia de la Salvación?*
El vocablo griego «Canon» que utilizamos, tanto por nuestra parte como en el cristianismo primitivo, se empleaba con dos significados:

1. Para referirse a una regla o norma (Gálatas 6:16).
2. Haciendo alusión a una lista o colección de libros inspirados.

Desde el tiempo del período apostólico (historia bíblica, o de la salvación) hasta la época postapostólica (la época de la Iglesia) se produjo una progresión, o evolución, del lenguaje: primero fue el canon de la fe, como regla y norma reconocidas desde el principio de la predicación apostólica como inspiradas (y éstos sobre la base de su apostolicidad, su antigüedad y su verdad).

Esta progresión conlleva asimismo una *continuidad*. Comprobamos esta ininterrumpida continuidad en el testimonio de Justino, Ireneo, Tertuliano y otros autores hasta llegar a Atanasio, quien confiesa recibir como inspirado lo que ha sido transmitido desde el principio con este carácter.

*Marción, pues, no movió a las iglesias a formular una lista de libros autorizados como si nunca antes hubiese habido ninguna. Marción, simplemente, forzó a las iglesias a confesar su fe con rotundidad, para informar al mundo inequívocamente de las fuentes de su fe.*

Porque la Palabra de Dios es fuente de fe, mientras que la palabra de la Iglesia es solamente confesión de fe.

Afirmaba Zwinglio con razón:

> «*La Santa Iglesia Cristiana, de la cual Jesucristo es la única cabeza, ha nacido de la Palabra de Dios, en la cual permanece y no escucha la voz de un extraño*».

El canon no es el producto de la decisión de la Iglesia, de ninguna iglesia.

La diferencia entre Roma y la Reforma en este punto no consiste en el valor intrínseco de la Escritura como Palabra de Dios, que ambas reconocen igualmente. La diferencia tiene que ver con el reconocimiento de ese valor divino de la Escritura y la manera de llevarse a cabo. Según Roma, dicho *reconocimiento* dependería de la Iglesia C.R. Según la Reforma, de las mismas evidencias de la Escritura que se impone por sí misma a la Iglesia. La Reforma, a diferencia de Roma, no ató el canon a la Iglesia, sino la Iglesia al canon. Como enseñaba Calvino:

> «*Por lo que la Iglesia, al recibir la Sagrada Escritura y al vindicarla por su sufragio, no la hace más auténtica, como si antes hubiese sido dudosa; sino porque la Iglesia la reconoce como la pura verdad de su Dios, la reverencia y la honra, obligada por su deber de piedad*»
>
> (J. Calvino, *Institución*, I, 7)

La verdad histórica, pura y simple, es que todo lo que constituye el Nuevo Testamento no fue el *producto*, sino la *base* de la decisión de la Iglesia al expresar la conciencia de su aceptación y reconocimiento de lo que el Espíritu le reveló que era canon, es decir, norma inspirada. Es aplicable al N.T. lo que Josefo decía de los libros del Antiguo:

> «se impusieron al consenso general de Israel como órdenes de Dios».

El desafío de Marción obligó a la Iglesia a *confesar*, pero no a elaborar el canon cuya gestación y orígenes arrancan de la historia de la salvación.

## X. Reflexión final

Si el Dios que presenta la Biblia existe, sus adoradores acabaremos reconociendo el punto de vista bíblico sobre la revelación. Y, concretamente, sobre la revelación *especial*.

Es evidente que la revelación *general* de Dios en las obras de la naturaleza resulta insuficiente después de la entrada del pecado en el mundo. La *caída* es una doctrina enseñada por la Biblia, y esta realidad exige una revelación *especial* si hemos de entender nuestra situación y las intenciones de Dios de establecer relaciones de pacto o *alianza*, como expresión de su gracia redentora. Si el hombre tiene que ser salvado de su situación caída, Dios ha de obrar en la historia –iniciando una historia de salvación en medio de la historia de los hombres– mediante una *revelación especial* de su gracia redentora.

Si admitimos la condición caída del hombre, reconoceremos también que su subjetividad –ensuciada por el pecado– no puede ser una guía segura para descubrir los propósitos de Dios. Lo que el ser humano piensa y siente está sujeto al error y es generador de falsas religiones… O Dios habla o permaneceremos a oscuras para siempre.

El liberalismo (modernismo) teológico que niega, implícita o explícitamente, la revelación especial y, consecuentemente, la inspiración y autoridad de la Biblia, pretende no obstante hacer teología sin una norma que le permita distinguir entre el Espíritu de verdad y el espíritu de error.

La actividad salvadora de Dios requiere una revelación *objetiva* en hechos históricos y en palabras veraces que interpreten dichas intervenciones de Dios en la historia de los hombres. No es suficiente apelar a las experiencias religiosas. El hombre, como ser caído, precisa lo que el salmista expresa con bellas palabras: «*Contigo está el manantial de la vida; en tu luz veremos la luz*» (Salmo 36:9). No es suficiente que haya luz; es menester que, asimismo, seamos capaces de ver. Esto es una gracia. Como lo es también la luz que nos trae la revelación *especial*. Solamente esta clase de revelación que los cristianos creemos tener en la Biblia es *objetiva* –y, como tal, capaz de corregir nuestros subjetivismos. Sólo esta revelación especial puede constituir una norma –una codificación *canónica*– de la interpretación de los grandes hechos salvadores de Dios.

La objeción del liberalismo teológico a la posibilidad de una revelación *verbal* directa en el sentido de que nuestro lenguaje, basado en los estrechos límites de nuestro horizonte experimental, es un lenguaje inadecuado para expresar la verdad divina, esta supuesta objeción ignora el poder de Dios por un lado –y el carácter de nuestro horizonte de experiencia vivido en el marco de la revelación *general* («*los cielos proclaman la gloria de Dios*»)– así como la inmanencia de Dios.

El liberalismo teológico asume que Dios no ha hablado, y menos todavía que lo haya hecho de una manera objetiva y definitiva. Es decir, verbalmente. En vez de este conocimiento revelado, recibido objetivamente, supone que el Espíritu se comunica de maneras no racionales a cada ser humano mediante experiencias distintas e impresiones fuertemente individuales. En otros casos es la razón endiosada, elevada como norma suprema; por encima incluso de cualquier palabra revelada como la que pretende tener la Biblia.

Y, sin embargo, el modernismo persiste en hacer «teología cristiana» y proclamar pronunciamientos teológicos. Es por ello que nos atrevemos a preguntar a la teología liberal: ¿cómo sabéis que lo que afirmáis es verdad? Vuestra base la forman unos valores culturales en constante mutación y unos impulsos subjetivos que os llevan al rechazo del cristianismo histórico.

La teología liberal impone su propia racionalidad a la racionalidad de la Escritura, y su personal sensibilidad moral sobre la enseñanza de la Biblia. Y lo hace a veces sincretísticamente –adaptando la teología a los *a prioris* de las modas filosóficas– o bien eclécticamente –tomando de aquí y de allí– y seleccionando lo que juzga como digno de ser aceptado por el gusto prevaleciente.

Por regla general, el modelo empleado es el que se deriva de la propia experiencia que, de manera acrítica, asume e identifica como la auténtica experiencia cristiana. Esto es normativo para el teólogo de este signo, pues cree que, a su manera, es revelacional.

Pero, ¿cómo puede negar la revelación *especial* en aras de sus propias ideas subjetivas? Todas las experiencias, todos los sistemas ideológicos –por divergentes que sean– ¿no son todos igualmente válidos para ellos, contradictoriamente, a pesar de su falta total de criterios y normas objetivos?

Negar la autoridad de la Biblia, su inspiración y su valor de norma, canon, significa el triunfo del subjetivismo racionalista, místico o, simplemente, entusiasta que abandona la «espiritualidad» a toda clase de fantasías y falsedades y la deja libre de todo control. Y así nos encontramos con una cacofonía de pretensiones que compiten para darnos su propia versión de lo que, a su juicio, es el cristianismo qué significa.

La apelación ocasional al texto bíblico suele ser muy selectiva. Con ello, el teólogo liberal trata de justificar lo que, por otros caminos y razones independientes, cree que es verdad. Para esta clase de teología, la Biblia no es el depósito de la revelación especial, sino un testimonio meramente humano de las experiencias religiosas y de las reflexiones sobre cuestiones divinas y humanas de gentes con un alto sentido de lo numinoso.

Lo grave es que dichos conceptos han llegado a calar en muchos círculos que verían con desagrado el ser tildados de liberales teológicamente. En numerosas introducciones a modernas ediciones de la Biblia, leemos cosas como las siguientes:

> «La primera parte de la Biblia explica la experiencia religiosa del pueblo de Israel; allí encontramos sus interrogantes y sus oraciones, sus convicciones y sus leyes... El A.T. es un conjunto de tradiciones que se han ido enriqueciendo a lo largo de los siglos con la meditación de nuevos acontecimientos históricos interpretados a la luz de las mismas antiguas tradiciones, y que continuó siendo reinterpretado después de su conclusión literaria».

Y al llegar al N.T., se sigue en la misma línea:

> «Los Evangelios son fundamentalmente testimonios de la fe de las comunidades cristianas».

Sin negar la parte de verdad que encierran estas afirmaciones cuando son dichas en contextos en los que, simultáneamente, se reconoce de forma explícita la inspiración y, consecuentemente, la naturaleza reveladora de los textos bíblicos, es un hecho que cuando sólo se dice lo que acabamos de citar, el resultado es un manifiesto de la teología liberal. Las Escrituras no son ya la Palabra que engendra a la Iglesia, como predicaba Zwinglio, sino que son «testimonios de fe» y de experiencias religiosas, de judíos y de cristianos, que darán lugar al libro que llamamos Biblia. Al pensar así, se está con Bultmann.

La antítesis básica entre la religión que enseña la Biblia y el liberalismo teológico debiera ser algo evidente para todos los cristianos. Y, sin embargo, no lo es; por diversas causas, que no es el momento de considerar aquí y ahora. Pero la antítesis es contundente para todo el que quiera verla. Por un lado, la convicción de que Dios ha hablado y se ha revelado; por otro lado, las religiones de la perpetua búsqueda de la trascendencia divina a través de inefables experiencias racionalistas o místicas para las cuales los textos bíblicos no pueden ser más que, en el mejor de los casos, meros indicadores falibles. Perdida toda objetividad y toda norma, cada uno se hace la religión a su manera. Lo que resulta incorrecto es aplicar el calificativo de «cristiana» a cada una de estas mil y una versiones de una fe cocinada al gusto del consumidor.

En el esquema bíblico, la revelación *especial*, mediante la Palabra, viene conjuntamente con la actividad redentora de Dios. La misericordia del Señor se manifiesta en la doble vertiente salvadora y reveladora. La Palabra interpreta y aclara la acción redentora. Dios da testimonio de sus poderosos hechos a través de sus profetas inspirados, dándonos el significado de todo cuanto la gracia divina ha llevado a cabo. La *revelación especial* se desarrolla en la historia como una revelación progresiva que transmite una serie de relatos sobre la realización y consumación de los propósitos de Dios.

Y esta revelación especial es canon, norma, para los cristianos. No se trata meramente de un relato de la religión judía ni de la historia religiosa de un pueblo determinado. De lo que se trata es de una narración normativa, canónica, que conlleva una interpretación inspirada de los tratos de Dios con el ser humano. Es así como constituye la base de la fe para cuantos nos sabemos llamados por el Señor a una relación de pacto con él, como la tuvo primeramente con Abraham y luego con todos sus siervos. De esta manera, la revelación especial es constitutiva de nuestra identidad como hijos de Dios, discípulos de Jesucristo y siervos de la verdad que el Espíritu Santo ha dado como fundamento de la Iglesia (Ef. 2:20). Edificados sobre el fundamento de los apóstoles y profetas, nos apoyamos constantemente en él, dado que constituye la única base sólida para saber la voluntad de Dios.

De ahí que acudamos a la Biblia continuamente.

La Sagrada Escritura nos enseña una teología bien definida sobre Dios: eterno, autoexistente, trascendente, infinito, personal, Creador, moral, omnipotente, omnisciente, omnipresente, y Trino. El concepto bíblico de Dios se separa del panteísmo, del politeísmo, del islamismo y de todos los «ismos» que la fantasiosa imaginación humana ha puesto en circulación.

La clase de Dios que se revela en la Biblia no hubiera podido ser conocido si no se hubiese revelado a sí mismo. No podríamos tener el concepto de Dios que tenemos si no lo hubiéramos aprendido de Dios mismo a través de la Biblia.

La misma existencia de la Biblia con su descripción concreta, e inconfundible, de Dios, presupone que tal Divinidad existe y que se ha revelado a sí misma. De hecho, la existencia de este Dios presupone que el Universo, como creación suya, dice algo de él. Es lo que entendemos por *revelación general* de Dios en las obras de la naturaleza (Romanos 1:18-32). Pero esta revelación general no es redentora, antes al contrario, se nos vuelve en contra, pues se convierte en acusadora de nuestra incredulidad. Negar que el mundo creado revela al Dios creador es negar al Dios que se revela en la Biblia. Una cosa es afirmar que la *revelación general* no es redentora y otra cosa muy distinta, que no es reveladora. Revela, pero no salva. De ahí la necesidad de la *revelación especial* que revela y redime. La insuficiencia de las huellas de Dios en la naturaleza hace necesaria una revelación más eficaz para una raza caída que en su ceguera ha perdido de vista a Dios.

Porque hablar de la insuficiencia de la revelación general es hablar, en realidad, de nuestra insuficiencia pecaminosa para reconocerla. Esta insuficiencia no se halla en la revelación de la naturaleza, sino en nosotros. El problema radica en la condición actual del ser humano; su incapacidad moral y espiritual que la Biblia denomina *pecado* por errar el blanco de los propósitos divinos. La insuficiencia es una falta en el hombre, no en la revelación objetiva de Dios en las obras de su creación. Una ceguera culpable de la que sólo podremos salir por medio de la gracia de Dios manifestada tanto en sus hechos *salvadores* como *reveladores*.

Si la Biblia no es la Palabra de Dios, el teísmo cristiano se cae por los suelos. Resulta imposible mantener la fe de Jesucristo sin una palabra segura de su parte. El teísmo, si quiere ser verdaderamente cristiano, tiene que ser bíblico.

Sin embargo, si creemos que hemos sido hechos a imagen de Dios –una imagen actualmente estropeada, pero no eliminada, por el pecado– para tener comunión con nuestro Creador, entonces tenemos que creer que Dios ha hablado, que se ha revelado a sí mismo. En las obras de la naturaleza y en las Sagradas Escrituras. El Dios redentor es el mismo Dios revelador. Su preocupación para iluminar nuestras tinieblas no es menor que su esfuerzo por salvarnos. Esta convicción se halla en la base de nuestra constante apelación a la Biblia como Palabra de Dios plenamente inspirada, regla segura e infalible para la fe y la vida.

Cristo es el centro y la culminación de toda la revelación bíblica. El teísmo cristiano es cristocéntrico o no es nada. La persona y la obra de Jesucristo constituyen las realidades centrales y definitivas de la revelación especial. Todas las demás revelaciones especiales y redentoras del A.T. no son más que anticipos, preparación y progreso hacia Jesucristo. Y es Cristo quien garantiza la validez de las Escrituras del Antiguo Testamento cuando espera de sus contemporáneos que le entiendan y le interpreten en términos de los Escritos Sagrados de Israel. Jesucristo enseñó que estas Escrituras daban testimonio de él y que su ministerio era el perfecto cumplimiento de las promesas de la Ley y los Profetas. Autointerpretó su obra como la culminación de la *historia de la salvación* y definió a su pueblo como el pueblo de la nueva *alianza*. Las primeras revelaciones no fueron más que la promesa que en Jesucristo llega a su perfecto cumplimiento con lo cual se pone de manifiesto todo su significado revelador. Jesús entendió que las Escrituras de la antigua alianza fueron dadas por Dios como preparación de su venida y, como a tales, tenían que ser normativas para sus discípulos para interpretar su persona y su misión. El significado de su vida y de su obra no pueden ser entendidos aparte de estas Escrituras. Porque el hecho histórico que representa Jesucristo se enmarca dentro de la *historia de la salvación* y debe comprenderse como el mismísimo Espíritu de Dios que habla por medio de sus profetas y, finalmente, en el Hijo (Hebreos 1:1ss; 1 Pedro 1:11).

> «*Los profetas que profetizaron de la gracia destinada a vosotros, inquirieron y diligentemente indagaron acerca de esta salvación, escudriñando qué persona y qué tiempo indicaba el Espíritu de Cristo que estaba en ellos, el cual anunciaba de antemano los sufrimientos de Cristo y las glorias que vendrían tras ellos*».

Esta es la convicción, y el testimonio, de los apóstoles.

Consiguientemente, así como el verdadero teísmo presupone al *Deus Revelatus*, inmanente y trascendente, y así como ninguna teología de la revelación puede pretender ser cristiana si no está firmemente arraigada en la tradición apostólica, también toda verdadera teología de la revelación que se precie de cristiana debe afirmar el carácter de *revelación especial* que tiene la Biblia.

La Biblia es *canon* para el pueblo de Dios. Es el canon que establece y garantiza el *pacto*, o alianza, del Señor redentor con todos sus redimidos.

## Bibliografía

Oscar Cullmann. *Le Christ et le temps*, Neuchatel (París), 1947.
                 *La Tradición*, Neuchatel (París), 1954

Herman Ridderbos. *Historia de la salvación y Santa Escritura*, Buenos Aires. Editorial Escaton, 1973.

Carl F.H. Henry. *Revelation and the Bible*, Grand Rapids, 1958.

B.F. Westcott. *The Canon of the New Testament*, Londres, 1881.

F.F. Bruce. *The Canon*, Londres, 1965.

Bernard Ramm. *Special Revelation and the Word of God*, Grand Rapids, 1961

B.B. Warfield. *The Inspiration and Authority of the Bible*, Grand Rapids, 1960.

José Grau. *El Fundamento Apostólico*, Barcelona, 1966.
                 *Introducción a la Teología Evangélica*, Terrassa, 1973.

# La traducción Bíblica

*Pedro Puigvert*

## Curriculum vitæ

Pedro Puigvert nació en Barcelona en 1943,
está casado y tiene una hija.

Estudios:
Comercio y Contabilidad.
Diplomado en Teología por el CEEB.
Bachiller en Ciencias Bíblicas por el CEIBI.
Teología Sistemática y Hebreo
en la Escuela de Teología de la FIEIDE, en Barcelona.

Ministerios:
Ha sido Presidente del Consell Evangèlic de Catalunya,
diversos cargos en la Asociación de Ministros
del Evangelio de Cataluña.
Presidente de la Alianza Evangélica Española
durante 7 años.
Director adjunto de la Revista de Teología «Aletheia»
durante 4 años.
Anciano de la Iglesia en S. Adrià de Besós,
durante 9 años.

En la actualidad, es obrero de las
Asambleas de Hermanos de España.
Secretario General de la Unión Bíblica de España,
desde 1979.
Vicepresidente, Coordinador del Cuerpo Docente
y profesor del CEEB.

Publicaciones:
Redactor y editor de Mi encuentro diario con Dios/Notas
Diarias, desde 1979.
«Los Hechos», «Juan» de la serie La Biblia y su mensaje.
Los cristianos en el mundo de hoy (coautor).
Biblioteca de Teología y Psicología Pastoral (coautor).
Fundamentos teológicos de la evangelización (coautor).
Director de la revista «Síntesis».

# INTRODUCCIÓN

Las Sagradas Escrituras nos han sido transmitidas en tres idiomas: hebreo, arameo y griego. Si ellas no se traducen a todos los idiomas del mundo, que además de hablados han sido reducidos a escritura, no habría posibilidad de dar a conocer la revelación divina, el evangelio de Cristo a todas las naciones, más que de forma oral. Además, los millones de personas que confiesan a Cristo como su Salvador y Señor, no tendrían  el medio más adecuado para poder leer por sí mismos la palabra de Dios. Sería necesario que aprendieran las lenguas originales a un nivel suficiente que les permitiera acceder sin complicaciones al texto bíblico. Pero es mucho más fácil que unos eruditos conocedores de los idiomas originales traduzcan a su propio idioma los textos de la Biblia.

## 1. Las Escrituras traducidas consideradas como revelación especial

Bernard Ramm da tres razones de porqué las Escrituras traducidas han de ser consideradas como un producto de la revelación especial.[1]

---

1. Ramm, Bernard. *La revelación especial y la palabra de Dios.* (Buenos Aires: Editorial La Aurora, 1967) págs. 198-199.

Por su parte, William Whitaker encuentra otras razones que añadir.[2]

### 1.1. *Una razón práctica.*

Hay una imposibilidad casi absoluta de que todos los cristianos que hay en el mundo aprendan los idiomas originales de la Biblia. Por eso, solamente a través de su traducción, la Iglesia universal puede disponer de la Palabra de la revelación especial. De ahí se sigue que la iglesia tiene el deber de traducir las Escrituras a todos los idiomas escritos conocidos e intentar reducir a escritura aquellos que no han sido fijados todavía.

### 1.2. *Una razón bíblica.*

Dios, al dar su revelación especial en tres idiomas, de alguna manera señala el camino a seguir por la Iglesia porque la verdad de Dios no puede encerrarse en uno de ellos. Cuando el Antiguo Testamento es citado por el Nuevo, no suele ser una traducción directa sino que los hagiógrafos emplearon en la mayoría de los casos la traducción que ya existía y era el idioma común de la época, es decir, la traducción conocida como Septuaginta o Versión de los Setenta. La Biblia no es como el Corán que sólo puede ser leído en lengua árabe no permitiendo su traducción.

### 1.3. *Una razón teológica.*

Las iglesias cristianas evangélicas son comunidades donde la predicación de las Escrituras es su actividad principal, no la administración de los sacramentos. Su paradigma es el profeta, no el sacerdote. Por tanto, es necesario que todos los miembros dispongan de un ejemplar de las Sagradas Escrituras y a semejanza de los creyentes de Berea *«día tras día estudien las Escrituras para comprobar la verdad de lo que oyen»* (Hch. 17:11 VP). Colegimos, pues, que una de las tareas principales de la Iglesia consiste en la traducción de las Sagradas Escrituras y que implícitamente se encuentra en el imperativo de *«ir y hacer discípulos a todas las naciones, enseñándoles»* (Mt. 28:20 RVR).

---

2. Whitaker William. *Disputaron on Holy Scripture against the Baptist.* págs. 235-249. Citado por Bernard Ramm.

1.4. *Las razones de Whitaker.*

«a) Dios ha ordenado a todos  sus hijos que lean las Escrituras, y esto sólo es posible mediante la traducción.

b) El pueblo de Dios tiene que estar armado contra el Diablo, y esto sólo es posible si las Escrituras están traducidas a su propio idioma.

c) Las Escrituras han de leerse públicamente para beneficio del pueblo, y esto sólo es posible mediante la traducción.

d) El Señor ha ordenado que el pueblo ha de ser completamente instruido. En particular, ha de enseñársele los grandes misterios de la salvación. Esto es posible sólo si tiene las Escrituras en su propio idioma.

e) Cristo enseñó al pueblo en su idioma, como lo hicieron también los apóstoles en el día de Pentecostés. Luego, la Iglesia tiene que instruir en el lenguaje de la población en que existe.

f) La iglesia antigua señaló el precedente en el modo en que prontamente tradujo las Escrituras para beneficio del pueblo».

## 2. Las dificultades de la traducción

En los últimos años, la ciencia lingüística ha hecho una serie de contribuciones a la traducción bíblica, sin embargo, a fin de cuentas el fruto de su labor ha consistido más bien en señalar las dificultades en que se encuentra el traductor a la hora de hacer su trabajo. Pero algunos de los análisis que hacen las escuelas modernas son de utilidad para poder realizar versiones con más elementos de juicio al traducir el texto bíblico o cualquier texto  antiguo.

A pesar de las críticas que hacen los lingüistas modernos a la concepción tradicional que considera que el nombre corresponde a una cosa o a un aspecto de la realidad, o en la fonética donde cada cosa tiene su sonido, se debe empezar por aquí ya que es el cuadro más primario de un lenguaje: citar por nombre a las cosas o a las realidades tal como las vemos. Pero para el traductor esto resulta insuficiente por cuanto se limitaría casi exclusivamente a la traducción literal, lo que a la postre el texto traducido carecería de sentido. Esto es evidente, por ejemplo, en las traducciones bíblicas muy literales, en las que se debe suplir incluso frases y no sólo palabras para que tenga sentido.

2.1. *Una distinción fundamental.*

Un aspecto que me parece muy importante y digno de tener en cuenta como contribución a la traducción bíblica es la distinción fundamental entre «*Lengua*» y «*palabra*» o «*el habla*». Por la primera entendemos el conjunto de normas o reglas que regulan el uso de los sonidos y de las formas que hacen posible la comunicación. Por la segunda, nos referimos a la utilización concreta de la lengua. Porque todo traductor debe conocer las reglas gramaticales de la lengua que traduce, como de la segunda lengua a la que traduce. Pero no debe conformarse con eso, sino que además tiene que conocer también cómo esa lengua era utilizada en un momento determinado, cosa bastante difícil de saber cuándo se trata de una lengua muerta.

Por ejemplo, sabemos que en el texto bíblico veterotestamentario se halla el *tetragrammaton*, pero debido a que el hebreo carece de vocales y no ha sido posible leerlo, salvo por tradición oral, hasta que los masoretas idearon los signos de puntuación con equivalencia vocálica. Cuando lo hicieron, la tradición oral que recogieron de esta palabra no era fiable porque llevaban siglos sin pronunciarla, y como en su lugar leían **Adonai** (*Señor*) vocalizaron las cuatro letras consonantes del nombre personal de Dios con las vocales de Adonai y de ahí que no sepamos todavía a ciencia cierta con que vocales debemos pronunciarlo. En este caso, no ayudó siquiera la traducción Septuaginta por cuanto tradujeron Adonai por *Kúrios* en lugar de traducir las cuatro letras (yod, he, vau, he) al griego.

Por eso algunas versiones que han prescindido de traducir Jehová, han sustituido (YHVH) por Señor. Concuerdo con el Dr. Lacueva cuando dice: «Lo que menos me agrada de la BIBLIA DE LAS AMÉRICAS es la sustitución del nombre sagrado de Dios por «el Señor». Al menos la RV 1995 sigue mencionando el nombre de «Jehová», con gran contentamiento de los «Testigos» y vergüenza nuestra, pues todo buen conocedor del Pentateuco Samaritano Griego sabe que la grafía correcta del Nombre es «Yahweh» o, por lo menos, «Yawé», si bien la necesaria conservación del «tetragrámmaton» exige las cuatro consonantes» .[3]

---

3. Lacueva, Francisco. *Edificación Cristiana* (Madrid) nº 175, 1996 págs. 5, 6.

Es una pena que la presión de la iglesia latinoamericana haya obligado a las Sociedades Bíblicas Unidas a mantener Jehová en la revisión de 1995, pues se ha perdido una oportunidad de corregir un nombre de gran importancia en las Escrituras.[4]

Menos mal que este es un caso extremo, aunque pueden darse, y de hecho se dan, otras situaciones cuando una palabra aparece una sola vez en toda la literatura conocida, lo que se denomina como «*hapax legomena*».

### 2.2. Una sensibilidad espiritual.

Es cierta la observación de Buzzetti cuando escribe que «la traducción de una poesía exige necesariamente una actitud poética, la traducción de un texto religioso requiere siempre, en cierta medida, una determinada atención religiosa y teológica».[5]

En la traducción de la Biblia no es suficiente la capacidad intelectual del traductor, el dominio de la lengua y el habla del primero y segundo textos, sino que requiere una sensibilidad espiritual sin la cual es imposible que surja una traducción que pueda ser leída como palabra de Dios. En una ocasión, unos editores entregaron un libro en inglés sobre el Antiguo Testamento a un traductor que no era evangélico y además desconocía el trasfondo bíblico del libro. El resultado de su trabajo fue lamentable, hasta tal punto que hacía prácticamente ilegible la traducción y sorprendía al lector que tenía un mínimo de conocimientos del Antiguo Pacto. En el mismo sentido abunda Mounin diciendo «las discusiones de los traductores no hacen sino poner de relieve el hecho de que en el traducir no todo es únicamente lingüístico y que también existen otros factores claramente diversos, que no sería sensato dejar a un lado; es un arte, sí, pero basado en una ciencia; y no cabe duda de que la ciencia en la que se basa la traducción es la lingüística».[6]

---

4. Said, Dalton y otros. *Estudio e interpretación de la Biblia.* (San José, Costa Rica: Seminario Bíblico latinoamericano, 1992) pág. 67.

5. Buzzetti, Carlo. *Traducir la palabra.* (Estella: Editorial Verbo Divino, 1976) pág. 39.

6. Mounin, Georges. *Los problemas teóricos de la traducción.* Citado por Buzzetti, *op. cit.* págs. 39, 40.

2.3. *El valor de los términos.*

También es necesario tomar en consideración la aportación de De Saussure cuando dice «Las palabras no forman listas o montones de etiquetas, sino más bien mallas o estructuras que en cierto modo esquematizan la realidad. Cada palabra tiene un cierto «valor» propio que sólo puede comprenderse y definirse mediante su confrontación con las palabras que están a su alrededor».[7]

De alguna manera está diciendo lo que en hermenéutica es fundamental, la necesidad del contexto o el *usus loquendi*,[8] aunque aplicado a la traducción, lo que es bastante normal si tenemos en cuenta que existe una relación estrecha entre traducción e interpretación, pero deberían estar claramente diferenciadas.

Además de los ejemplos que da sobre ciertas palabras y sus significados en diversas lenguas, se debe tener en cuenta también el sentido objetivo de una cosa y el figurado. Incluso es común a todas las lenguas que muchas palabras tengan dos o más significados sin que sea imprescindible que una de ellas sea figurado. Un problema de traducción puede sobrevenir cuando las cosas –materiales o no– pueden tener muchos y diferentes nombres. ¿Qué hace entonces el traductor? Cuando se pasa de lo genérico a lo concreto, es decir, cuando tenemos en el texto a traducir una palabra que no se encuentra en la lengua a la que se traduce, forzosamente se deberá crear una nueva palabra o crear un giro, dejar la palabra original como barbarismo, o buscar una palabra por analogía conceptual que, en este caso, será también un término nuevo. Esto sucede sobre todo cuando se traduce la Biblia a lenguas que todavía no están estructuradas y no tienen una gramática y un vocabulario escritos con todas las reglas que pueden ser usadas por el traductor. Cuando se tiene la posibilidad de traducir un solo nombre a una lengua que tiene muchos nombres para la misma cosa que no son más que matices de sexo, edad, tamaño, función, etc., el problema es de elección y entonces deben buscarse otros criterios para conocer el matiz correspondiente. En todo esto, queda claro, una vez más, la imposibilidad de la traducción literal, palabra por palabra, que suma a lo expresado más arriba.

---

7. De Saussure. *Curso de lingüística general.* Citado por Buzzetti, *op. cit.*, pág. 40.
8. Dícese del significado que normalmente tenía una palabra en el lenguaje común en una época dada.

## 2.4. *Bloomfield y la escuela de Yale.*

Bloomfield es un lingüista norteamericano fundador de la escuela de Yale que quiso elaborar una lingüística que no recurra a la noción tradicional del significado. Por ejemplo, elimina de su vocabulario términos como pensamiento, conciencia, concepto, imagen, impresión, sentimiento. Según él se trata de términos inadecuados para una exposición semántica científica porque carecemos todavía de una verdadera psicología científica. Pero como tiene que analizar el lenguaje, necesita un punto de referencia inicial, y es ahí donde Bloomfield prefiere describirlo en función del comportamiento, por eso se conoce a esta escuela como «behaviorista».[9]

En esta escuela para saber qué «significa» una palabra o una expresión se considera el comportamiento del que habla y del que escucha y eventualmente responde. Sin embargo, la puesta en práctica del principio «behaviorista» llega a un callejón sin salida cuando se trata de traducir lenguas muertas porque se carece de paralelos con otras lenguas y no se puede llegar a situaciones en las que dichas lenguas funcionaban. Pero como en la práctica se traducen lenguas muertas a nuestras lenguas actuales, ha obligado a Bloomfield a introducir un *postulado*:

> « cada forma lingüística posee de hecho un cierto carácter específico y una cierta constancia, aunque no podemos demostrarlos en cada caso; cada comunidad lingüística tiene enunciados que permanecen idénticos tanto por lo que refiere a la forma como al contenido».[10]

## 2.5. *La «lingüística distribucional».*

En principio puede llamar la atención la escuela conocida como «lingüística distribucional y descriptiva» por su sistema de análisis que consiste, como los términos indican, en estudiar las combinaciones y frecuencias de un grupo de palabras y analizar distributivamente los elementos de que están compuestas sin buscar su significado. Pero no se trata tanto de traducir como de analizar los elementos comunes y si se quiere decir algo con sentido, forzosamente se deberá partir de

---

9. Término que procede de «behavior» en inglés americano y significa conducta y de ahí que se conozca también como «conductismo».

10. Buzzetti, *op. cit.*, págs. 44, 45.

un significado porque en caso contrario se puede llegar a conclusiones erróneas, a tenor de los ejemplos que tenemos en el libro de Buzzetti. Citamos este método debido a su existencia, pero realmente su utilidad para la traducción es relativa, por no decir nula.

### 2.6. La teoría de Humboldt.

En cuanto a la teoría de Humboldt que dice que «el molde espiritual anterior de la lengua y peculiar de cada pueblo»[11] es un factor determinante para la traducción, quizá podría tenerse en cuenta por la existencia de una conciencia universal en la que hay una serie de factores comunes a todas las lenguas, pero al mismo tiempo se debe tener presente la singularidad motivada por elementos característicos de una cultura determinada.

Tal vez estos dos aspectos, conciencia universal histórica y peculiaridad cultural diferenciada, deban ser tenidos en cuenta por el traductor, pero como esta teoría no está probada científicamente, podemos dejarla en cuarentena.

### 2.7. La teoría de B.L. Whorf.

Sus investigaciones consagradas especialmente a las lenguas amerindias le llevaron a la conclusión que

> «nuestro lenguaje es quien nos da la forma de la experiencia que creemos tener del mundo y que contribuyó a demostrar que probablemente los hombres no siempre ven el mundo de la misma manera y que esto obstaculiza la percepción correcta del mundo externo».[12]

Esta teoría fue elaborada en una época en que las cosas sólo se podían conocer a través del lenguaje, oral o escrito, por el ser el único medio de comunicación. Pero en la actualidad, la imagen ha tomado el lugar de la «palabra» de tal manera que ésta es un simple auxiliar de aquélla. La irrupción de la imagen debe cambiar los planteamientos

---

11. Buzzetti, op. cit., pág. 52. Las tesis de Wilhelm von Homboldt son de carácter filosófico y se originaron en conexión con la corriente que trata de la psicología de los pueblos, la generación espontánea de los valores ideales a partir del alma y en consecuencia, sobre la superioridad espiritual de algunos pueblos respecto a otros.

12. Buzzetti, op. cit., págs. 54-56.

lingüísticos porque debemos enfrentarnos a un nuevo «lenguaje» que universaliza nuestra experiencia del mundo y, por tanto, en la traducción se dan unas concordancias al pasar de una lengua antigua a una moderna. El único problema con que topamos se encuentra en la falta de información sobre la influencia de la lengua antigua en el pensamiento antiguo, pero no en la traducción actual. De todos modos tampoco es tan grave y creo que hoy sí puede hablarse de traducción porque esta teoría –supongo– ha tenido que ser reelaborada, sino sólo queda el pesimismo de Buzzetti.[13]

### 2.8. *Las teorías de Barr.*

Su estudio «pretende ser una investigación sobre cómo se comprendió el significado del lenguaje bíblico y sobre todo... una crítica de determinados métodos a su juicio erróneos, en el uso del material lingüístico sacado de la Biblia». Según él, teólogos y exegetas razonan más o menos de este modo:

> «*sabemos que la mentalidad hebrea tiene unas determinadas características propias y que su forma peculiar de concebir y expresar el pensamiento en cierto modo deben manifestarse necesariamente en los fenómenos lingüísticos. Sabemos que los hebreos tenían una concepción característica del tiempo, y es más que natural pensar que las peculiariades de su sistema de los tiempos de los verbos puedan explicarse como reflejo de la concepción del tiempo. De esta forma, la idea de un estudio puramente lingüístico del fenómeno de los tiempos, que no se funde en la etno-psicología, parece absurda, y la explicación más obvia es que un lingüista que emplee un método semejante deje a un lado la "mentalidad hebrea"*».[14]

Las teorías de Barr que reciben el apoyo de Stephen Ullmann plantean interrogantes, en los que cabe preguntarse: ¿cómo influye la estructura religiosa en el seno de un grupo lingüístico al pasar a las estructuras lingüísticas de otro grupo? Este es el dilema: la lengua influye en la mentalidad, o al contrario, la mentalidad influye en la lengua.

---

13. Los lingüistas han contribuido a definir en un nivel rigurosamente científico la duda sobre la posibilidad de traducir siempre y de forma plena el sentido de un texto o de un enunciado, *op. cit.* pág. 60.

14. Barr, James. *La semántica del lenguaje bíblico.* (1961) págs. 7 y 37. Citado por Buzzetti págs. 60-62.

La respuesta de los lingüistas citados es que hay reciprocidad entre la lengua y el pensamiento. Ullmann en un artículo publicado en una revista de filología dice

«cada día es más claro que entre la lengua y el pensamiento existe cierta reciprocidad: la lengua no sirve sólo para expresar nuestros pensamientos, sino que en cierta medida los condiciona y predetermina: ofrece al hablante un sistema disponible de categorías y un parámetro de valores; además, dirige el pensamiento del que habla por senderos determinados».

Si esto es verdad, debe tenerse en cuenta en el trabajo de traducción y hace que éste sea realmente difícil porque además de palabras se deben  traducir los pensamientos que están en el origen de las palabras. En lingüística desde hace tiempo se han preocupado de algo muy interesante y alentador para el traductor que se conoce como *universales lingüísticos,* es decir, los elementos comunes a la experiencia de todos los hombres y que en todas las lenguas tienen denominadores equivalentes, los cuales han sido clasificados por Eugène Nida en cuatro grupos:[15]

- Denominación de los objetos (que equivale a una clase de nombres)
- Denominación de los acontecimientos (que equivale a una clase de verbos)
- Abstractos (modificadores de los nombres de objetos o acontecimientos)
- Relacionales (que equivalen a las preposiciones y conjunciones)

Como conclusión, podemos tener en cuenta varias cosas:

a) Al traducir de una lengua a otra puede dar lugar a pérdida de información;

b) la lingüística moderna propone una visión dialéctica de la comunicación entre las lenguas;

c) la principal dificultad para la  traducción es que cada lengua encierra en sí misma «una visión del mundo» original;

---

15. Buzzetti, *op. cit.* pág. 78. Véase también: Nida, Eugène. *Dios habla a todos.* (México: Sociedades Bíblicas Unidas, 1979) págs. 84-94.

d) las teorías mencionadas aportan a los traductores algunos elementos positivos en la revisión de las traducciones o al emprender una traducción completamente nueva;

e) a pesar de las teorías que cuestionan la traducción, ésta existe y parte de los problemas se pueden solucionar creando giros lingüísticos o con préstamos de otras lenguas.

## 3. Alternativas de una traducción culturalmente lejana

En relación con las alternativas de una traducción que se halla alejada culturalmente como es el caso de la Biblia se debe tener en cuenta lo siguiente:

3.1. *El trabajo previo.*
Los pasos a dar son:

3.1.1. Confrontar los términos de la lengua original con los de la lengua actual a que son traducidos.

3.1.2. Confrontar las estructuras gramaticales.

3.1.3. Confrontar las estructuras sintácticas.

3.1.4. Identificar las diferencias notables salidas de la confrontación.

3.1.5. Identificar las dificultades importantes que se observan.

3.2. *Determinación del trabajo.*
En primer lugar el traductor debe determinar lo que puede traducir de un texto. Una vez lo ha determinado, viene el momento de elegir cómo debe traducirse. Es aquí cuando se hace necesario distinguir entre pensamiento y cultura, es decir, por el primero entendemos lo que corresponde al campo original de un autor, mientras que por el segundo nos referimos al acervo de concepciones e ideas que ha recibido y se ha apropiado. O también entre el ámbito teológico y el profano.

3.3. *El acercamiento cultural.*
La traducción consiste en acercar el texto alejado culturalmente del lector salvando tanto el pensamiento como la cultura del autor para no

traicionar la fidelidad al original. En este sentido, un deseo de modernización excesivo podría dar al traste con los elementos básicos que configuran el primer texto.

Por otro lado, una actualización que quiere ser comprensible al lector pero que no guarde lo esencial del pensamiento que quería transmitir el autor, podría falsear el sentido propio del original. En este fallo incurren, a veces, las versiones parafrásicas. La frase, p. ej. de Amós, «por tres pecados, y por el cuarto, no revocaré su castigo» corresponde a un hebraísmo que indica que la paciencia de Dios tiene un límite.

¿Podemos actualizarla tanto que digamos «cuando la gota desborde el vaso», los castigaré? Pero si hacemos eso perderemos los aspectos intermedios indicados por los pecados primero, segundo y tercero. Quizá podemos hallar otra forma que incluya los pecados sin traicionar el original que clarifique la parte final «no revocaré su castigo» con una actualización del lenguaje.

También debe tenerse en cuenta que cuanto más grande sea la distancia cultural, más amplio debe ser el criterio de valoración del verdadero equivalente semántico.

Tomemos el ejemplo dado por Buzzetti:[16]

> «al tener que traducir un tratado de cirugía que hable del corazón, aunque se trate de un texto antiquísimo y que provenga de una civilización muy diversa, será muy fácil encontrar en el término "corazón" un óptimo equivalente del término original, porque nos hallamos ante un caso de "universal biológico"; en cambio, si el texto que hemos de traducir es una descripción, por ejemplo, psicológica de los elementos y organismos que constituyen al hombre, el término "corazón" puede corresponder a lo que biológicamen-te denominaremos "riñones" o "hígado", porque en las dos culturas se atribuye una función psicológica diferente a un órgano que biológicamente siempre es el mismo. Para advertir las precisas equivalencias semánticas a estos niveles, el necesario conocimiento de las lenguas se identifica cada vez más con un conocimiento de las culturas correspondientes».

3.4. *Las notas explicativas.*

Para salvar la distancia cultural entre el texto original y su traducción se ha ideado un recurso que goza, en la actualidad, de gran difusión:

---

16. *Op. cit.*, pág. 91.

las notas explicativas. ¿Son realmente una alternativa eficaz para el acercamiento cultural? Tienen sus ventajas y sus inconvenientes. Entre las primeras está la solución más fácil para el traductor cuando no encuentra un equivalente, y entre las segundas que puede llegar a convertirse en un recurso fácil que menosprecie la calidad de una traducción consecuente. Además, puede darse el caso de convertirse en una tentación para colocar en las notas, no sólo aclaraciones de traducción, sino también introducir ideas teológicas del traductor que inducirán al lector en una determinada dirección.

Por ejemplo, en una versión de la Biblia se explicaba que «el lavamiento de la regeneración» de Tito 3:5 era una referencia al bautismo por agua, porque el traductor participaba de la creencia de la regeneración bautismal.

### 3.5. Otras alternativas.

Se pueden señalar las siguientes:

a)  Buscar términos con áreas semánticas equivalentes;

b)  actualizar según la mentalidad moderna los puntos particulares que tienen relación con la mentalidad del autor y limitarse a reproducir fielmente lo demás;

c)i  intentar que la traducción dé la sensación de la doble distancia (autor-receptor) reproduciendo fielmente el pensamiento y la mentalidad del autor;

d)  corregir con fidelidad a un texto particular que se usará diariamente y adquirir el compromiso de que tenga una cierta actualidad respecto al lector, actualizando todo lo que no forma una parte clara de las afirmaciones explícitas de cualquier campo;

e)  pensar en la validez perenne del texto y su universalidad limitándonos al campo de las afirmaciones relevantes para una determinada concepción religiosa del mundo y, por tanto, solamente en dicho campo debería aplicar una fidelidad rígida reproduciendo los datos y evitando cualquier adaptación que no sea lingüística. En este caso modernizaría el texto. Todas ellas, como se puede observar, son opciones con múltiples inconvenientes.

## 4. Los problemas culturales que presenta la Biblia

En la traducción bíblica, el traductor tiene que enfrentarse con una serie de problemas culturales que trataremos de identificar, así como sus posibles soluciones.

### 4.1. *La confrontación de culturas.*

Al traducir las Sagradas Escrituras debemos tener presente que trabajamos con un texto escrito que pertenece a una cultura antigua el cual tenemos que pasar a otro texto escrito para ser leído en una cultura diferente. La solución aquí es buscar la equivalencia que no cambie mucho el sentido que tuvo siempre.

### 4.2. *Pérdidas inevitables.*

Cuando al traducir se pasa de una cultura a otra es inevitable que se sufran pérdidas porque no siempre se encuentra la equivalencia ideal y además está toda la gama de matices que hace difícil la operación. Evidentemente una mala traducción pierde mucho más que una buena. Aquí la solución más conveniente al traductor es la de procurar reproducir con la máxima exactitud posible el sentido general de un pasaje y que éste constituya una guía para la comprensión particular de todo el texto.

### 4.3. *La distancia en el tiempo.*

Como en nuestro caso el objeto de la traducción es la Biblia, nos enfrentamos con textos que fueron escritos hace 3.500 años y algunos de ellos proceden de una fuente anterior, aspecto éste del que discrepan los críticos liberales. Por tanto, la distancia a salvar no es sólo cultural sino cronológica que implica una cultura sumamente alejada de la nuestra sujeta a dificultades de traducción múltiples: palabras, contexto social, histórico, religioso, variaciones geográficas, etc.

Por eso la solución que podamos dar aquí es tener presentes estos dos factores: semántico y contextual, en sus dos versiones: secular y religiosa.

### 4.4. *Parcialidad en la elección de las dificultades.*

Este problema no corresponde tanto al texto original como a la actitud del traductor. Se podría dar el caso que al elegir un elemento contextual como el factor cultural, actualizando su sentido y el resto traducirlo más fielmente o literalmente, el traductor dejase al albur de los lectores la comprensión de aquellos pasajes no actualizados.

### 4.5. La comprensión global de un texto.

Evidentemente éste es un problema con el que debe enfrentarse el traductor, porque si no es capaz de entender el significado general de un pasaje, difícilmente puede llegar a traducir con acierto cada una de sus partes. Tratándose de un texto culturalmente lejano la dificultad aumenta, por tanto, es el primer paso que debe dar al leer el original de manera que el resultado de su traducción refleje claramente en la lengua traducida la misma posibilidad de comprensión del lector.

### 4.6. La falta de equivalencias.

¿Cómo reproducir en otra lengua un término o una frase cuando se carece de la palabra adecuada o se ignora el hecho original por falta de experiencia o conocimiento? ¿Podemos crear una palabra nueva, al traducir, sin dar explicaciones? En el primer caso, debemos considerar la clase de palabra que queremos traducir y, si es posible, que aun no existiendo la palabra, los lectores sean capaces de identificarla. Por ejemplo, la nieve citada en el libro de Isaías es desconocida en algunos países, pero ¿queda alguien en el mundo que no sepa lo que es aunque no la haya pisado jamás? Seguramente no. Hoy en día, por televisión, cine, revistas, libros o cualquier otro medio visual, todo el mundo conoce la nieve. Si consideramos, pues, que la palabra o el hecho son conocidos, podemos crear una palabra nueva. ¿No sucedió acaso eso mismo con términos como bautismo, presbítero, etc. que fueron transliterados del griego y han terminado por implantarse? Quizá la única que se tradujo de las mencionadas fue presbítero como «anciano», pero en cambio se dejó «bautizar» en lugar de «sumergir». Pero a pesar de todo lo dicho la mejor solución es siempre la analogía porque en el caso de la nieve se puede buscar otra cosa que sea tan blanca como ella. Donde se debería ir con cuidado es con palabras que pueden ofender o crear conflictos. Por ejemplo es habitual oír que el pecado es negro, cuando en la Biblia es rojo. En relación a la creación de una nueva palabra, la solución mejor es la frase descriptiva a sabiendas que podemos parafrasear y no traducir. Entendiendo que puede ser legítimo, sin embargo, lo aconsejable es restringir su uso.

*4.7. Elección de posibilidades.* Cuando se traduce un texto, tanto si es lejano como próximo, siempre existen varias posibilidades de traducción. El problema que se plantea es saber si se ha elegido la probabilidad mejor. Dado que existen varias posibilidades el traductor debe buscar medios que le lleven a la seguridad de una elección objetiva. Pero es realmente difícil porque siempre que elegimos aportamos una carga subjetiva que puede ser suficiente para fallar. En opinión de Buzzetti hay varias soluciones legítimas

> *«cuyo valor deba calcularse basándose en criterios diversos, de los que el primero es la meta que se propone el traductor en su traducción».*[17]

Pero esta meta no está exenta de subjetivismo por lo que creo que el mejor criterio debe darlo el contexto del pasaje a traducir y que éste sea lo más amplio posible.

*4.8. Alternativas científica o artística.*
Según Francis Otto Matthiessen,[18]

> *«toda traducción es algo imperfecto casi de forma inevitable: o es una reproducción sin estilo propio, un pálido reflejo del original, o la época del traductor la colorea tanto que se convierte, sí, en algo vivo para sus contemporáneos, pero ya no gusta veinte años después».*

Si aplicamos estas palabras a la traducción de la Biblia, tenemos que plantearnos la alternativa de hacer un trabajo científico que sea poco vivo y comunicativo, excesivamente técnico, o por el contrario reproducir el original con los matices propios de la época en que vivimos con un lenguaje y un estilo contemporáneos que será prácticamente ilegible dentro de unos años. Esto es lo que ha ocurrido con las versiones tradicionales cuyo léxico es anacrónico y precisa, no sólo la explicación del significado original, sino también de la traducción. De manera parecida ha ocurrido con las versiones populares que envejecen al ritmo de los cambios generacionales.

---

17. *Op. cit.*, pág. 99.
18. Buzzetti, *op. cit.*, pág. 100.

## 5. Técnicas para traducir la Biblia

En los últimos veinticinco años, las técnicas de traducción han experimentado un cambio sustancial, de manera especial a partir de la aparición de las versiones populares, en que se emplearon métodos distintos a los habituales.

William L. Wonderly[19] señala que

> *«los traductores han utilizado dos técnicas diferentes. Tradicionalmente, y de manera especial, en las traducciones bíblicas, se ha hecho hincapié en la traducción por* correspondencia formal; *sin embargo, la obra contemporánea tiende a destacar la* equivalencia dinámica. *Una traducción que pone el énfasis en la correspondencia formal se orienta principalmente hacia el idioma de la fuente, o sea, el mensaje en su forma original, y trata de conservar lo más posible sus características gramaticales, la estructura de cláusulas y frases, y una consistencia en la traducción de los términos del idioma original. En contraste una traducción que recalca la equivalencia dinámica se orienta principalmente hacia el impacto sobre el receptor y por lo tanto trata de lograr la manera más natural de comunicar la misma idea en el lenguaje contemporáneo». Además de estos dos, en la década de los 90 ha hecho su aparición un nuevo método llamado* traducción en lenguaje inclusivo. *Vamos a examinar por separado estas técnicas.*

### 5.1. *La equivalencia formal.*

Se conoce con el nombre de *formal* la equivalencia o correspondencia en la traducción que consiste en la reproducción del original en todos sus aspectos. Es decir, a cada uno de los términos que aparecen en la fuente u original se le busca, si es posible, un equivalente, de manera que a un sustantivo corresponda un sustantivo, a un verbo un verbo, a una preposición una preposición, etc. De este modo el vocabulario es lo más idéntico al original con lo que se logra el máximo de literalidad. Se respetan también las formas literarias de manera que la poesía se traduce en verso y aunque se intenta es difícil conseguir igualar la métrica debido a las diferencias entre la poesía oriental y la occidental. Si por una parte nos acerca al texto original y a la cultura subyacente a través de las expresiones idiomáticas características de

---

19. Cf. Traducciones bíblicas para uso popular (México: Sociedades Bíblicas Unidas, 1977) pág. 24.

la primera lengua, por otra se enfrenta a la dificultad de su comprensión especialmente cuando se trata de traducir modismos que literalmente pueden ser incomprensibles.

Un ejemplo que he usado en varias ocasiones para explicar un modismo es Romanos 12:20: «ascuas de fuego amontonarás sobre su cabeza». Nadie puede negar la fuerza de la frase cuando se conoce el significado, pero la mayoría de hermanos a los que les he pedido que me expliquen lo que quiere decir Pablo aquí, no saben responder. Lo más pertinente sería, en este tipo de traducciones, buscar la equivalencia en la segunda lengua; en este caso una posible traducción equivalente «no formal» podría ser «le harás salir los colores a la cara» que es el significado del hebraísmo empleado por Pablo. Una solución para evitar la falta de comprensión del lector en casos como el expuesto es la que hemos sugerido más arriba.[20]

En la práctica, la voluntad de presentar un texto traducido de acuerdo a los principios de la equivalencia formal es un empeño que resulta imposible. Porque en el supuesto que se hiciese resultaría casi ilegible o con mucha dificultad. Podemos hacer la prueba intentando leer de corrido la traducción de una biblia interlineal y nos daremos cuenta que muchos versículos carecen de sentido. Por tanto, la traducción por equivalencia formal sólo es posible realizarla en algunos aspectos y hasta cierto punto. Habremos observado que algunas biblias traducidas con este método tienen la necesidad de suplir ciertos textos para hacerlos inteligibles y que aparecen en bastardilla o cursiva. La Reina Valera de 1569 y la mayoría de traducciones clásicas siguen este método.

### 5.2. La equivalencia dinámica.

Este método de traducir tiene como primer cometido comunicar el contenido del mensaje original, no tanto las palabras como el anterior, con el objetivo de que tenga sentido para los lectores. Por tanto, abandona la correspondencia formal en tanto en cuanto ésta le lleve a distorsionar o impedir que se produzca la comunicación. En lugar de emplear la técnica de la equivalencia directa, sigue un proceso de correspondencia indirecta en el que el texto debe descomponerse para

---

20. Cf. punto 3.4.

recomponerse mediante cinco pasos: 1º Determinación de funciones, 2º formulación de los elementos implícitos, 3º formulación de las cláusulas elementales, 4º determinación de relaciones y 5º reformulación. En principio, este proceso resulta complejo para los neófitos, pero una vez se domina la técnica, no diré que es fácil, pero tampoco excesivamente difícil.

Buzzetti, siguiendo a Wonderly simplifica el proceso en estos 4 puntos:

- Análisis
- Desmontaje,
- Paso
- Reconstrucción.[21]

El traductor que usa este método debe tener presente el efecto del mensaje sobre el receptor al que iba dirigido originalmente para valorar su verdadero sentido y traducir un texto equivalente que cause el mismo efecto en el lector actual. Debido al proceso de descomposición de un texto y su recomposición, forzosamente variarán de lugar las frases dentro de un mismo texto sin que se use la gramática de manera incorrecta. Así, un nombre puede cambiar de posición o sustituirse por un pronombre o por un verbo. Puede observarse en las traducciones llamadas «populares» que se evita el uso de la sustantivación o se reduce al mínimo imprescindible y por su carácter dinámico se utiliza la forma verbal en lugar del sustantivo.

Quizá la mejor manera de ver las diferencias entre un texto traducido por equivalencia formal y otro por dinámica es analizando algunos textos que nos ayudarán a apreciar lo positivo y lo negativo de ambos sistemas, contrastándolo con el mismo texto en una versión parafrásica.

> *«Por tanto, si hay alguna consolación en Cristo, si algún consuelo de amor, si alguna comunión del Espíritu., si algún afecto entrañable, si alguna misericordia, completad mi gozo, sintiendo lo mismo, teniendo el mismo amor, unánimes, sintiendo una misma cosa»*
>
> *(Filipenses 2:1-2 en equivalencia formal).*

---

21. *Op. cit.*, págs. 239-250.

> «Así que, si Cristo os anima, si su amor os consuela, si su Espíritu está con vosotros, si conocéis el cariño y la compasión, llenadme de alegría, viviendo todos en armonía, unidos por un mismo amor, por un mismo espíritu y por un mismo propósito»
>
> (Filipenses 2:1-2 en equivalencia dinámica).

> «¿Pueden los cristianos consolarse unos a otros? ¿Me aman ustedes lo suficiente como para desear consolarme? ¿Tiene algún significado para ustedes el que seamos hermanos en el Señor y participemos del mismo Espíritu? Si alguna vez han sabido lo que es el cariño y la compasión, colmen mi alegría amándose unos a otros, viviendo en armonía y luchando unidos por un mismo ideal y un mismo propósito»
>
> (Paráfrasis de Filipenses 2.1-2).

El texto traducido en equivalencia dinámica es bastante formal porque sigue casi literalmente el griego. La paráfrasis puede ganar en claridad pero es una reconstrucción total de los dos versículos. En el texto traducido de forma dinámica hay pérdida de contenido teológico. Por ejemplo: al cambiar «consolación» por «os anima» deja de lado que el término tiene la misma raíz que el nombre dado al Espíritu en Juan 14:16. Consolar es un vocablo mucho más rico de contenido que animar. En segundo lugar, «afecto entrañable» es mucho más profundo que «el cariño». Y, en tercer lugar, «sintiendo o pensando lo mismo» es una expresión mucho más intensa y corta que «vivir en armonía, unidos por un mismo amor», pero evita el gerundio; y «unánimes» expresa ser de una misma alma y ha sido cambiado por «un mismo espíritu», aunque alma y espíritu sean sinónimos en la mayoría de textos, hay un matiz que al cambiar no se recoge. Además, si el autor quiso expresar lo primero, sus razones tendría para darle este matiz. La paráfrasis no puede considerarse traducción porque introduce conceptos ajenos al texto y se trata más bien de una adaptación y aplicación del mismo.

El cambio negativo que resulta más relevante es el de «luchando unidos por un mismo ideal». Está bien que las paráfrasis dirigidas a lectores latinoamericanos usen el «ustedes», pero no las que van dirigidas al público español.

> «Llevad mi yugo sobre vosotros, y aprended de mí, que soy manso y humilde de corazón; y hallaréis descanso para vuestras almas; porque mi yugo es fácil, y ligera mi carga»
>
> (Mt. 11:29 en equivalencia formal).

194

«Aceptad el yugo que yo os pongo, y aprended de mí, porque soy paciente y de corazón humilde; y encontraréis descanso para vuestra alma. El yugo que yo os pongo es fácil de llevar, y la carga que yo os doy es ligera»

(Mt. 11:29 en *equivalencia dinámica*).

«Lleven mi yugo y aprendan de mí, que soy manso y humilde. Así hallarán descanso para el alma. Porque mi yugo es fácil de llevar y no es pesado»

(Paráfrasis de Mateo 11:29).

Al cambiar «llevad» por «aceptad» en la correspondencia dinámica se suaviza el imperativo. Aquí no se cambia el sustantivo por un verbo como es propio de este tipo de equivalencia, por tanto, carece de fidelidad al original cuyo significado es «cargar», aunque se arrregla con otro verbo, «poner». Por otro lado, «manso» tiene otras connotaciones que la de «ser paciente» porque se refiere al carácter o condición de una persona y no sólo a su virtud. Probablemente, el cambio puede deberse a motivos culturales y lingüísticos ya que es sabido que «manso» tiene otros sentidos para el pueblo llano y alguno podría malinterpretar la palabra.

El cambio del plural al singular en *psujais* «las almas» por «alma» es un error gramatical en conformidad con la sintaxis puesto que las palabras están en plural desde la primera. En la traducción de este versículo no sigue la forma original –no tiene porque hacerlo– pero además se ha expresado incorrectamente en la traducción misma. La paráfrasis del versículo es menos clara que la equivalencia formal porque en lugar de añadir palabras para hacerlo más comprensible, las quita. Por ejemplo: corazón y carga. La carga es convertida en la del yugo y no la carga de Cristo distinta al peso del yugo. Podemos apreciar claramente, con una simple comparación, que la paráfrasis es mucho más corta que las dos equivalencias.

Aunque en los textos examinados se pueden apreciar elementos negativos en la traducción por equivalencia dinámica, no significa que debamos descartarla. Tiene la ventaja de las frases cortas, por regla general, la supresión de las sustantivaciones, no utiliza la voz pasiva, limita el gerundio y los verbos son menos complejos. Las traducciones hechas de este modo son especialmente adecuadas para personas que van a leer por primera vez la Biblia y especialmente el Antiguo Testamento. Si tenemos en cuenta que en nuestra sociedad dominada por la cultura de la imagen hay un gan número de analfabetos funcionales, una traducción formal es casi incomprensible para ellos y de ahí la necesidad de la dinámica. Por eso coincido con Gabriel Verd cuando dice:

> «La traducción dinámica es un género de traducción no sólo bueno, sino necesario. Necesario para el pueblo, como versión de choque, de primer impacto, de lectura sencilla, en la que hay que hacer ciertas renuncias en aras a una mayor penetración. Pero no creo que sea la traducción "ideal", si es que existe. Su gran peligro está en que –en contra de lo que piensa Nida– "al reestructurar la forma, muy frecuentemente no se preserva el contenido"».[22]

### 5.3. La traducción en lenguaje inclusivo.

Vamos a referirnos a ella por su actualidad y como curiosidad, no por su importancia o por aportar elementos positivos a la ciencia bíblica. El nombre proviene de la edición de un Nuevo Testamento y los Salmos en inglés llamada *An Inclusive Version*, publicada por la Oxford University Press de Nueva York. El objetivo de esta traducción es eliminar referencias sexistas, clasistas o racistas en el texto bíblico.

La traducción ha sido hecha por un equipo formado por tres hombres y tres mujeres. Los hombres son: Victor Roland, Thomas L. Hoyt y Burton H. Throckmorton. Las mujeres, líderes feministas y religiosas en U.S.A. son: Sharon H. Ringe, Susan Brooks y Bárbara Withers. En realidad tiene poco de traducción y mucho de «adulteración en lenguaje inclusivo».

El origen de esta pedantería surge de un propósito loable:

> «la necesidad de procurar no ser discriminatorios en el uso del lenguaje ya que éste corre por patrones paralelos a los comportamientos sociales y es reflejo de los mismos».[23]

A partir de ahí, nació el concepto del «lenguaje inclusivo», o sea utilizar formas que incluyan lo masculino y lo femenino cuando con un

---

22. Verd Marín, Gabriel. Las *Versiones populares de la Biblia* en Estudios Eclesiásticos Vol. 48, nº 186. págs. 398-414.
23. Andavert, José Luis. *El problema del lenguaje inclusivo*. Palabra Viva. (Madrid) núms. 32, 33, 34 de nov-dic-95, ene-mar-96, abril-sepbre-96 respectivamente).

solo término se englobe a ambos. Quizá es bueno que este principio sociolingüístico se tenga en cuenta para no discriminar, como hemos señalado más arriba con el uso del vocablo «negro», pero ¿Qué ocurre cuando se aplica a la traducción de la Biblia?

Cuando se traduce un texto siguiendo un criterio que no modifique su sentido original, supuestamente no pasa nada, como por ejemplo ha hecho la «Good News Bible». En relación con el sexo, que es uno de los aspectos que más ha preocupado a los traductores del lenguaje inclusivo, el griego incluye el masculino y el femenino en referencias generales como hace el castellano, y en ocasiones es difícil distinguirlos. Pero si se quiere evitar el término «hombre» para no ser tildados de machistas se puede sustituir por «persona» y cuando, por la misma razón, se quiere evitar el pronombre masculino «el» como, por ejemplo, «el que» se puede traducir «quien».

De todas maneras tendríamos que preguntarnos si es lícito modificar la intención del autor y si no estaríamos quebrando la fidelidad al original aunque no se cambie el sentido del texto. La versión en lenguaje inclusivo, va mucho más lejos de los ejemplos citados, al incluir en la oración enseñada por Jesús a sus discípulos el femenino, de manera que empieza así: «Padre-Madre» y eso se repite cada vez que Jesús se refiere a Dios como Padre. El título preferido de Cristo para designarse a sí mismo era «Hijo del Hombre», título que procede del Antiguo Testamento (Daniel 7:13) y que expresa tanto la divinidad como la humanidad del Señor. Pero los traductores han prejuzgado que «Hijo» es un sustantivo masculino y que el concepto varonil se acentúa en el otro sustantivo «Hombre» de manera que habían de eliminar la masculinidad con un nuevo vocablo y han traducido (es un decir) «el Humano» que subraya sólo su humanidad. Otro ejemplo que recoge la presión social de occidente sobre el sexo lo tenemos en 1 Corintios 9:5 que traducen así: «¿No tenemos derecho de traer con nosotros un *cónyuge creyente* como también los otros  apóstoles, *y las hermanas y hermanos del Señor y Cefas?*»

De esta lectura se desprende que el cónyuge puede ser hombre o mujer y no necesariamente del sexo opuesto con lo que ya tendríamos un pasaje en que basarnos para favorecer la homosexualidad; además se supondría que entre los apóstoles había mujeres con el objetivo de amparar el liderazgo de la mujer en la iglesia. Otros ejemplos tienen que ver con las personas con minusvalías como los leprosos, sordos, ciegos que pasan a ser «personas leprosas o un hombre enfermo de lepra, personas sordas, personas ciegas».

Con referencia a las relaciones familiares suavizan los términos como «sujeción» por «compromiso» y los hijos no deben «obedecer» a los padres, sino «atenderles». También apreciamos mucha sensibilidad hacia el racismo, de manera especial las referencias a los judíos como autores de la muerte de Cristo, los cuales pasan a ser «aquellos» o «la gente que mató al Señor Jesús».

Por último, para evitar alusiones sexistas, así como han hecho con el Padre y el Hijo, también lo repiten con Satanás y los ángeles. Como diablo y Satanás son palabras masculinas en el griego por lo que se utilizan pronombres masculinos, los traductores han eliminado los géneros y dicen que puede definirse tanto en masculino como en femenino, así que hay ángeles y ángelas.

Como podemos apreciar por los ejemplos y aun la misma filosofía que alimenta el lenguaje inclusivo, esta traducción manipula el texto bíblico con el objetivo de adecuarlo a corrientes modernas de pensamiento como el feminismo y, por consiguiente, toda manipulación para ajustar la Palabra de Dios al pensamiento del hombre, pervierte el principio fundamental de la fidelidad a la revelación divina, debe ser rechazada.

## Conclusión

Con la traducción de la Biblia no termina el trabajo de acercar la Palabra de Dios al hombre de todos los tiempos. Hace falta una labor complementaria de comprensión por medio de la aplicación de las normas de la Hermenéutica. Ciertamente, en la Biblia tenemos muchas cosas que se entienden fácilmente si las discernimos espiritualmente, pero «hay algunas difíciles de entender» como dijo en apóstol Pedro (2 P. 3:16). Sin embargo, la traducción, con todas sus dificultades inherentes, ha recorrido un gran trecho en poner al alcance de la humanidad, según la lengua en que lee cada uno, la revelación especial de Dios.

Hemos podido darnos cuenta de que la ciencia lingüística ha hecho aportaciones notables al campo de la traducción bíblica, pero al mismo tiempo ha señalado las dificultades en que se encuentra el traductor para hacer su trabajo. De manera especial hemos señalado los problemas culturales debido a que los textos bíblicos fueron escritos hace miles de años y las limitaciones a pesar de los avances notables, de tal manera que ninguna versión puede ser perfecta porque algo se pierde al pasar de una lengua a otra, o algo se añade porque no tenemos la correspondencia adecuada y sin querer ni poder evitarlo se produce una distorsión.

Esto nos lleva a plantearnos que el carácter primordial es la fidelidad. Para unos, la fidelidad se logra aplicando el método de equivalencia formal por su literalidad y para otros se consigue a través de la equivalencia dinámica que fija su atención en el segundo texto, el que finalmente llegará al lector. Quizá resulte fácil, como a Nida, descalificar la equivalencia formal después de caricaturizarla e inclinarnos por la traducción dinámica. Pero entre ambas hay margen todavía para otras posibilidades y quizá la mejor solución sería una combinación de ambos métodos o como sugiere Verd «una buena traducción deberá ser bastante *ecléctica*».[24]

---

24. *Op. cit.*

# Las traducciones de la Biblia

## Pablo E. Le More

## *Curriculum vitæ*

Pablo Enrique Le More,
Historiador, lingüista y ensayista belga,
afincado en España desde hace medio siglo.
Tras licenciarse en teología evangélica (Madrid-STU),
se ha dedicado mayormente al ministerio escrito.
Ha traducido o adaptado 32 obras
sobre temas apologéticos, exegéticos y
problemática de la vida cristiana.

Diplomado en Estudios de la Civilización Francesa
(Univ. Poitiers) y en Estudios Hipánicos (Univ. Central-Madrid),
desde 1953 aunó una labor de enseñanza con
la dirección sucesiva de tres revistas cristianas.
Asimismo, ha colaborado con 24 publicaciones evangélicas
de habla hispana, siendo autor de 246 artículos
sobre temas bíblicos, historia del movimiento
evangélico español, ensayos y crítica literaria.

Enseñador bíblico y conferenciante
por la Península y las Islas,
de 1982 al 95 ha dictado Introducción Bíblica
e Historia del Cristianismo en el C.E.F.B. de Madrid,
y de 1993 al 94 fue profesor titular de Exégesis del N.T.
en el I.B.T. de Paracuellos de Jarama.

Traductor de 8 libros bíblicos de los originales hebreo y griego
y autor de *La Biblia en la España Moderna: 1782–1969.*
Redacta actualmente una *Historia de las Biblias Ibéricas,*
cuyas seis primeras entregas (Edad Media)
han sido publicadas de 1996 al 97,
en la revista «Edificiación Cristiana».

# NUESTRA BIBLIA ESPAÑOLA

**«Dios habiendo hablado muchas veces y de muchas maneras en otro tiempo a los padres por los profetas, en estos postreros días, nos ha hablado por su Hijo...»**

(Hebreos 1:1-2)

**...«Porque nunca la profecía fue traída por voluntad humana, sino que los santos hombres de Dios hablaron siendo inspirados por el Espíritu Santo»**

(2 Pedro 1 :21)

¿Cómo nos llegó nuestra Biblia española?

¿Cuál es el largo proceso histórico que media entre los documentos originales y el libro pulcramente impreso que podemos leer en nuestro idioma?

Antes de responder a esas preguntas, escuchemos a un gran estadista europeo, que fue asimismo un notable periodista y escritor:

*«Una tribu nómada (Israel) ... proclamó una idea de la que no fueron capaces todo el genio de Grecia y todo el poderío de Roma: la de la existencia de un solo Dios –universal y justo– que castigaría en otro mundo al malvado, por rico y próspero que muriera: un Dios de cuya ayuda dependía el bien del humilde, del pobre, del débil... Podemos estar seguros de que todas esas cosas acontecieron tal como se refieren en las Sagradas Escrituras. Creemos que les sucedieron a gentes que no diferían mucho de nosotros y que sus impresiones fueron fielmente conservadas y han sido*

203

*transmitidas a través de los siglos, con mayor exactitud que muchos de los relatos telegráficos que leemos acerca de los sucesos contemporáneos. Según las palabras de Mr. Gladstone, descansamos seguros sobre "la roca inexpugnable de la Biblia"»*

*(Winston Churchill, Pensamientos y aventuras).*

Hacedor y Mantenedor de cuanto existe, Dios nos habló «muchas veces y de muchas maneras». Así, desde el Génesis que nos revela el origen de todas las cosas hasta el Apocalipsis que nos descubre el fin, a lo largo de muchos siglos hubo hombres que hablaron y escribieron de parte de Dios. Sus obras, fielmente transmitidas hasta hoy, forman esa biblioteca divina que llamamos la Biblia. Consta de dos partes: un Antiguo Pacto, hecho con el pueblo de Israel, y un Nuevo Pacto o Testamento sellado con la sangre de Jesús-Mesías, cuya muerte y resurrección constituye el punto central de la Revelación escrita.

## El Antiguo Testamento hebreo

Es la parte más antigua de la Biblia. Consta de 39 libros, que nos han sido cuidadosamente conservados por el pueblo de Israel, guardián de aquella primera revelación escrita (Romanos 3:1-2). El Antiguo Testamento fue compuesto a lo largo de nueve siglos por una gran variedad de autores humanos, movidos por el Espíritu de Dios. Está redactado en hebreo, salvo unas porciones de Daniel y de Esdras, que fueron escritas en otro idioma semítico: el arameo.

Leemos en Éxodo 17:14 que Dios dijo a Moisés: «*Escribe esto para memoria en un libro...*» y surge la inevitable pregunta: ¿Se conocía la escritura en aquel entonces? Tanto los descubrimientos arqueológicos de Ugarit (al N. de Fenicia) como las antiquísimas inscripciones de las minas de Serabit (en el Sinaí), nos revelan la existencia de una escritura alfabética semítica, ya en los siglos XIII al XV antes de Cristo. Más tarde, aparecieron conchas y trozos de alfarería cubiertos con signos alfabéticos hebreos en las ruinas de las ciudades de Gezer, Bet-Semés y Laquis. Y seis renglones grabados en el túnel del estanque de Siloé, durante el reinado de Ezequías (siglo VIII a. de Cristo. Véase 2 Reyes 20:20).

## Copistas y materiales de escribir

En aquellos tiempos, se escribía sobre toda clase de materiales: rocas, tablas de piedra revestidas con yeso, conchas, láminas de metal, arcilla, etc. Así, Job pudo exclamar: «¡Quien *diese ahora que mis palabras fuesen escritas... que con cincel de hierro y con plomo fuesen esculpidas en piedra para siempre!*» (19:23, 24).

Babilonios y egipcios se valieron de arcilla blanda y de una púa para fijar sus apuntes y conocimientos. Más tarde, los pueblos del valle del Nilo escribieron con tinta sobre la corteza seca de una planta acuática: el papiro. Finalmente, muchos pintaron sus pensamientos sobre anchas tiras de piel, cosidas entre sí, y que luego enrollaban (Jeremías 36:32). Todos esos materiales sirvieron para transmitirnos la Palabra de Dios.

El cargo de escriba o secretario era muy importante en la antigüedad; pues no sólo sabían descifrar la escritura, sino que eran los únicos que dominaban ese complicado arte. Siempre llevaban su escribanía, con sus plumas, tinta y cuchilla para cortar plumas y raspar errores (Ezequiel 9:2,3; Jeremías 36:23). Entre los judíos, la principal tarea del escriba consistía en copiar cuidadosamente «la ley de Moisés, los Profetas y los Salmos».

## La transmisión del texto bíblico

Debido a su constante uso, a la fragilidad de muchos de los materiales utilizados y también a las persecuciones posteriores, no se han conservado los manuscritos autógrafos ni del Antiguo, ni del Nuevo Testamento.

En cambio, por lo que atañe al primero, disponemos de más de 1.490 manuscritos que han sido diligentemente cotejados entre sí y con numerosas versiones antiguas. Hasta finales del siglo pasado, la mayoría de ellos databan de los ss. X al XV de nuestra era. Pero en 1896 se descubrieron miles de fragmentos bíblicos en la *Geniza* (o depósito de libros hechos inservibles por su continuo uso) de la sinagoga del Viejo Cairo. Databan de los ss. VI y VII de nuestra era. Luego, entre los años 1932 al 36, varios papiros con fragmentos del Deuteronomio fueron hallados entre las arenas del desierto egipcio. Eran del s. III de nuestra era y concordaban fundamentalmente con el «Texto Masorético» que conocemos. Finalmente, entre los años 1947 y 1953, en unas cuevas cercanas al Mar Muerto ocurrió el más importante hallazgo de manuscritos de los tiempos modernos. No sólo se encontraron numerosos fragmentos de casi todo el A.T., sino dos rollos completos de Isaías y un comentario de Habacuc. Todos ellos datan del s. IV a. de Cristo al año 130 de nuestra era.

¿Median grandes diferencias entre estos manuscritos y los códices anteriores de que disponíamos?

A pesar de inevitables faltas ortográficas, leves errores de copia y de pequeñísimas variantes, los rollos del Mar Muerto reflejan un texto muy parecido al que ya conocíamos. Es, en su conjunto, un notable testimonio de la fidelidad de los copistas a través de los siglos. Hasta la invención de la imprenta, la Biblia nos fue transmitida con parecidas técnicas.

## Versiones del Antiguo Testamento

Tras el cautiverio babilónico y el dominio persa, muchos núcleos de población judía se quedaron asentados fuera de Palestina. Andando el tiempo, tanto ellos como los que volvieron a la tierra de Israel ya no entendían muy bien la lectura de la Ley y de los Profetas, hecho en hebreo en sus sinagogas. Por lo que surgieron unas explicaciones orales del texto, hechas en arameo. Estas fueron reunidas, más tarde, por escrito y se llaman *Targums*. Se conocen unos diez, siendo el principal el de Onkelos (año 60 a. de C.).

La primera y más antigua traducción de todo el A.T. apareció en círculos judíos de Alejandría (Egipto) entre los años 260 al 150 a. de Cristo.

Fue vertida al griego por muy diversos traductores y se conoce bajo el nombre de *Septuaginta* o versión de los Setenta (LXX). Dicho nombre se debe a una leyenda según la cual 72 traductores (6 por cada tribu de Israel) hubieran dado cima a ese trabajo. El valor de la Septuaginta radica en el hecho de que será ampliamente utilizada por la iglesia cristiana primitiva. De cada siete citas del Antiguo Testamento que encontramos en el Nuevo, seis son tomadas literalmente de la versión de los LXX. Sirvió de base a la predicación apostólica, a la extensión del Evangelio y a la controversia con los judíos en todo el mundo helenístico. Asimismo, su texto fue utilizado para las demás versiones antiguas del Viejo Testamento: Vetus latina, Peshita, copta, etíope, armena, gótica, etc.

## El Nuevo Testamento griego

Está compuesto por 27 escritos, de desigual tamaño, redactados en el griego popular de hace 20 siglos: Evangelios, Hechos de los Apóstoles, Cartas de los Enviados del Mesías y Revelación de Juan. Fueron escritos para afianzar a los cristianos de la primera y segunda generación: «Para que creáis que Jesús es el Mesías, el Hijo de Dios; y para que creyendo, tengáis vida en su nombre» (Juan 20:30, 31; Lucas 1:1-4). Y para exhortarles, asimismo, ante cualquier desvío ético o doctrinal.

Las enseñanzas orales de Jesús de Nazaret fueron reunidas y copiadas en fecha muy temprana. Lo afirma Papías de Hierápolis, posible discípulo del Apóstol Juan: «Mateo compiló la *Logia* (= los dichos del Señor) en lengua hebrea (=aramea), y cada cual la tradujo (al griego) lo mejor que pudo». La fecha de composición de los tres primeros evangelios puede fijarse, según Harnack, entre los años 60 al 70. La de los demás escritos del Nuevo Testamento, entre los años 50 al 95 aproximadamente.

En la actualidad, disponemos de más de 4.685 manuscritos griegos -totales o parciales del N.T. Algunos de ellos, escritos sobre papiro, son muy antiguos: datan de los siglos II y III, y un fragmento del evangelio según Juan es incluso anterior al año 125.

Los más importantes de todos se sitúan alrededor del año 350. Son el códice *Sinaítico*, descubierto por el sabio alemán von Tischendorf en un convento del Sinaí (¡y rescatado antes de que los monjes fuesen a encender el horno con sus hojas de pergamino!), y el códice *Vaticano*, conservado en Roma.

A título de comparación, los manuscritos más antiguos de los autores clásicos greco-romanos (Homero, Platón o Juvenal) no son anteriores al siglo IX de nuestra era y se conservan muy pocos ejemplares.

## Extensión del Mensaje / Nuevas versiones bíblicas

Desde el primer siglo, los discípulos de Jesús van extendiendo la Palabra del Señor por todo el imperio romano: Judea, Samaria, Damasco, Antioquía, Chipre, Galacia, Asia proconsular, Macedonia, Acaya, Roma, Egipto... No sólo se esparce la Buena Noticia de salvación de boca en boca, sino por medio de las Sagradas Escrituras. Así, en la carta fraternal que envía Clemente de Roma «a la iglesia de Dios que está en Corinto» (año 93), cita ya pasajes de los Evangelios, Romanos, 1 y 2 Corintios, Filipenses, Hebreos, Tito, Efesios y 1 Pedro. E Ignacio de Antioquía (martirizado en el año 115) menciona en sus cartas los evangelios según Mateo y Juan y nueve epístolas paulinas entre las que figuran 1 y 2 de Timoteo. Del mismo proceden esas palabras significativas: «Poned pues, todo vuestro empeño en afianzaros en las enseñanzas del Señor y de los apóstoles» (Magn. XIII, 1).

En el siglo IV, Crisóstomo escribía que el Evangelio según Juan ya había sido traducido en cinco idiomas: siriaco, egipcio, hindú y etíope (además del latín). Pero es evidente que se quedó bastante corto. En efecto, tanto la versión siríaca como la latina del N. de Africa debieron de ser hechas ya en el siglo II. Entre los Años 200 y 300 aparecieron las versiones latinas de Italia y la copta-sahídica de Egipto, siendo traslados de toda la Biblia. Hacia 406, Jerónimo publicó su versión latina, la Vulgata (de la que hablaremos más adelante); y en el mismo siglo aparecieron la versión cóptica-fayúmica, del Alto Egipto y la gótica del obispo Ulfilas. Luego, en el siglo V, otra versión siríaca, la etiópica y la armenia; esta última vertida por Mesrob, autor asimismo de la versión georgiana.

Por aquella época, partes de la Biblia han sido ya traducidas a casi todos los idiomas europeos. Casi siempre, se trata en primer lugar del Salterio y de las lecciones de los evangelios y de las epístolas que se leen durante el culto. Más tarde vendrán las traducciones de todo el Nuevo Testamento, y finalmente del Antiguo.

## Papel de la Vulgata

Desde mediados del s. II, aparecen las primeras versiones parciales al latín de los pasajes bíblicos griegos que suelen leerse en las asambleas cristianas. Reunidas y copiadas en libros, esas porciones traducidas irán formando las diferentes versiones latinas llevadas a cabo en Occidente, antes de la Vulgata. Se dan a las mismas el nombre colectivo de *Vetus Latina*; distinguiendo entre la Italiana, la Africana e incluso la Hispana. Son traslados muy literales que se adhieren tenazmente al texto griego y que resultan –a menudo– más exactos que la propia Vulgata.

Debido precisamente a esa gran confusión que existía entre las versiones latinas, Jerónimo (monje oriundo de Dalmacia y afincado en Belén) acometió entre los años 390 al 406 una revisión fundamental de la Vetus Latina, corrigiendo el N.T. y volviendo a traducir el Antiguo según el original hebreo. Ese traslado que quiso ser popular, resulta ser a veces demasiado servil y muchas veces demasiado libre, y tardó varios siglos en ser aceptado por toda la cristiandad occidental.

Copiada y corregida a menudo a través de la Edad Media, la Vulgata servirá de base a todas las versiones cristianas de Europa occidental, anteriores a la Reforma.

## Versiones medievales

Hecho tal vez sintomático, las primeras noticias que se tienen en España acerca de las Biblias en romance, son relativas a su prohibición. Eran versiones utilizadas por los valdenses catalanes, cuya presencia está señalada a fines del siglo XII en diversos puntos del Reino de Aragón. En 1233, Jaime I el Conquistador mandó celebrar una Junta eclesiástica en Tarragona, cuyo canon 2º estipula textualmente: «... que nadie posea los libros del Antiguo y Nuevo Testamento en romance. Si alguien los tuviese, que los entregue dentro de ocho días al obispo de su lugar para que sean quemados...» Dicha Junta reflejaba el sentir del Concilio de Toulouse (1229), cuyos cánones no sólo prohibían a los legos «tener los libros del Antiguo y del Nuevo Testamento» (c.14), sino que mandaba «destruir por completo sus casas y refugios, persiguiéndoles hasta en los bosques y castigando severamente a todo aquel que les diera asilo» (c. 3 al 6).

Desde el siglo XIII al XVI, fuera de la religión oficial, hubo grupos de cristianos que querían guiarse únicamente por las Sagradas Escrituras; no sólo en Cataluña, sino en el Reino de Valencia, en Palencia y León, en Vizcaya y en diversos puntos de la Alcarria.

Resumiendo mucho, y por lo que a España se refiere, desde la primera muestra de nuestra prosa bíblica (hacia el 1210) hasta la prohibición definitiva de leer la Palabra de Dios en romance (en 1559), hemos contado unas 44 versiones totales o parciales de la misma. Señalaremos unas cuantas:

● *Salterio de Hermann, el Alemán* (hacia 1240). Versión directa de 69 de los Salmos de David, «segund cuemo está en el ebraygo».

● *Salterio*, trasladado en catalán por Fray Romeu Sa Bruguera (1250).

● *Biblia castellana pre-alfonsina* (1250-60). Por el cotejo de varios manuscritos, escurialenses, resulta patente la existencia de una versión castellana de toda la Biblia, hecha sobre la Vulgata, y anterior al traslado que mandó hacer Alfonso X el Sabio. He aquí una breve muestra:

> «Pues ¿qué diremos? ¿Estaremos en pecado por que abonde la gracia? ¡No mande Dios! Los que muriemos por el pecado ¿cuemo vivimos aun en el? ¿O non sabedes que los que bateamos somos en Ihesu Christo, en la muerte del somos bateados? Ca soterrados somos en la su muerte por el baptismo ...» *(Romanos 6:1-4).*

● *Gran e General Estoria* (1280). Versión parafraseada y resumida de la Vulgata, llevada a cabo por orden del rey Alfonso X, e impropiamente llamada «Biblia Alfonsina». Utilizó el texto del anterior traslado.

● *Biblia catalana* (1290), encargada por Alfonso II de Aragón al jurista hebreo Jaume de Montjuich. Los 4 evangelios del llamado «Códex del Palau» (publicados en 1910 por J. Gudiol) pertenecen a dicha versión.

En los siglos XIV y XV siguen apareciendo por nuestra Península numerosos traslados del Antiguo Testamento o de toda la Biblia, hechos del hebreo o del latín por traductores anónimos.

De dicha época, quedan, por lo menos, cuatro versiones del A.T. hechas por judíos (y, a veces, retocadas posteriormente por cristianos) en la biblioteca de El Escorial. Casi todas siguen inéditas. Otra traducción inédita es la del:

● *A.T. de Evora* (h. 1425). Sólo contiene, en su estado actual, una tercera parte del Antiguo Pacto hebreo: los libros poéticos copiados en castellano por un tal Manuel de Sevilla.

● *Biblia de Guzmán, o de Alba* (1430). Encargada por Luis de Guzmán, gran maestre de la orden de Calatrava al rabino Moisés Arragel, de Maqueda (Toledo) y cuidadosamente revisada por el franciscano Arias de Encinas. Pertenece actualmente a la Casa de Alba, que la mandó publicar en 1922.

● *Biblia valenciana* (de principios del siglo XV). «... arromançada de lengua latina en la nostra valenciana, per lo molt reverent Micer Bonifaci Ferrer». Revisada por el inquisidor Jaume Borell, fue impresa en Valencia en 1478. El Salterio, los Evangelios y las Epístolas fueron reeditadas en 1515. Dicha versión fue tan perseguida que, hoy día, sólo existe una hoja de la misma, celosamente conservada en la «Hispanic Society» de Nueva-York.

● Del mismo siglo XV cabe aún señalar 4 Biblias catalanas completas, un Antiguo Testamento (copiado en 1465 por un tal March) y tres Salterios. Figura entre éstos el que tradujo en valenciano *Joan Roiç de Corella* (1940).

El primer libro bíblico impreso en castellano es -al parecer- «Los Evangelios y Epístolas de los domingos y fiestas solemnes» vertidos por Gonzalo de Sta. Maria (Zaragoza: 1485, o quizás: 1495). Según otros, sería el «Pentateuco español» aljamiado, impreso en Híjar por Elieser Alantasi (1490).

● *El A.T.* (y no «Biblia») *de Ferrara* (1553), es un traslado castellano servilmente literal, y de rancio sabor arcaico, hecho en una de las 240 aljamas de Castilla y Aragón, durante los siglos XIII o XIV, y publicado luego en Italia por sefardíes desterrados. Se reeditó varias veces en Holanda, a lo largo del siglo XVII. He aquí una muestra de Isaías 53:4-5.

> *«De cierto nuestras enfermedades él las llevó y nuestros dolores los soportó: y nos lo estimamos llagado, ferido del dio (=Dios) y afligido. Y él adoloriado por nuestros rebellos, majado por nuestros delitos: castigo de nuestra paz sobre él y por su tolodro fue melenizado a nos».*

## Las Biblias del Renacimiento y de la Reforma

Con la toma de Constantinopla por los turcos (1453), los sabios bizantinos huyen a Occidente, llevándose muchos manuscritos griegos de la antigüedad clásica y bíblica. El estudio de los primeros dará paso al «Renacimiento»; el de los segundos provocará un retorno a las fuentes de la Revelación escrita y un despertar religioso que desembocará en la Reforma.

Coincidiendo con esos hechos, hacia 1455 Gutemberg publica el primer libro que se haya impreso con carácteres móviles: la Biblia latina de 42 renglones.

*Erasmo* fue uno de los precursores de la Reforma, por cuanto sus escritos fomentaron la lectura y meditación de la Biblia en lengua vulgar. Su edición del N.T. griego, publicado en Basilea en 1516, estimuló el estudio de los textos originales bíblicos y fomentó nuevas traducciones de los mismos. En España, Erasmo tuvo al principio gran influencia. Varios de sus discípulos tomaron parte en la publicación de la Biblia Políglota de Alcalá de Henares, patrocinada por el Cardenal Cisneros. Impresa de 1514 a 1517, sólo pudo aparecer en público 8 años más tarde cuando Roma lo permitió. Sus seis tomos reproducen el hebreo, el griego de los LXX (con versión latina interlineal), el latín de la Vulgata y el caldeo o arameo.

Más tarde, Benito Arias Montano (ayudado por dos biblistas belgas) publicará la *Políglota de Amberes* (1569-1572), edición que supera la anterior en el aparato crítico y en la edición de textos caldeos y siríacos.

Debido al continuo cotejo de nuevos manuscritos griegos que van apareciendo, las sucesivas ediciones del texto del N. T. son cada vez más exactas. Entre ellas, cabe destacar las del tipógrafo calvinista francés *Robert Estienne* (Stephanus). Entre 1546 y 1551, publicó cuatro ediciones, valiéndose de los textos de Erasmo y de la Complutense, cotejados con otros 15 manuscritos griegos. En la IV edición, publicada en Ginebra, introdujo la división del texto en versículos. Como se sabe, nuestra actual división en capítulos se debe fundamentalmente al docto Arzobispo de Canterbury, Esteban Langton (hacia 1240).

Destacan, entre las demás ediciones del N.T. griego, las de *Teodoro de Beza* (cinco, de 1565 a 1604) y las de los hermanos *Elzevier*, impresores flamencos emigrados a Holanda a causa de su fe evangélica.

Su 2ª edición (Leyden: 1633) recibió el nombre de *«texto recepto»* y sirvió de base a centenares de versiones, llevadas a cabo hasta principios del presente siglo.

Entre los principales traslados castellanos del siglo XVI, cabe destacar los de:

● *Juan de Valdés.* Erasmista conquense, huido de la Inquisición y refugiado en la corte de Nápoles. Allí tradujo de los originales: Mateo, Lucas, las Epístolas paulinas menos Hebreos y los Salmos (1531-421). Acompañó dichas versiones de notables comentarios. Su estilo, en pureza, sólo es comparable al de Cervantes: *«Advertid que no hagáis vuestra limosna en presencia de los hombres, por ser visto de ellos; y si no, no tendréis galardón acerca de vuestro Padre, el que está en los cielos. Por tanto, cuando harás limosna, no tengas la trompeta delante de ti como hacen los hipócritas en las sinagogas y en las calles para ser glorificados de los hombres».*

● *N.T. por Francisco de Encinas* (1543). Joven estudiante burgalés que abrazó la Reforma en Flandes. Publicó en Amberes la primera versión completa del Nuevo Testamento castellano, hecha sobre el original; lo que le valió ser encarcelado. Pudo huir a Alemania, refugiándose en casa de Melanchton donde prosiguió sus traducciones. Cuando le sorprendió la muerte en Estrasburgo (en 1552), tenía en preparación una edición de la Biblia, que nunca fue sacada a luz. La portada del N.T. llevaba la siguiente leyenda: *«Habla Dios: «No se aparte el libro de esta ley de tu boca. Antes con atento ánimo estudiarás en él de día y de noche: para que guardes y hagas conforme a todo aquello que está en él escrito. Porque entonces harás próspero tu camino, y te gobernarás con prudencia. Josué I».*

● Antiguo Rector del Colegio de la Doctrina de Sevilla, y refugiado en Ginebra, el Doctor *Juan Pérez de Pineda* editó allí un *Nuevo Testamento* «nueva y fielmente traducido del original griego en romance castellano». Al año siguiente, dio a luz una versión directa de los Salmos, de la que entresacamos el siguiente pasaje: *«No te envuelvas con los malos, ni tengas envidia de los que obran maldad. Porque de improviso serán cortados como heno, y como hierba verde se secarán. Obedece tú al Señor con paciencia y espera en Él; porque los malos serán destruidos, mas los que esperan en el Señor heredarán la tierra»* (Salmo 37).

De él, dijo Menéndez y Pelayo: «Juan Pérez es prosista sabio y vigoroso, de la escuela de Juan de Valdés. La traducción es hermosa como lengua: ni muy libre, ni muy rastrera, sin afecciones de hebraísmos, ni locuciones exóticas».

● *Biblia del Oso*. Perseguido por la Inquisición, huyendo de ciudad en ciudad, tras nueve años de ímprobos trabajos, Casiodoro de Reina (ex-jerónimo de San Isidro en Sevilla) logra imprimir en Basilea (1569) su clásica versión de las S. Escrituras. Se trata de la primera traducción castellana completa de la Biblia, hecha sobre los textos originales, y constituye un notable monumento de nuestra lengua. Marca del tipógrafo Tomás Guarin, en la portada figura un oso empinado, que chupa un panal de miel silvestre. Debajo está impreso, en letras hebreas y castellanas, este pasaje de Isaías 40: «*La Palabra del Dios nuestro permanece para siempre*».

A pesar de la rigurosísima censura de libros, se sabe que varios centenares de «Biblias del Oso» penetraron en nuestra Península entre 1570 y 1630.

Cuidadosamente revisada por Cipriano de Valera, en 1602 apareció en Amsterdam, la 2ª edición de la «Biblia del Oso», bajo el título de: «La Biblia, que es, los sacros libros del Viejo y Nuevo Testamento. Revista y conferida con los textos hebreos y griegos y con diversas translaciones».

En su *Exhortación al cristiano lector*, dice Cipriano de Valera: «*Nuestro buen Dios y Padre, que tanto desea y procura nuestra salvación, y que ninguno de nosotros se pierda por ignorancia, sino que todos vengamos al conocimiento de la verdad, y que así seamos salvos, nos manda muy expresamente, y no en un lugar, sino en muy muchos, que leamos la sagrada Escritura, que la meditemos, escrudiñemos y rumiemos...*»

Hoy en día, la «Reina-Valera» sigue siendo la versión bíblica de mayor circulación en todo el mundo hispánico.

## La gran noche bíblica (siglos XVI al XVIII)

Ya al finalizar la Edad Media, la lectura de la Palabra de Dios en lengua vernácula tenía sus firmes partidarios y sus no menos decididos adversarios. Entre éstos, figuraba Alfonso de Castro -monje zamorano- quien, en su «Tratado de las Herejías» (París:1534) escribía lo siguiente: *«es muy de loar el edicto de los ilustrísimos y católicos reyes de España, en virtud del cual prohibieron bajo penas gravísimas el que nadie tradujese los Libros sagrados a la lengua vulgar; o que retuviese consigo los traducidos por otro, en la forma que fuese...»*

Tras esa prohibición, se registraron numerosas quemas públicas de Biblias, como las de Valencia (1488), de Sevilla (1490), y de Salamanca (25 de septiembre de 1492).

Más tarde, en el Indice de libros prohibidos por Paulo IV y en el español del inquisidor Valdés (ambos de 1559), está explícita la interdicción de leer la Palabra de Dios en el idioma vulgar o en otro cualquiera, «como no esté en hebraico, caldeo, griego o latín». Veto que será renovado y confirmado por el Concilio de Trento.

Con ello se abre, para todos los pueblos católico-romanos (y en particular para los dominios de la monarquía española) una larga noche bíblica que, en nuestra Península, durará más de 223 años.

Es cierto que –durante los siglos XVI y XVII– sobre un total de 4.174 obras de teología producidas en España, 663 de ellas corresponden a traducciones, comentarios u otros temas bíblicos. Pero en su mayoría, en su inmensa mayoría, son obras técnicas, de reducido interés, escritas en latín y que no llegaron al pueblo. Otras son obras de vanagloria literaria, como las *Lágrimas de Hieremías castellanas*, versión de las Lamentaciones que hizo Quevedo, para demostrar que sabía el hebreo. Las pocas versiones y comentarios en castellano y de auténtica unción evangélica (que los hubo por: Juan de Robles, Diego de Estella, Jerónimo Campos, etc.) no se pudieron publicar, por peligrar la libertad –o incluso la vida– de sus autores.

Fuera de España, sólo cabe señalar (entre los años 1611 y 1762) ocho reediciones del Antiguo Testamento de Ferrara; algunas de ellas retocadas, que fueron publicadas por sefardíes refugiados en la república calvinista de Holanda.

En cuanto a la «Reina-Valera», el N.T. volvió a publicarse en 1625 en Amsterdam, tanto para atender a las necesidades de los evangélicos españoles en el exilio, como para introducirlo clandestinamente en la Madre Patria. Un siglo más tarde, Antonio de Alvarado cuidará de una nueva edición del mismo (Londres: 1715). No volverá a imprimirse hasta nuestra Guerra de Independencia.

## Nuevos tiempos (1783-1868)

Modificada la IV Regla del Concilio de Trento que decía: *«Notando por experiencia que si los Sagrados Libros se permiten leer a todos en lengua vulgar sin diferencia alguna, por temeridad de los hombres se sigue de ahí más daño que provecho...»*, la congregación del Indice permitió (en Julio de 1757) a todos los católicos la lectura de la Palabra de Dios en lengua vulgar, *«con tal que sus versiones estén aprobadas por la Silla Apostólica, o se den con notas sacadas de los Santos Padres».*

Pero aún tuvimos que esperar un cuarto de siglo hasta que dicha ley fuese válida por tierras de Castilla y Aragón. *«Aunque en otros reinos hace tiempo que corren las traducciones vulgares de la Biblia»* (escribe Anselmo Petite) *«en nuestra España no era lícito leerlas sin especial licencia, hasta el decreto de la Santa Inquisición de 7 de Enero de 1783».*

Ese loable cambio de actitud provocó una auténtica «avalancha» de versiones bíblicas, que testifican de una verdadera hambre espiritual, a nivel nacional. Así, entre 1784 y el principio de nuestra Guerra de Independencia, aparecieron sucesivamente 26 traslados distintos. En su mayoría, son Evangelios, Salmos y Epístolas, traducidos todos del latín y que cuentan con más de 41 ediciones durante ese atormentado cuarto de siglo.

Entre éstas destacan «Los cuatro Evangelios», vertidos por el piadoso Anselmo Petite (Valladolid: 1785), libro que tuvo luego otras doce ediciones en menos de 60 años, y, de 1791 al 93, la llamada:

● *«Biblia de Scío».* Es la primera que se imprimió en castellano en la Península y tuvo gran acogida. Su traductor, Felipe Scío de San Miguel, obispo de Segovia, gozó de la protección real frente a la recia oposición de cierta parte del clero. Publicó esa Biblia el tipógrafo valenciano de Orga, en una edición bilingüe (latín y español) en 10 tomos gran folio. Adolece evidentemente de los defectos del texto de la Vulgata y Menéndez y Pelayo la motejó de «desdichadísima». Hasta el final de las guerras napoleónicas, la «Biblia de Scío» tuvo otras dos ediciones, más una del Nuevo Testamento, que no pasaron en total de 6.500 ejemplares.

A partir de 1819, las Sociedades Bíblicas protestantes reprodujeron la versión de Scío (sin notas, y desde 1823, sin los Apócrifos) por decenas de miles. Y eso, a precios asequibles a todos los bolsillos. Entre esas ediciones, señalaremos la del Nuevo Testamento «de diez reales», pulcramente impreso en Madrid (1837) y distribuido por Jorge Borrow en plena Guerra Carlista. Por aquellas fechas, otro tanto hacía el irlandés Graydon por todo el litoral mediterráneo, desde Barcelona hasta Cádiz. (Biblia de Scío y 3ª edición del Nuevo Testamento catalán de J.M. Prat; ambas impresas por A. Bergnes, en 1837 y 1836 respectivamente).

Mientras tanto, entre 1823 y 25, *Félix Torres-Amat* hizo imprimir en Madrid una nueva versión de la Vulgata clementina, valiéndose –por lo visto– de trabajos inéditos del jesuita José M. Petisco. Ha sido justamente tachada, por críticos católicos, de «versión perifrástica». En efecto, tan sólo para el Nuevo Testamento, ¡consta de 10.661 añadiduras que no figuran en el texto original!

A lo largo del siglo pasado, ambas versiones bíblicas serán sacadas a luz muchas veces en nuestra patria. Generalmente en ediciones voluminosas de 4, 6 o 10 tomos folio.

Paralelamente, de 1837 a 1856, las Sociedades Bíblicas divulgarán también el texto (revisado) de Torres-Amat en ediciones de cómoda lectura y módico precio. Pero de 1845 en adelante, el texto que se impondrá es el –varias veces retocado– de la «Reina-Valera»: revisión del Dr. Lucena (1862) y de A. de Mora y H.B. Pratt (1865).

## Anhelos de una nueva versión evangélica (1841-1936)

En su anhelo de disponer de un texto bíblico siempre más exacto y en un español moderno, los escriturarios evangélicos van publicando nuevos traslados bíblicos.

Los mencionaremos brevemente a continuación:

● 1841-1880: *Nuevo Testamento*, con extensas notas filológicas y exegéticas. Traducido del texto griego de Griesbach por el Dr. *Guillermo H. Rule*, misionero metodista en Andalucía. Imprímense los Evangelios en 1841, en Gibraltar; Hechos-Apocalipsis en 1877-80, en Londres.

● 1858: *Las Escrituras del Nuevo Pacto*. Traslación muy literal del

Nuevo Testamento por Guillermo Norton, ayudado por Juan Calderón y (probablemente) el Dr. Lucena. La 2ª edición vio la luz en Barcelona en 1781 (10.000 ejs.).

● 1863: *Isaías,* traducido según el texto hebreo de Van der Hoogt, por el prócer evangélico D. Luis de Usoz y Río. Esta versión fue incluida en la *Biblia Popular* (editada por Lawrence, en Barcelona, 1882) en lugar del texto de Isaías de la «Reina-Valera».

● 1876-93: *Versión Moderna.* Por encargo de la Sociedad Bíblica Americana, el misionero presbiteriano H.B. Pratt (ayudado por A. de Mora y otros colaboradores) da cima a la 2a. versión evangélica de toda la Biblia. (Buscaramanga –Colombia– y Nueva York). La 2ª edición revisada salió en 1929. A pesar de ser una traducción más clara y generalmente más exacta, no logró imponerse entre los evangélicos de habla hispana. Dice el obispo y biblista argentino Dr. Straubinger que «*merece ser mencionada por la fidelidad con que traduce los originales hebreo y griego*».

● 1885-1900: *Nuevo Testamento,* versión Federico Fliedner (Mateo-Filemón). Afirma el traductor (que fue ayudado por dos profesores del «Colegio El Porvenir») que: «*debe su origen este trabajo al lamentable estado de nuestras actuales ediciones del texto sagrado, que demandan imperiosamente una nueva y esmerada revisión... ya que la traducción de Casiodoro de Reina ha sido bastante alterada*». En 1932, un nieto de F. Fliedner terminó la traducción (Hebreos-Apocalipsis) que salió a luz al año siguiente, con notas polémicas de Fd. Faivre.

● 1905: *Revisión del A.T.* Teniendo a la vista el texto hebreo y la «Revised Version» inglesa, J.B. Cabrera y Cipriano Tornos emprendieron una revisión completa del Antiguo Testamento de la « Reina-Valera». Fue impresa en Madrid.

● 1909: *Revisión idiomática de la «Reina-Valera».* Uniformó las anteriores correcciones.

● 1916: *Versión Hispano-Americana.* Una de las más importantes del N.T., hecha sobre el texto griego de Nestlé y patrocinada por las Sociedades Bíblicas británica y americana. Es de estilo sencillo y su lenguaje resulta pulcro y moderno. Sigue siendo, hasta hoy, el N.T. de estudio y consulta en medios evangélicos hispanos.

● 1919: *Versión Pablo Besson.* Pastor bautista suizo, afincado en Argentina, dio un traslado del Nuevo Testamento basado sobre un texto original ligeramente distinto del de Wescott, Hort y Nestlé, utilizado por la Hispano-Americana. Así traslada, verbigracia, el principio de Hebreos: *«Habiendo hablado antes parcial y diversamente a los padres en los profetas, nos habló Dios en estos postreros días en (un) hijo, a quien instituyó heredero de todo, por lo cual hizo también los siglos...»*

Mencionaremos finalmente, la versión de «*Jesús de Nazaret-Armonía de los cuatro Evangelios*», hecha del francés por F. Albricias e impresa en Lausana, en 1922.

Y, por lo que al catalán se refiere, apuntaremos aún la:

● *Versión catalana del N.T.* (1929-37), llevada a cabo por los ministros evangélicos Emilio Mora y José Capó y Armengol Felip. Los evangelios y los Hechos fueron impresos entre 1929 y 31. Los restantes libros, hasta Gálatas, vieron su publicación truncada por la Guerra Civil.

## El lento despertar bíblico del catolicismo español (1922-91)

Tras haber sido mezclada y envuelta en las luchas ideológicas y políticas del siglo XIX y de parte del actual, la Iglesia Católico-romana va manifestando lentamente un creciente interés por los estudios bíblicos. Coincide ese despertar con los inicios de la Dictadura de Primo de Rivera. En ese lento desadormecer influyó ciertamente la activa distribución de la Palabra de Dios, llevada a cabo por los 25 «colportores» (esos buhoneros de Dios) de las Sociedades Bíblicas y varios centenares de iglesias evangélicas en España.

Asimismo, van apareciendo las primeras versiones católicas, hechas directamente de los originales: «Los 4 Evangelios» (seguidos más tarde con «Hechos» y «Romanos») por García Hugles (Madrid 1924). En Cataluña, van saliendo los primeros tomos de la «Biblia de Montserrat» (1926-35) y los de la «Fundació Bíblica Catalana», financiada por el político Francisco Cambó (1928-36); ambas truncadas por la Guerra Civil, pero que pasada la tormenta seguirán publicándose.

Ese despertar irá afianzándose tras la publicación de la encíclica «Divino Afflante Spiritu» (1943), y sus frutos más inmediatos son las dos versiones patrocinadas por dominicos y jesuitas. Aquéllos se dieron más prisa y 375 años después de la «Biblia del Oso» aparece en Madrid la llamada:

● *Biblia «Nácar-Colunga»* (1944), primera versión católico-romana, hecha sobre los textos originales. Traslado bastante fiel, más literario que literal, adoleció de defectos inherentes a la precipitación con que fue llevada a cabo, pero que fueron corregidos en sus numerosas ediciones posteriores (cerca de 67 hasta la fecha, más 30 del N.T.). Las notas, en un principio muy escasas y hasta «evangélicas» fueron ampliándose posteriormente.

● *Sagrada Biblia «Bover-Cantera»*. Versión crítica sobre los textos hebreo y griego, salida tres años después de la anterior e impresa por la misma editorial. Pretendió «servir al lector que busca algo más que una mera lectura corriente de los Sagrados Libros, ayudándose a formarse juicio exacto sobre el texto y sus problemas». Cotejándola con la «Nácar-Colunga», refleja generalmente el original con mayor exactitud y minucia. Las notas (muy abundantes) son más bien de carácter arqueológico y filológico para el A.T. En cambio, las del jesuita Bover (para el N.T.) son exegéticas y dogmáticas. Y tienen, a menudo, un marcado sabor «antiprotestante». Sólo tuvo seis ediciones.

A partir de 1975, dicha versión fue revisada profundamente y se llama ahora «Cantera-Iglesias», acentuándose su carácter erudito (2ª edición: 1979).

En Buenos Aires, Mnr. Juan Straubinger mandó imprimir–de 1948 a 1951– otra versión directa suya de toda la Escritura, que no carece de interés.

Desde la aparición de la «Nácar-Colunga» y de la «Bover-Cantera» a esta parte, hemos asistido a un notable florecimiento de los estudios bíblicos y a la impresión de 52 versiones distintas (totales o parciales) de las S. Escrituras. Gran parte de esas traducciones fueron lanzadas al mercado por motivos comerciales, pero otras se editaron para que la Palabra de Dios llegase al pueblo católico de habla hispana. Muy brevemente, señalaremos algunas a continuación:

● 1954: *el N.T. - A.F.E.B.E.* (Segovia). Renovado intento de una versión bíblica popular, que debía editarse en plan cooperativista, pero que se vio malograda.

● 1961: el *Nuevo Testamento,* traducido por *Felipe de Fuenterrabía* (Estella).

● 1961: *Biblia,* editada por Muntaner y Simón (Barcelona). Equipo dirigido por Félix Puzo. S.J.

● 1964: *Biblia* Ediciones Paulinas. Equipo bajo la dirección de *Evaristo Martín Nieto*, que recogió parte de los trabajos de la versión A.F.E.B.E.

● 1967: *Biblia de Jerusalén* (Bilbao). Siguen las normas de la «Escuela bíblica de Jerusalén» reflejadas en la traducción francesa, cuyas introducciones y notas reproduce. El texto bíblico castellano se debe a J.A. Ubieta y a un equipo de 11 colaboradores. Han intentado reflejar los originales con fidelidad, corrección y pulcritud. La 2ª edición (1975) ha sido revisada y sus notas aumentadas en un tercio.

● 1968: *El N.T. ecuménico* (Barcelona, Herder). Por primera vez, una editorial católica da a luz un traslado bíblico en el que 3 especialistas protestantes y cuatro católicos trabajan en común bajo la dirección del capuchino Serafín de Ausejo. La primera edición, de un millón de ejemplares, fue pagada por la comunidad de Taizé para su distribución gratuita en Hispano-América. La 2ª y la 3ª fueron reeditadas en plan comercial.

● 1971: «*Amor y Lealtad*». Traslado independiente y nada despreciable del N.T. hecho por M. Miguens. Editado por el autor en Madrid, pero con imprimatur del arzobispo de Washington.

● 1972: *Biblia Latino-Americana*, por un equipo bajo la dirección de Ramón Ricciardi y Bernardo Hurault, sacerdotes chilenos. Pretende «facilitar al pueblo cristiano el acceso a la Palabra de Dios». Va provista de abundantes notas, fotos y comentarios de estilo «tercemundista»

● 1976: «*Nueva Biblia Española*». Versión de un grupo de especialistas encabezado y dirigido por Luis Alonso-Schöckel y Luis Mateos. (El N.T. ya apareció en 1966). Pretende aplicar «por primera vez, de modo reflejo y sistemático, los principios formulados por la moderna lingüistíca y la nueva estilística, o deducidos de su práctica». Quiere ser, ante todo, una traducción para ser leída, «también en voz alta». La 2ª edición es de 1977 (Madrid, Cristiandad).

Señalemos aún el *Nuevo Testamento* de la proyectada «Biblia Interconfesional» (1978). Se debe a un anónimo grupo de escrituristas católicos y protestantes y ha sido editado por dos editoriales católicorromanas y por las Sociedades Bíblicas Unidas. Por lo que a la versión se refiere, se trata de una importante contribución de biblistas españoles contemporáneos, que no se puede soslayar ni despreciar. (Tiene su equivalente catalán: el «*Nou Testament*» publicado en Junio de 1979, en Barcelona). En cambio, su propósito «tengamos un mismo texto bíblico para que luego tengamos una misma fe» despertó mayores reservas.

Trece años más tarde (1991), aún no había salido la correspondiente versión del Antiguo Testamento.

En Otoño del año 1980, apareció «*El Libro del Pueblo de Dios*», nueva versión argentina de la Biblia, traducida y abundantemente anotada por los presbíteros boanerenses Armando J. Levoratti y Alfredo B. Trusso.

El N.T. ya se había editado en Buenos Aires, en 1968, bajo el nombre de «*El Libro de la Nueva Alianza*». Es una versión eminentemente pastoral que «trata de decir las cosas de la manera más llana posible, pero sin caer en la vulgaridad».

Durante esta última década, indiquemos aún:

● 1980: «*Nuevo Testamento*» traducción, introducción y notas de J.M. González Ruiz. Es versión de equivalencia dinámica, original y en excelente castellano; las notas son de sabor liberal.

● 1988: «*Nuevo Testamento*», revisión en profundidad de la anterior traducción de la «Casa de la Biblia» de 1961, por un equipo dirigido por Santiago Guijarro.

● 1988: «*La Santa Biblia*» edición totalmente renovada (según principios de equivalencia dinámica) de la anterior versión de Evaristo Martín Nieto, por diez especialistas. Madrid. Ed. Paulinas.

## Otras traducciones ibéricas

Por falta de espacio, sólo apuntaremos la aparición de traslados bíblicos en vascuence y gallego, cuyo número va en aumento en estas últimas décadas y que constituyen (como en el caso del catalán) una valiosa contribución a nuestro acervo bíblico ibérico.

En el habla de Euzkadi, no sólo mencionaremos ese monumento a la lengua que es el *Itun Berria* (N.T.) vertido al lapurdino por el pastor Juan de Leizarraga (La Rochelle, 1571), o los Evangelios, traducidos por el Dr. Oteiza (1838) o por F. de Brunet (1870-80) y editados por las Sociedades Bíblicas. O ambos Testamentos, trasladados por Fr. Raimundo de Olavide (Bilbao 1958), sino aún el reciente *Itun Berria* en ese «Batua» que quiere unificar los dialectos vascuences (J.L. Olariaga, Bilbao: 1978).

En gallego, citemos –entre otros varios– «*Os Salmos*», vertidos por Isaac Alonso en 1966 y «*O Novo Testamento*», que Avelino Gómez Ledo sacó a luz «do grego» ocho años más tarde. A estas alturas, ya debe estar lista la Biblia completa en el idioma de Rosalía Castro.

## Últimas versiones evangélicas (1940-1991)

Tras nuestra sangrienta Guerra Civil, mientras por un lado se fomentaban estudios y traducciones bíblicas católicas, por otro se perseguía sañudamente las ediciones evangélicas de la Palabra de Dios e, incluso, a sus lectores. Así, el 7 de Agosto de 1940, los 110.000 ejemplares existentes en la Sociedad Bíblica madrileña fueron confiscados y destruidos. Operación que se repitió el 18 de Marzo de 1956, cuando 35.000 ejemplares del Nuevo Testamento y de los Salmos (versión Reina-Valera) fueron confiscados y machacados por haberse impreso «clandestinamente». En cuanto a las pequeñas partidas importadas desde fuera, fueron rechazadas o incautadas por la censura gubernamental durante mucho tiempo.

Pero, fuera de nuestra Península, siguen apareciendo nuevos traslados evangélicos:

● 1953: *Versión Latino-Americana del N.T.* Revisión, mayormente gramatical de la Hispano-Americana (Nueva York, A.B.S.).

● 1960: *Revisión de la «Reina-Valera».* Importante retoque idiomático que removió muchas expresiones y palabras anticuadas, pero que no quiso aprovechar los últimos avances de una sana crítica textual.

● 1966: *Nuevo Testamento Versión popular:* «Dios llega al hombre». Llevada a cabo en Hispano-América, según los principios de «equivalencia dinámica». He aquí cómo traduce Romanos 4:24, 25: *«Pues Dios acepta también la fe de nosotros los que creemos en aquel que hizo resucitar de entre los muertos a Jesús, nuestro Señor, el cual fue entregado a la muerte por nuestros pecados y fue resucitado para que seamos aceptados por Dios».* La versión española corregida es de 1971.

● 1972: *El Nuevo Testamento viviente*. Adaptación española de la «Living Bible» del Dr. Keneth Taylor. Es una paráfrasis bastante libre. Editada en la Península por Logoi Inc. de Miami (U.S.A.).

● 1973: N.T. de la *«Biblia de las Américas»*. Publicado por la Fundación Lockman, de la Habra (California), con referencias y notas exegéticas. Sigue el texto griego de Nestlé (en su 23ª edición), intentando trasladar al castellano de Reina-Valera los avances de las mejores revisiones inglesas.

● 1979: Tras el Evangelio según Juan (1975), aparece el *Nuevo Testamento* de la llamada *Nueva Versión Internacional*. Busca conjugar «tanto la fidelidad a los originales como la calidad de estilo de la traducción» sobre el principio de la «total autoridad e inerrancia de las Escrituras, consideradas como la Palabra de Dios en forma escrita». Interesante versión con breves notas exegéticas. Editado en España por «Escrituras en abundancia» (Terrassa).

Réstanos por historiar obras más recientes:

● *Santa Biblia: Revisión 1977* (de la Reina-Valera) por un equipo anónimo. Salió en la primavera de 1979. Pretende ser un trabajo más completo que la anterior revisión de 1960, sobre la cual se basó principalmente. No sólo retoca la ortografía, sino también el texto, valiéndose de otras traducciones y ofrece mayor número de referencias. Pero resulta inferior a la «Biblia de las Américas»; otra revisión de la «Reina-Valera» es publicada en 1986. Además, parece hecha con criterios dispares.

● *La Biblia: Versión Popular «Dios habla hoy»*. Editada por las Sociedades Bíblicas Unidas en sus dos versiones: una con los Apócrifos y otra sin estos. Sigue las mismas normas de «equivalencia dinámica» reflejadas ya en el Nuevo Testamento «Dios llega al hombre», publicado en 1966.

● *«La Biblia al día»* (Santa Biblia en paráfrasis). Versión castellana completa de la «Living Bible Internacional» (Editorial Mundo Hispano). Es traslado bastante libre, pero que suele acertar a menudo. Como botón de muestra citaremos 2 Timoteo 3:15,16 *«Desde la niñez conoces las Sagradas Escrituras, y estas te dieron la sabiduría que se necesita para alcanzar la salvación mediante la fe en Cristo Jesús. La Biblia entera nos fue dada por inspiración de Dios y es útil para enseñarnos la verdad, hacernos comprender las faltas cometidas en la vida y ayudarnos a llevar una vida recta. Ella es el medio que Dios utiliza para capacitarnos plenamente para hacer el bien».*

En cuanto a la versión *«Reina-Valera Actualizada»*, editada por «Mundo Hispano» –El Paso, Texas (N.T. 1986 - Biblia 1989), se trata de una revisión anónima. Adoptó -para el N.T.- un texto original con variantes, cuyas lecturas refleja muchas veces.

A pesar de que la S. Biblia ya es «libro de texto» para le enseñanza secundaria (hecho que estimuló el interés de varias editoriales), desde 1990 a esta parte se va notando una creciente saturación en materia de traslados ibéricos, con la correspondiente disminución de nuevas versiones. Sin embargo, dentro de las mismas, y procedentes del campo católico-romano, debemos citar estas dos:

● 1992: *«La Biblia». Madrid / «Casa de la Biblia».* Revisión en profundidad del texto de 1966, llevada a cabo durante nueve años por un equipo de 30 sacerdotes bajo la dirección de Santiago Guijarro. Con abundantes notas doctrinales e introducciones de sabor modernista. Pretende exactitud y lenguaje moderno. Valga como muestra el siguiente versículo: *«Así, pues, hemos alcanzado la salvación por medio de la fe, y nuestro Señor Jesucristo nos ha puesto en paz con Dios»* (Romanos 5:1).

● *«Biblia del Peregrino»* (1933). Versión de los textos originales por Luis Alonso Schöckel y 14 colaboradores. Afirma usar un estilo directo, actual y de fácil comprensión. Sin caer en las interesadas «equivalencias» de la «Nueva Biblia Española», donde el mismo traductor reflejaba así Lucas 4:20 –*«(Jesús) enrolló el volumen y lo devolvió al sacristán...»* Aquí dice que *«se lo entregó al* empleado» (= de la sinagoga). En esta Biblia del Peregrino, Romanos 5:1 queda así: «Pues bien, ahora que hemos recibido la justicia por la fe, estamos en paz con Dios, por medio de Jesucristo Señor nuestro».

Dentro del campo tradicionalmente «protestante», asistimos a un cambio radical en la política editorial de las «Sociedades Bíblicas

Unidas» (SBU). Responde a un acuerdo con el Vaticano (a partir de enero de 1967) para conseguir «una Biblia común para toda la cristiandad». Dicha profunda alteración se caracteriza por el fomento de ediciones ecuménicas (o «interconfesionales») y por la novedosa aparición de abundantes notas e introducciones, so pretexto de ofrecer «Biblias de estudio».

Muestra de este giro copernicano son, por ejemplo, las siguientes ediciones:

● 1991 *Biblia de estudio «Dios llega al hombre»*: Nuevo Testamento y Salmos. Primera edición con copioso material extrabíblico. Resulta típica la siguiente muestra: «*Sin que nosotros hubiéramos hecho nada bueno, por pura misericordia nos salvó mediante el baño regenerador» (en nota: «alusión al* bautismo») «*en que somos renovados por el Espíritu Santo»* (Tito 3:5).

● 1992 *Biblia con Apócrifos –«Dios habla hoy»*. Coedición de las SBU con dos editoriales católico-romanas. Con «imprimatur» del Celam. «*Por medio del agua del bautismo nos ha dado vida nueva; (nota: Literalmente: por medio del* lavamiento»*)* Tito 3:5.

● 1993 *Biblia en catalán* (Edición de estudio). Ofrecida en dos opciones: con y sin Apócrifos. Pero ambas con numerosas introducciones y notas histórico-culturales, de marcado sabor modernista. Por ejemplo, según los anónimos traductores, el Deuteronomio hubiera sido escrito por «unos levitas refugiados en Israel después de la caída de Samaria» entre los años 722 y 622 a.C. (sic).

● En cuanto a la *Revisión Reina-Valera 1995*, «ahora más brillante que nunca» (según sus propios editores), se presentó primero cargada de material extrabíblico, por tratarse de otra «Biblia de estudio».

Ofrece una leve revisión idiomática de la RV 60 que es, por lo general, buena y correcta. Pero que no justifica tanto alarde tipográfico; a no ser que fuera para justificar la inclusión permanente de las ya referidas notas y explicaciones, que son (por lo general) mucho más prudentes y conservadoras que las de la Biblia interconfesional en catalán.

Señalemos, finalmente, con un trasfondo totalmente distinto, la aparición del *Nuevo Testamento Revisión Reina-Valera 1996*, editado por la Sociedad Bíblica Intercontinental, con sede en Terrassa. Mantiene la norma tradicional evangélica de publicar el texto inspirado sin notas ni otras humanas añadiduras.

Sus retoques idiomáticos son leves, aunque distintos de la RV 95. Curiosamente, ambas restauran la palabra «sábado» que la RV 60 había sustituido por «día de reposo».

\* \* \* \* \* \* \*

Sí, Dios nos ha hablado en tiempos pasados, en muchas porciones y de muchas maneras, por medio de los Profetas y finalmente en la Persona de su Hijo. Y Dios nos sigue hablando personalmente por medio de su Palabra escrita en numerosas versiones, hoy día.

Estemos agradecidos al Señor por ese ingente ejército de arqueológos, sabios, traductores, copistas, impresores y distribuidores que supieron aunar tiempo, bienes y energías para que cada cual pudiera oír, leer y meditar el Mensaje de Salvación en Cristo en forma clara y en un lenguaje actual.

**«La hierba se seca, y la flor se cae;
mas la Palabra del Señor permanece
para siempre»**

(1 Pedro 1:24-25).

# La
## *Lectio*
### *Divina,*

**hoy**

*Pedro Puigvert*

# INTRODUCCIÓN

¿Cómo ha llegado la Biblia hasta nosotros? En los capítulos anteriores hemos visto que las Sagradas Escrituras han sido transmitidas mediante soporte físico ligero como el papiro y el pergamino, y que gracias a los descubrimientos y el trabajo de la crítica textual podemos disponer de unos documentos que son la base para la elaboración de un texto que se acerca al original en su casi totalidad. También hemos comprobado que el mensaje de estos textos contiene la revelación especial del Dios Creador y Soberano, el cual inspiró a unos hombres escogidos para transmitirnos con toda fidelidad y fiabilidad su voluntad y mostrarnos su plan de redención del ser humano muerto en sus delitos y pecados. La revelación inspirada de Dios está recogida en una lista o canon de libros que son la autoridad suprema para el cristiano. Sin embargo, debido a que las Escrituras nos han llegado en los idiomas originales en que fueron escritos, necesitábamos que fueran traducidas a las distintas lenguas vivas pra tener acceso a la Palabra de Dios.

Hasta aquí, hemos comprobado los distintos pasos en que la Biblia, el libro, ha llegado hasta nosotros. Pero con todo esto la Biblia no ha penetrado en nosotros, sólo se ha quedado a las puertas. De ahí que falta dar el último paso para que nos podamos beneficiar de sus enseñanzas: leerla y poner en práctica sus mandamientos. Y el método más antiguo que con distintas modificaciones hemos recibido de nuestros antepasados es el conocido como *lectio divina*.

Se atribuye a Orígenes la designación **lectio divina** a lo que nosotros conocemos hoy como «lectura devocional de la Biblia». Posteriormente, la tradición monástica asumió la **lectio** y la sistematizó de una forma que no difiere mucho de la que se emplea en la actualidad. Estos son los puntos principales del proceso metodológico:

- *La lectio* o lectura. Es la lectura pausada y repetida del texto bíblico. El lector se acerca al texto para comprender su significado y trata de conocer la voluntad de Dios para su vida. No se requiere una educación especial, pero hace falta disciplina.
- *La meditatio* o reflexión. Es la meditación sobre el significado y su aplicación a la vida del lector. Una vez sabe lo que dice el texto, busca lo que le dice a él. Traza un puente entre el pasado del texto y el presente de su vida.
- *La oratio* u oración. Como consecuencia de lo anterior se inicia un diálogo con Dios. De alguna manera es la respuesta a la Palabra que ha recibido de Dios.
- *La contemplatio* o contemplación. Es el último paso en el método clásico. Es un tiempo de silencio para la adoración. En realidad no tiene que ver con el texto, sino que se centra en Dios.

Este método de la Iglesia Antigua aporta elementos importantes a la espiritualidad cristiana, pero carece de un aspecto básico: poner en práctica la Palabra o acción.

# 1. Su uso actual

### 1.1. *En la iglesia católica*

A partir del Concillo Vaticano II, el catolicismo romano ha dado un salto cualitativo en el uso de las Sagradas Escrituras. Puede decirse que ha sido un proceso que arranca de la encíclica *Prividentissimus Deus* publicada en 1.893 por el papa León XIII, seguida por la encíclica *Divino Afflante Spiritu* promungada por Pio XII en 1.943 y como colofón el mencionado Concilio en su Constitución Dogmática *Dei Verbum* que invita a la jerarquía y a los laicos a alimentarse de la palabra de Dios. El monje Enzo Bianchi, se lamenta que «la Palabra haya estado exilada durante mucho tiempo de la vida de la Iglesia y de la vida cotidiana de los creyentes, exilio interrumpido por el movimiento bíblico de los últimos decenios». (*Pregar la Paraula*, Editorial Claret, pág. 5). De los tiempos en que poseer un ejemplar de la Biblia era considerado sospechoso de herejía, a los actuales en que los Pontifices romanos alientan su lectura y se hacen versiones interconfesionales, ha habido un cambio apreciable de actitud, pero en la práctica las modificaciones han afectado a:

1.1.1. *La Liturgia.* Especialmente la liturgia sacramental cuya cumbre es la celebración eucarística. Los tres ciclos de lectura de las misas dominicales, dedican un lugar de privilegio a los evangelios. Pasajes del A.T. relacionados con los evangelios entendidos de manera tipológica. Y por último, la lectura de las epístolas. También debe destacarse la homilía que actualiza la Palabra de Dios.

1.1.2. *La lectio divina.* El documento de la Pontificia Comisión Bíblica publicado en 1994 que lleva por título «La interpretación de la Biblia en la Iglesia» define la lectio divina así: «es una lectura, individual o comunitaria de un pasaje más o menos largo de la Escritura, acogida como Palabra de Dios, y que se desarrolla bajo al moción del Espíritu en meditación, oración y contemplación». Pero ¿quién debe practicar la lectura de manera individual o comunitaria? Y la respuesta es «se recomienda a todos los clérigos, tanto seculares como regulares» (*De Scriptura Sacra*, 1950, EB 592). Esta recomendación fue hecha por Pio XII. En la Constitución *Dei Verbum* (nº 25) se insiste para los sacerdotes y religiosos, sin embargo, aporta como novedad una invitación «a todos los fieles en Cristo». Aunque se cite la lectura individual, se sugiere la lectura en grupo. Como puede apreciarse, se sigue temiendo el «libre examen» a pesar de que las versiones católicas de la Biblia contienen notas interpretativas.

1.1.3. *El ministerio pastoral.* En tres situaciones príncipales: «la catequesis, la predicación (homilía) y el apostolado bíblico». La catequesis debe ser explicada en el contexto de la Tradición, la homilía no debe entrar en muchos detalles en la predicación del texto bíblico, y el apostolado bíblico «tiene como objetivo hacer conocer la Biblia como Palabra de Dios y fuente de vida», es decir, favorecer la traducción de la Biblia y difundirla, formar grupos bíblicos, conferencias sobre la Biblia, semanas bíblicas, publicación de revistas y libros, etc. Seguramente estamos familiarizados con estas iniciativas que para los católicos son nuevas.

1.1.4. *Las traducciones ecuménicas.* Se parte de la base de que al ser la Biblia nuestra común regla de fe, juntamente con la oración por la unidad de los cristianos, esto haría posible llegar a la unidad. En relación con la Biblia, animan a las traducciones ecuménicas o interconfesionales, y de este modo si todos llegamos a leer el mismo texto será más fácil alcanzar la unidad. Lo que no dicen es si todos debemos leer también las mismas notas doctrinales e interpretativas a pie de página para alcanzar la unidad.

1.2. *En las iglesias evangélicas*

Debido a la gran variedad de iglesias evangélicas que existen en la actualidad, es difícil hacer una descripción que las englobe a todas. Por este motivo, nos limitaremos a las llamadas «iglesias históricas» a sabiendas que existen diferencias en el uso de la Biblia. Para acercarnos más a la realidad, nos limitaremos a tres ámbitos: el culto, la predicación y la evangelización. Dejando los aspectos individuales, familiares e institucionales para un tratamiento aparte.

1.2.1. *El Culto.* En líneas generales, hay tres formas cultuales en la actualidad en las iglesias establecidas en España en el siglo pasado: el llamado culto libre practicado por las Asambleas de Hermanos, el culto dirigido de las iglesias de raíz bautista, y el culto litúrgico de las iglesias presbiterianas, metodistas y episcopales. Somos conscientes de que esta división no es exacta porque según la iglesia local puede haber interconexiones de los diferentes tipos de culto. Por ejemplo, se pueden encontrar iglesias metodistas con un culto semidirigido, iglesias independientes de raíz bautista con un culto libre o Asambleas de Hermanos con un culto dirigido en parte y libre por otra. Como para nuestro propósito nos interesa solamente lo relacionado con el uso de la Biblia, examinaremos los tres tipos de culto que hemos designado como libre, dirigido y litúrgico.

1.2.1.1. *Culto libre.* Se llama así, porque los creyentes tienen libertad para participar en el mismo a través de la petición de un cántico, la lectura de una porción de la Escritura, un breve comentario y la oración. En este culto, suelen abundar las lecturas de la Palabra de Dios, a veces sin que exista relación entre ellas, pero en la mayoría de los casos los textos se centran en aspectos relativos a la pasión, muerte y resurrección de Cristo que se conmemora al final del primer tramo con el partimiento del pan o Cena del Señor. Al carecer de un orden litúrgico, muchas partes de la Biblia no son leídas comunitariamente dándoles una dimensión cúltica, sino que obedecen al gusto o inclinación de los que participan, que la mayoría de las veces, son los mismos hermanos. La lectura puede acompañarse de un comentario inspirador de la adoración. Cuando este comentario lo hace un hermano que tiene cierta preparación interpretativa resulta estimulante y el culto alcanza un nivel espiritual de alto voltaje que se percibe en las oraciones y el fervor con que se entonan los cánticos. Sin embargo, cuando el comentario es dado por un hermano con pretensiones hermenéuticas y homiléticas, cuando sus limitaciones son evidentes en ambos aspectos, en vez de inspirar, hace desfallecer, por más buena voluntad con que se quiera acoger su participación. Éste es el lado débil del culto libre porque siempre se corre el riesgo de que alguien sobrepase los límites del sentido común o de lo razonable. Años atrás, un hermano que se sentía dispuesto, predicaba el sermón después del partimiento del pan o Cena del Señor, en la actualidad, se encarga previamente a algún hermano esta parte del culto. El predicador puede ser un anciano, o cualquier hermano de la congregación con dones para ejercer este ministerio.

1.2.1.2. *Culto dirigido.* A diferencia del culto libre, el pastor habitualmente, u otro hermano cualificado, dirigen el culto de principio a fin, indicando los cánticos que deben cantarse, efectuando las lecturas de la Biblia preparadas de antemano que son normalmente una al principio y otra que es la base para el sermón o puede que sea también la efectuada al principio después de la oración. En la actualidad, algunas de las iglesias que tienen este tipo de culto, dejan un espacio para la participación de los creyentes por medio de oraciones. En unos casos, el pastor es también el que predica el sermón y en otros cualquier hermano reconocido como predicador. En la parte del culto que va de abajo arriba, en este modelo hay menos lectura de la Biblia que en el anterior, en la parte que va de arriba abajo depende del tipo de mensaje. Si es expositivo, se limita a la lectura inicial, del culto o del sermón, si es tópico o textual, se suelen hacer lecturas complementarias.

1.2.1.3. *Culto litúrgico*. Es también un culto dirigido por el pastor, o en su ausencia por un miembro de la congregación, casi siempre del consejo. Tanto los cánticos como las lecturas de la Palabra de Dios están indicados en las partes laterales del templo para que los fieles puedan conocer el himno que se va a cantar o la lectura que se va a hacer si no han entendido bien cuando ha sido anunciada, lo que indudablemente es una ventaja porque a veces hay hermanos que no retienen lo que se dice verbalmente. En un culto puede haber varias lecturas y alguna de ellas la hace un miembro acercándose al micrófono. La liturgia incluye también los temas y los textos bíblicos que serán predicados durante un periodo de tiempo, normalmente durante un año y relacionados con las fiestas más importantes del calendario cristiano. Por ejemplo, empezando en Adviento, siguiendo por Navidad, pasando por Semana Santa y hasta Pentecostés. De este modo, los creyentes, una vez al año reciben instrucción sobre las verdades centrales del Cristianismo. Este tipo de culto tiene sus ventajas y sus inconvenientes como todos los demás.

Quizá vale la pena hacer una observación que sirve para todos los tipos de culto. En la actualidad, se están rompiendo las formas del pasado y a lo mejor la exposición de estos tres tipos de culto no se corresponde con la realidad en algunas de las iglesias citadas. Porque ahora, muchas iglesias empiezan con el llamado «periodo de alabanza» que consiste en cantar ininterrumpidamente canciones y estribillos durante un periodo de tiempo. Sería estupendo que a semejanza de muchos de los antiguos himnos estuvieran inspirados en la Palabra de Dios, pero buena parte de los estribillos recurren a las experiencias de su autor con «melodías facilonas y pegadizas que a duras penas consigue disimular la pobreza espiritual de textos reiterativos, ñoños y triviales» como ha escrito el músico evangélico David Andreu. Sería aconsejable que en todos los sentidos se diera un lugar más prominente a la Palabra de Dios en el culto.

1.2.2. *La Predicación*. Con ocasión de la reunión del Consejo General de la Alianza Evangélica Española celebrado en Barcelona el 27 de enero de 1984, introduje la ponencia «Estado actual de las iglesias evangélicas» en la que decía lo siguiente:

> «*Especial atención debiera darse a la predicación. Posiblemente ésta, salvo excepciones, nunca ha sido de gran calidad en el pasado. Y tampoco lo es en el presente. En demasiados casos se observa gran pobreza o ausencia total de exégesis adecuada en la exposición de los textos bíblicos, superficialidad, subordinación a una serie limitada de tópicos y falta de conexión entre el contenido del mensaje que se predica y el contexto existencial de los oyentes (sus necesidades, problemas, preguntas, inquietudes, temores, anhelos, etc...). Y la experiencia muestra que es muy difícil ver una iglesia fuerte con un púlpito débil*». (Los cristianos en el mundo de hoy, pág. 83).

¿Ha cambiado en algo el panorama de la predicación desde entonces en lo relativo al uso de la Biblia? Una cosa sí ha cambiado. Hasta los años 70, los púlpitos estaban ocupados, en líneas generales, por hermanos que tenían escasa o ninguna formación bíblico-teológica, salvo excepciones que eran notables. A partir de la fecha mencionada, proliferaron los graduados de diversas instituciones académicas con lo que se habría un horizonte halagüeño para los diversos ministerios, incluido el de la predicación de la Palabra de Dios. Pero se ha abierto un nuevo frente con el que no contábamos cuando hicimos el análisis en el seno de la Alianza Evangélica y que está influyendo en algunas iglesias.

En la reflexión que hace José M. Martínez, al final de su libro *La España Evangélica, ayer y hoy* dice:

> «*Si hubiésemos de hacer una descripción global, diríamos que el púlpito evangélico no se halla en uno de sus momentos más brillantes. Se observa en algunos sectores que la predicación ha venido a tener un carácter secundario; parecen prioritarios determinados elementos de adoración y de efusión sentimental o de comunicación directa con Dios, quien directamente –se cree– habla a la comunidad creyente a través de "profetas" contemporáneos. Como consecuencia, en muchos casos el conocimiento bíblico –lo único que puede nutrir sólidamente la fe– de la*

*congregación es escaso y/o superficial, insuficiente para proveer al creyente de la guía y los recursos espirituales que necesita»* (O.c., pág. 454).

De manera totalmente fortuita y sin ambiciones científicas, empecé a observar hace años como se efectuaba un cambio en la decoración de los templos evangélicos que relacioné con la importancia que se podía estar dando a la predicación de las Escrituras. Quizás sea algo sin importancia y que se debe solamente al gusto de algunos decoradores pero que no tiene trascendencia teológica como sucedía antaño con los grandes arquitectos que diseñaron las majestuosas catedrales o espléndidos templos.

Comentándolo con algunos hermanos, convenían conmigo en que debería hacerse un estudio exhaustivo de todos los templos evangélicos de España y analizar las causas. Se trata de lo siguiente: en los sesenta, cuando me convertí, todos los templos tenían el púlpito colocado en el centro y elevado a cierta altura. Delante había una mesa para la Cena del Señor que variaba en tamaño según las dimensiones del templo, pero evidentemente ocupaba un lugar secundario. En las muchas capillas que se abrieron a finales de los sesenta y los años setenta, el púlpito y la mesa se colocaron a la misma altura, unas veces a ras de suelo y otras sobre una pequeña plataforma. Podía hacerse la interpretación de que se equiparaba la palabra con el sacramento, ¿o que el arquitecto-decorador era el mismo?, es algo que falta comprobar. A finales de los setenta y los ochenta, el panorama da un nuevo giro, y en algunos lugares la mesa se convierte en un altar –incluso hecho de obra– que se coloca en el centro y el púlpito se desplaza a una esquina. En otros templos, ni siquiera hay púlpito, es suficiente un atril que se saca cuando hace falta, sin embargo, la parte frontal está repleta de instrumentos musicales.

¿Tiene algo que ver con la disminución del uso de las Escrituras en la predicación y un aumento del tiempo dedicado a la «alabanza»? Afortunadamente no sucede lo mismo en todas partes, pero es sintomático por lo menos.

En el libro *La España Evangélica, ayer y hoy* citado, también se hacen estas observaciones y, además, el autor dice que

*«no son pocos los pastores que, por falta de la debida preparación y dedicación a esta parte de su ministerio, caen en una deplorable*

*superficialidad. A menudo dan la impresión de que, al predicar, improvisan o han dedicado poquísimo tiempo a la preparación de su mensaje. Éste en muchos casos, no se ajusta al texto bíblico escogido como base; la exégesis es nula o defectuosa; y las aplicaciones prácticas inexistentes»* (O.c. pág. 455).

Sería necesario, pues, que se incrementara la predicación expositiva de las Escrituras ya que es el mejor medio para solventar todos estos fallos que se observan en la actualidad.

En el documento «*Culto y Predicación*» de la A.E.E. se proponen algunas medidas prácticas para revitalizar la predicación y entre ellas queremos destacar la que dice:

> *«Que no sólo de los predicadores, pero sobre todo de ellos, se exijan unos conocimientos más profundos y amplios de la Biblia, tanto desde el punto de vista de la teología bíblica, como también de la sistemática, y de su aplicación a la vida diaria, es decir, de la ética»* (Los cristianos en el mundo de hoy, pp. 109-110).

1.2.3. *La evangelización.* El mejor instrumento para la proclamación del evangelio ha sido, desde el siglo XVI la difusión de la Biblia, en una época en que debido a la intolerancia reinante, disponer de un ejemplar de las Escrituras y leerlo era todo un acontecimiento y también un peligro. Se confiaba en el poder de la Palabra por lo que era «para salvación a todo el que cree» (Romanos 1:16). Hoy en día, disponer, no de uno, sino de varios ejemplares de la Biblia en diferentes versiones está al alcance de todos los que lo desean. Por consiguiente, no existe aquella curiosidad producto de la prohibición que acrecentaba el interés de los inconversos por leer la Biblia y hallar en ella el camino de salvación. Se necesita, pues, además de distribuir las Escrituras la explicación de la buena nueva que encontramos en ellas. Pero de todos modos sigue siendo el medio por excelencia para conducir a los pecadores a Jesucristo a fin de ser justificados por la fe (Gálatas 3:24).

¿Se puede decir que la evangelización que se hace en la actualidad tiene como objetivo primordial mostrar la salvación en Cristo a través de la Biblia? En términos generales, la respuesta a esta pregunta debe ser negativa, sin olvidar los esfuerzos que se están haciendo para facilitar su conocimiento a través de actividades diversas de carácter evangelístico o las promociones de las Sociedades Bíblicas. A nivel internacional, tuvo lugar en 1994 en Holanda un encuentro de Agencias Bíblicas con el sugerente nombre de «*La Palabra viva para un mundo moribundo*» con el objetivo de reflexionar sobre la manera de llevar más eficazmente la Palabra viva a un mundo que se muere. Como conclusión de su reflexión elaboraron un Documento con un Compromiso a la cooperación; de considerar la creación de una «bolsa de ideas» o de un centro de búsqueda/recursos internacional, para lanzar métodos creativos de comunicación cristiana; y desarrollar los estudios bíblicos interculturales.

Pero el punto que consideramos más prominente en relación con la evangelización es el nº 4 que dice:

> «*Conocimiento bíblico. Confesamos que hemos dejado desarrollar un grado de iletrismo bíblico vergonzoso en nuestras iglesias, que tiene como consecuencia que muchos de los miembros de nuestras iglesias son, tristemente, ignorantes del contexto y la estructura de la Escritura. Decidimos hacer todo lo posible para volver a dar a la Biblia el lugar central en los hogares y en el púlpito, en la evangelización y la formación*».

Por eso, uno de los métodos más efectivos que se están usando en el día de hoy, es el estudio bíblico en las casas. Son los llamados «grupos de estudio bíblico» donde un número pequeño de personas leen la Biblia y la comentan dirigidos por uno del grupo que la conoce lo suficiente como para responder a las preguntas de los no creyentes del grupo. El testimonio de una señora que asistía a uno de esos grupos, en cierta ocasión, fue que «había conocido más a Dios en dos meses de asistir allí que en toda su vida en la iglesia católica». Meses más tarde se convirtió al Señor, seguida al poco tiempo por su hija. Sin embargo, si en nuestras iglesias hay «iletrismo bíblico» como dice el texto del Compromiso de De Bron, «¿a quién se le encargará la dirección de los grupos de estudio bíblico»? El pastor no puede estar en todas partes, por tanto, hace falta una formación previa de algunos miembros, por lo menos, aunque sería deseable el máximo de colaboración. La otra cuestión, es darle también el lugar central a la Biblia en el púlpito. Ya hemos tratado en el apartado sobre la predicación algo de lo que podríamos decir aquí, aunque allí nos referíamos a la predicación en el culto. Sin embargo, conviene insistir en que cuando se predica en el templo con fines evangelísticos o en cualquier otro lugar, como por ejemplo en las campañas masivas, debe dejarse que la Biblia ocupe el lugar central, porque asistimos consternados a un espectáculo donde hay de todo menos exposición y aplicación clara de la Palabra de Dios a los oyentes. En ocasiones, un texto bíblico es sólo una excusa para que el evangelista cuelgue en él sus propios pensamientos y en las otras se olvida por completo lo que ha leído y los oyentes se preguntan para qué lo habrá leído.

### 1.3. *En la familia*

Juan de Antioquía que tenía por sobrenombre «Crisóstomo» (pico de oro), fue un extraordinario predicador de las Escrituras que se preocupaba por los miembros de la iglesia que pastoreaba para que no descuidaran la lectura de la Biblia en el hogar. En su comentario sobre Mateo y en el de Génesis dice:

> *«Cuando volvéis a casa, tendríais que coger la Escritura y con vuestra mujer y vuestros hijos releer y repetir todos juntos la palabra oída (en la iglesia); y también: Volved a casa y preparad dos mesas, una con los platos de la comida, otra con los platos de la Escritura; que el marido repita aquello que se ha leído en la iglesia... Haced de vuestra casa una iglesia».*

Lo que el Crisóstomo llamaba «una iglesia» es lo que nosotros tradicionalmente hemos denominado el «culto familiar». ¿En qué consiste? ¿Se practica hoy? ¿Es necesario? Preguntas importantes e inquietantes que trataremos de responder.

1.3.1. *¿Qué es el culto familiar?* En términos generales se puede describir como la reunión en la que participa toda la familia para leer la Biblia, comentarla, orar y cantar alabanzas al Señor. Pero a las nuevas generaciones de evangélicos la frase no parece decirles mucho, salvo a aquellos que en sus hogares lo celebraban por ser sus padres cristianos evangélicos y probablemente ellos al casarse, han continuado con la buena costumbre que habían aprendido de niños. Una de las causas es debido a que en muchas iglesias no se enseña esta práctica y a lo máximo que se llega es a la lectura de un texto corto de la Biblia y la oración hecho de manera individual. O quizá, si los niños son pequeños, en lugar de contarles cuentos antes de dormirse, el padre o la madre les cuentan alguna historia bíblica, pero esto no es en realidad un culto familiar.

En cierta ocasión, me encontraba de visita en una iglesia para predicar. Estaba sentado en el primer banco junto a un niño de unos 5 años de edad, o a lo sumo seis. Un anciano de otra iglesia que también estaba de visita, fue invitado a dar un saludo a la congregación. Abrió su Biblia y pidió a los presentes que buscaran un texto en un libro histórico del A.T., de esos que muchos predicadores –desdichadamente– tienen que indicar el número de página porque los creyentes, en un alarde de incultura bíblica, tienen dificultades en encontrarlo. Con absoluta sorpresa de mi parte, el niño que estaba a mi lado, de manera totalmente natural, halló el pasaje en pocos segundos. Me vino el pensamiento de que seguramente en el hogar de este niño se celebraba el culto familiar o por lo menos sus padres le habían enseñado a manejar la Biblia, porque con el tiempo que se dedica a los niños en la Escuela Dominical es prácticamente imposible que a su edad le hubieran instruido en el uso de la Biblia de la manera como lo hacía. Recuerdo también, que un misionero norteamericano me dijo que todos los misioneros compañeros suyos a los que había preguntado sobre su vocación, le respondieron que en sus hogares se celebraba el culto familiar y que probablemente este fue el factor determinante de que respondieran al llamamiento del Señor o al menos donde aprendieron que debían dedicar sus vidas a Cristo para extender el evangelio en el mundo. Aunque su encuesta no tenía carácter científico, era significativa y una evidencia de la importancia de la lectura de la Biblia en familia.

Los visitantes al Museo del Desierto, un lugar muy recomendable para visitar y testimonio vivo de las persecuciones a los hugonotes, nombre con que se conocen los cristianos reformados franceses, se suelen hacer una pregunta mientras van recibiendo las explicaciones del guía: ¿Cómo es posible que las iglesias de esta zona del sur de Francia, pudiesen sobrevivir durante más de cien años bajo la persecución, sin pastores que les guiaran por haber muerto ejecutados los que fueron descubiertos, los hombres enviados a galeras si eran hallados en algún acto cúltico clandestino, los templos cerrados y ser pocos en número por haberse exilado una gran mayoría a otros países donde había libertad? La respuesta silenciosa la da un escaparate al final del recorrido en el que aparece una familia recreada a tamaño natural con sus trajes de época, en la que puede observarse la sala principal del hogar y al padre de familia sentado ante una gran Biblia, rodeado por su esposa e hijos, atentos a la lectura de la Palabra de Dios. Solamente una de las hijas mayores está atisbando por una ventana por si los soldados del rey se acercan a la casa para inspeccionarla en busca de una Biblia, delito suficiente para enviar al padre a galeras, a la madre a la Tour de Constance y a los niños a un convento católico para reeducarlos en esa religión. Solamente la lectura de la Biblia y la oración pudo mantener firme a una comunidad perseguida. Ésta es la gran lección de la Historia para nosotros que sin ser perseguidos necesitamos también alimentarnos con la Palabra de Dios para sostenernos en medio de otros peligros. Y la mejor manera es escuchar la voz del Señor en familia.

Dicho de este modo parece muy sencillo y fácil de hacer. Posiblemente, así era hace veinte, treinta o más años, pero en la actualidad el panorama ha cambiado totalmente. La situación, en el día de hoy, es otra. La reunión familiar para leer la Biblia, reflexionar sobre lo leído y orar, atraviesa una serie de dificultades diversas. En primer lugar, debido a la propia institución familiar que necesita ser definida, porque existen diversos modelos:

a) la más habitual es la familia nuclear, formada por el padre, la madre y los hijos;

b) la familia con un solo progenitor (el padre o la madre con los hijos, por fallecimiento de uno de los cónyuges o por divorcio);

c) la familia sanguínea que incluye a los abuelos, tíos, primos, etc...;

d) la familia reconstituida del punto "b" en la que puede haber niños de padres distintos;

e) la familia sin lazos sanguíneos, como por ejemplo, un grupo de personas que comparten el mismo hogar. En cada caso, el culto familiar tomará un cariz distinto, aunque los elementos básicos estarán presentes.

El mayor obstáculo para que pueda reunirse toda la familia es la incompatibilidad de horarios  abocados como estamos a la vorágine de la vida moderna. Únicamente, cuando los hijos son pequeños, es posible reunirse a diario y solamente con la presencia de uno de los cónyuges la mayor parte de las veces. En otras, solamente los sábados y festivos o durante las vacaciones se puede reunir toda la familia. Otro impedimento es la abundancia de medios de que se dispone hoy para llenar el tiempo libre o «cultura del ocio» que a veces llegan a convertirse en tiranos que dominan a la familia. No debemos descartar tampoco, el escaso interés en la lectura, especialmente del libro, cuando son muchos los que prefieren leer en una pantalla de ordenador. Seguramente, cada lector, podrá añadir otros obstáculos que se interponen en su camino para poder celebrar el culto familiar o hacer una lectura reflexiva de las Escrituras.

A pesar de todo lo dicho, como una paradoja más de nuestro tiempo, nunca como ahora, tenemos a nuestra disposición múltiples medios para ayudarnos en el quehacer de leer y comprender la Biblia con provecho. Quizá, tantos medios están obstaculizando el fin que es la Palabra de Dios. Porque hasta que uno no se familiariza con un método, pueden pasar meses. Por eso, es aconsejable seguir un plan de lectura de toda la Biblia con una finalidad devocional que sea apto, tanto para la familia como para el individuo, y que haga leer toda la Biblia en un determinado periodo de tiempo, como por ejemplo, cuatro años, seis años, ocho años, etc. Si va acompañado de un comentario será de ayuda para entender lo que se lee, ya que en todo el mundo hay muchas personas que se conocen como *analfabetos funcionales*, es decir, saben leer pero no entienden lo que leen. Es cierto que hay excelentes libros devocionales y muy inspiradores, pero no tienen como objeto la Biblia. Deberíamos esforzarnos por recuperar el culto familiar si es que hemos dejado de practicarlo o no lo hemos practicado nunca. Seguramente, descubriremos la importancia de dialogar en familia sobre asuntos trascendentes que sólo la Palabra de Dios nos dará la pauta; seremos instruidos en los caminos del Señor sobre aspectos que quizá no nos plantearíamos e iremos creciendo en la gracia y el conocimiento de nuestro Señor Jesucristo ( 2 Pedro 3:18). Además, nos reunimos como iglesia sólo una, dos o tres veces por semana, en cambio en la «iglesia casera» lo podemos hacer cuantas veces lo estimemos oportuno y no sólo como lugar para tener comunión con Dios, sino también para compartir nuestra fe con nuestros hijos o algún familiar no convertido.

### 1.4. *Individualmente.*

Se desprende del punto anterior la posibilidad del uso individual de la Biblia debido a la existencia de personas que viven solas o que viviendo acompañadas, son los únicos miembros de la familia que tienen interés por la lectura de la Biblia, son creyentes, o simplemente por el deseo de tener comunión con Dios de manera aislada. En la Biblia tenemos el caso del eunuco etíope que regresaba de Jerusalén y se dirigía a su país mientras leía el profeta Isaías sentado en su carro. Su situación podría equipararse a la de cualquier persona que aprovecha el tiempo en circunstancias no habituales, como por ejemplo un viaje, para leer la Biblia. Pero aunque la intención es loable, no parece ser el mejor lugar para dedicarse a ello, salvo que el que lo haga tenga gran capacidad de concentración que le permita aislarse de su entorno y sacar provecho a su lectura.

Más importante es la dedicación continuada y sistemática de la lectura bíblica porque algunos de los aspectos que se mencionan en el punto anterior pueden darse también en el individuo aunque haya otros que faciliten su operatividad al no depender de otras personas y poder organizarse a su conveniencia. Sin embargo, puede suceder que la lectura no tenga una finalidad devocional y conformarse con cualquier otro texto que supla la lectura diaria que debería ser insustituible. Con motivo de un proyecto para la edición de un plan que abarcaba toda la Biblia y que por su naturaleza era apropiado para pastores y líderes de diferentes ministerios, hicimos una encuesta nacional procurando abarcar a todos ellos para preguntarles si, en el caso de que existiera un plan de lectura bíblica como el que teníamos intención de publicar, estarían dispuestos a usarlo. Esta pregunta estaba formulada con la intención de saber si podíamos embarcarnos en el proyecto o abandonarlo. Pero había otra pregunta que estaba relacionada con la primera que nos permitía hacer otra lectura sobre los hábitos de lectura bíblica de los líderes evangélicos españoles. Se les preguntaba sobre la frecuencia con que leían la Biblia y de aquellos que respondieron amablemente la encuesta, que era anónima, una parte que se aproximaba al 20% manifestaron que no lo hacían diariamente. Hablando con algunos pastores, confiesan que como deben preparar varios sermones a la semana no les da tiempo para una lectura reflexiva sustituyendo su devocional personal por la preparación del sermón. Incluso, en una ocasión, alguien nos dijo que como tenía tantas actividades del ministerio pastoral a lo largo del día no disponía de tiempo para leer la Biblia.

Evidentemente, esta última frase no tiene desperdicio y levanta muchos interrogantes. Afortunadamente, la gran mayoría de líderes tienen su propio método de lectura de la Biblia que puede ser personal diario y además juntamente con su esposa e hijos siguiendo un plan distinto.

### 1.5. En las instituciones académicas.

Por instituciones académicas queremos decir escuelas o institutos bíblicos y seminarios. Es difícil referirnos a todos ellos poniéndolos en el mismo saco porque las situaciones varían de un lugar a otro. Por ejemplo, no es lo mismo un Seminario residencial en el que los alumnos tienen su propia vida al margen de los estudios y cómo usan y distribuyen el tiempo libre, que una escuela bíblica a la que asisten unas horas al día y el resto hacen vida normal trabajando o estudiando. Pueden correr el peligro de pensar que como ya estudian la Biblia todos los días, no tienen necesidad de hacer una lectura diaria con una finalidad devocional.

En el caso de los seminarios residenciales, dejan un periodo por la mañana para que cada alumno tenga su propio devocional antes de empezar las clases. También diariamente, se suele tener una predicación, pero no hay estrictamente hablando, un objetivo de lectura bíblica. En las instituciones presenciales, como el tiempo de que se dispone es escaso se dedica exclusivamente a la docencia. En todos los casos, y según qué asignaturas, se procede a la lectura de textos bíblicos, especialmente en la asignatura de Exégesis lo cual es obvio. En la mayoría de las veces, solamente se da la cita. Aunque sea generalizar, se puede decir que en las instituciones académicas evangélicas no hay un propósito definido de dejar que la Biblia hable por sí misma y que devenga en meditación; se deja a criterio del alumno fuera del horario de clases.

En cuanto al uso de la Biblia en las diferentes disciplinas depende también si una institución tiene un currículo en el que abundan más las extrabíblicas que las bíblicas, o al revés. Pero en términos generales, se puede decir que, hay un nutrido grupo de materias directamente relacionadas con la Biblia. Otra cosa es, si a estas materias se les dedica más tiempo que a otras que pueden ser necesarias, pero prescindibles porque se pueden aprender en otros lugares, como por ejemplo, música.

## 2. La necesidad de una guía

La lectura de la Biblia debe hacerse de manera ordenada. De ahí que incluyamos en este capítulo algunas instrucciones que serán de provecho para todos los que buscan conocer mejor no sólo la Palabra de Dios sino al Dios de la Palabra.

Decía Agustín de Hipona que

> *«es necesario buscar a Dios con fuerza si le queremos encontrar con una dulzura mayor, porque, si uno le busca, es para encontrarlo con una dulzura mayor y, si lo encuentra, es para buscarlo con más denuedo»* (Sobre la Trinidad 15, 2).

En relación con las recomendaciones útiles sobre el modo de leer la Biblia, el consejo de Guillaume de Saint Thierry era el siguiente:

> *«A unas horas determinadas, es necesario practicar una lectura determinada. Una lectura encontrada al azar no edifica el espíritu, sino que lo deja inconsistente».* (Letra de oro, pág. 184).

Y abunda en más detalles el monje fundador de la Comunidad de Bose Enzo Bianchi:

> *«He aquí porque a la* lectio divina *no se le puede reservar el tiempo que sobra; porque, como la oración, tampoco la* lectio *puede ser algo para acabar de llenar el día. Sin duda, en estos tiempos de fiebre y agitación, el creyente tendrá la fuerte tentación de dejar la* lectio divina *para las horas que le sobran del día. Pero de este modo, con exilio de la* lectio *a momentos restringidos y poco aptos, no se pueden obtener los frutos esperados»* (Pregare la Parola, pág. 39).

### 2.1. Para dirigir el esfuerzo personal

La guía no debe sustituir nunca la actividad del lector en la comprensión de la Biblia. Debe tener la función de orientar sobre las lecturas a hacer de acuerdo con un plan y de manera inductiva interrogar al texto para descubrir en él las verdades reveladas y que convenientemente interpretadas podrán aplicarse a la vida diaria. En caso de disponer de un comentario que lo explique todo se corre el peligro de convertirse en un «consumidor pasivo» de un devocional pero jamás en un lector activo de la Biblia. Son instructivas las palabras de presentación que hallamos en la guía «Esta mañana con Dios» (Publicaciones Andamio-Unión Bíblica) cuando dice que

> «es una guía para el estudio inductivo de la Biblia. Plantea cuestiones para ayudar a descubrir el significado del pasaje. No contiene esquemas, notas históricas, opiniones, comentarios, pensamientos inspiradores. Se concentra en el texto y deja que la Biblia hable por sí misma. Este método inductivo no predetermina ni prejuzga la investigación personal; permite que el lector llegue a sus propias conclusiones. No da la comida masticada; permite disfrutar de los descubrimientos propios. No da las respuestas; dota de material de primera mano para que el lector contraste la validez de las respuestas» (pág. 12).

La lectura de la Biblia debe conducir a la meditación o reflexión de lo leído en un proceso similar al de los bovinos en relación con los alimentos que ingieren, llamado «rumiar». Un filósofo contemporáneo ha escrito irónicamente que los hombres del siglo XX han perdido una de sus más importantes facultades, ¡rumiar!

Es verdad que llevamos a menudo un ritmo de vida desenfrenado; recibimos innumerables informaciones de manera continuada, atropelladamente y todo esto ha conducido a la pérdida del hábito de detenernos a reflexionar y repasar en nuestro espíritu lo que hemos leído o entendido. Pero no debe pasar lo mismo cuando leemos las Sagradas Escrituras y si no debemos recuperar el hábito de pensar detenidamente en lo que leemos. En todo proceso normal de reflexión se debe abarcar tres áreas:

2.1.1. *Observación.* El lector debe observar con detenimiento el texto que está leyendo notando  las palabras que aparecen y si se repiten a lo largo de la lectura. Debe llegar al final de su lectura y ser capaz de hacer un resumen que indique que ha captado perfectamente el hilo de la narración. Puede hacerse durante la lectura o al finalizarla las siguientes preguntas: ¿De qué o de quién habla el texto? Si se trata de un relato debe identificar bien a todos los personajes que han aparecido. En el caso de que sea un escrito profético, sapiencial o poético, como por ejemplo un salmo, o una epístola, debo estar en condiciones de descubrir el tema principal de la parte leída. En todas las ocasiones, es preciso sintetizar con una frase el contenido del texto leído. ¿Qué es lo que este texto tiene de específico? Por ejemplo, si alguna cosa que la diga de una manera particular o que el lector no recuerda haberlo observado en otros lugares de la Biblia. Conviene que durante la lectura se tenga un lápiz y papel a mano para ir anotando todas las observaciones porque es fácil olvidarse de algunas cosas y así siempre tendremos ocasión de repasar lo que hemos escrito para refrescar la memoria.

2.1.2. *Comprensión.* Pasamos a una fase interpretativa del pasaje que hemos leído. Si nuestra lectura tiene una finalidad devocional y no de estudio bíblico, no hace falta aplicar el método de interpretación histórico-gramatical. Es suficiente con que interroguemos el texto de nuevo con una serie de preguntas oportunas:

¿Cuál es la enseñanza principal del pasaje en cuestión? Puede que haya más de una que consideremos importante, pero de todos modos es preciso resaltar una que estará relacionada con el tema principal. Como la finalidad de una lectura devocional es tener comunión con Dios, las siguientes preguntas deben tener como centro a la Trinidad.

¿Qué enseña sobre Dios, de cada una de las personas? Se puede decir que no hay pasaje de la Biblia que no se refiera al Padre o al Hijo, o al Espíritu Santo. Incluso podemos encontrar a las tres personas divinas en un solo pasaje.

¿Qué enseña sobre el ser humano? Comprendiendo a los hombres que aparecen en la Biblia, estaremos comprendiéndonos mejor a nosotros mismos.

¿El texto que estoy leyendo, me ayuda a entender una situación o un conflicto actual?

¿Puedo encontrar en este pasaje un ejemplo que deba seguir? ¿Descubro algún otro ejemplo que deba evitar?

Todas estas preguntas serán muy útiles para conocer el significado y pasar a continuación a la aplicación a mi vida de estas verdades. Quizá, en un principio, puede parecer un tanto difícil practicar este método de lectura pero una vez se acostumbra uno resulta algo tan habitual y enriquecedor que deviene en algo fácil.

2.1.3. *Aplicación.* Es la fase de la meditación en que hacemos nuestras las verdades descubiertas en la comprensión del texto y abarcan dos aspectos: el subjetivo y el práctico. Por el primero se tiene en cuenta los aspectos que afectan a la vida propia y por el segundo cómo debemos compartirlo con los demás. Una meditación que sólo interiorice la Palabra es beneficioso para uno mismo pero deja de lado la dimensión colectiva.

Las preguntas a formular en la aplicación son: ¿Cómo tendré que orar después de haber meditado el texto? Porque la lectura de la Biblia no puede dejar indiferente al lector y debe motivar en primer lugar a la oración. Es precisamente en la reflexión donde encontramos motivos para dirigirnos a Dios en alabanza, acción de gracias, confesión, intercesión y peticiones. Oraremos a la luz de los pensamientos sugeridos por el texto bíblico y que habremos anotado a lo largo de la meditación. ¿Hay en este texto alguna cosa que me llame la atención o que deba aceptar? O también ¿Hay algún mandamiento que deba obedecer o una invitación a cambiar mi manera de pensar o actuar? El objetivo de la lectura bíblica, además de tener comunión con Dios, debe transformar nuestros pensamientos y actitudes en relación con nuestra vida diaria. Quizá observaremos que hay cosas difíciles de cumplir después de habernos preguntado: ¿Hay algún obstáculo para ponerlo en práctica que me parece insuperable? Entonces, es el momento de pedir al Señor fuerzas para obedecer su Palabra. Por otro lado, también podemos preguntarnos, ¿He encontrado alguna promesa que me estimule? Si es así, nos ayudará en la perseverancia en la obediencia.

El proceso normal de toda reflexión surge de manera natural de Mateo 13:23: «Mas el que fue sembrado en buena tierra, éste es el que oye y entiende la palabra, y da fruto; y produce a ciento, a sesenta y a treinta por uno». En la explicación de la parábola del sembrador, el Señor Jesús se refiere a la semilla que cae en buena tierra como la recepción de la palabra del evangelio hecha verbalmente. Pero si cambiamos, en nuestro caso, «oye» por «lee», las tres áreas se dan con toda claridad. Por la lectura observamos con detenimiento las palabras como lo hacemos cuando escuchamos una lectura de las Escrituras. En segundo lugar, leemos u oímos para comprender o entender. Y por último, es lógico que deba haber fruto que puede ser menor o mayor según la tierra, es decir, la aplicación dependerá de la calidad de nuestra vida cristiana.

Cuando meditamos la Escritura, es aconsejable colocarse en un lugar conveniente y observar un tiempo de silencio favorecido por una atmósfera de recogimiento que sea propicia a la lectura reflexiva de la Biblia. Se empezará con una oración pidiendo al Señor que nos ayude a comprender su Palabra. A continuación se leerá el pasaje seleccionado en un plan que nos provea de una guía como los que mencionamos en el capítulo siguiente y seguiremos el proceso explicado en este punto. En el supuesto de que el pasaje a leer sea corto, se puede hacer la misma lectura en una versión diferente, lo que nos ayudará a entender el texto por estar expresado con algunas palabras diferentes. Se terminará en oración. Haciéndolo así, tendremos deseos de participar a otros lo que nosotros hemos hallado al meditar la Escritura por nosotros mismos.

### 2.2. *Irregularidades en una meditación no guiada.*

El gran predicador antioqueño Juan, a raíz de la lectura bíblica incorrecta que observaba en su tiempo dijo:

> «*La causa de la tibieza en que habéis caído es debido a que no leéis la Escritura entera, eligiendo lo que parece más claro y útil y no dais importancia al resto. Las herejías también han empezado de esta manera, no deseando leer toda la Escritura y creyendo que en la Escritura hay partes importantes y partes secundarias*» (Juan Crisóstomo, Homilía sobre Priscila y Aquila).

**2.2.1. *Irregularidades en la dieta.*** Cuando se sigue una guía de lectura, el peligro que señalaba Juan en su Homilía queda desterrado. Es cierto que algunas personas que no han sido enseñadas a leer la Biblia, la leen de manera anárquica dejándose conducir por criterios subjetivos en lugar de usar una Guía y un Plan de lectura. Unas veces puede que las preferencias se inclinen hacia unos textos que apreciamos porque nos hacen bien cada vez que los leemos. En otras, buscamos orientación sobre un tema determinado y pasamos páginas y páginas, tomando un versículo aquí y otro allá sin que cada uno de ellos haya sido entendido en su propio contexto. Y todavía podemos añadir unas terceras, cuando el lector va «picoteando» los textos sin orden alguno. Está claro, que en todos estos casos el provecho obtenido es prácticamente nulo y en ocasiones se llega a la formulación de ideas que nada tienen que ver con lo que dice el texto. Por tanto, debemos advertir de los peligros de un uso inadecuado de la Biblia. Podemos aprender la lección que la misma naturaleza nos da con relación a nuestra vida física. Todos nosotros necesitamos ingerir al cabo del día una serie de alimentos que tengan las calorías necesarias para vivir, así como las proteínas que el cuerpo precisa. La dieta puede ser láctea que se aplica a los lactantes, vegetal cuando se ingieren sólo vegetales y animal como, por ejemplo, las carnes. Además, nos gusta que la dieta sea variada y completa. Esto mismo se puede aplicar a la lectura de la Palabra de Dios y para conseguirlo sólo es posible siguiendo un método. En nuestra infancia espiritual, tomamos leche (1 Pedro 2:2; Hebreos 5:13), pero cuando se ha alcanzado la madurez necesitamos alimento sólido (Hebreos 5:14).

2.2.2. *Irregularidades en la aplicación.* En el punto anterior hemos explicado en qué consiste la aplicación, pero ocurren algunas irregularidades que conviene exponer. La más habitual en la que caen muchos creyentes, es la de aplicar directamente un texto sin conocer previamente su significado original y a partir de ahí establecer las analogías correspondientes en nuestro propio contexto. Todos sabemos el viejo axioma de que «un texto sin el contexto es un pretexto», pero también deberíamos tener presente que un texto mal interpretado deviene en un texto mal aplicado. Es conocida la anécdota de aquel mal lector de la Biblia que abría las Escrituras por una determinada página y señalaba un texto al azar con el dedo para hacer lo que allí había escrito. En cierta ocasión abrió el evangelio de Mateo y señaló el cap. 27, v. 5, donde dice: «salió, se fue y se ahorcó». Perplejo, cerró el libro y lo abrió en otro lugar donde halló estas palabras: «Vé y haz tú lo mismo» (Lucas 10:37). Lleno de temor, cerró de nuevo la Biblia y la volvió a abrir señalando esta vez lo siguiente: «Lo que vas a hacer, hazlo más pronto» (Juan 13:27). Aunque estas palabras tengan un tono humorístico, no están lejos de la realidad en la práctica de bastantes personas. Recuerdo que en una ocasión tuve que emplearme a fondo para hacer comprender a una pequeña congregación el significado primario del Salmo 22 porque no había manera de que entendiesen que el sentido mesiánico iba en segundo lugar como profundización teológica del análisis exegético.

2.3. *Importancia de la lectura sistemática.*

Si sabemos hacer abstracción del medio de donde procede, encontramos interesante la frase de B. Ulianich cuando dice:

> «No se puede ni se ha de hojear la Escritura al azar, ni pasar caprichosamente de un texto a otro. El don de tener un leccionario cotidiano ha de llevar al cristiano a ajustarse a él: sólo la lectura continua de un

*libro puede eximirlo de seguir el leccionario. Buscar fragmentos para satisfacción propia, sería reducir la Biblia a un libro en el que se busca aquello que se quiere encontrar» (Autorità e libertà nella chiesa, Il Mulino, n.º 207, pág. 67).*

Si en lugar de leccionario, ponemos plan de lectura bíblica, es perfectamente válido para nosotros.

La lectura sistemática de la Biblia precisa de un método que lo haga posible. Evidentemente, existen diversos métodos o sistemas de lectura bíblica que explicaremos en el capítulo siguiente. Pero ahora vamos a exponer uno de los más difundidos, no sólo en España, sino en el mundo entero. Es el método de Unión Bíblica con notas explicativas que tiene su propia identidad y el mérito de haber dado respuesta a lo que esperaban cientos de miles de creyentes en los cinco continentes. Concretamente en España, durante más de cuarenta años, ha sido una guía inestimable a cuantos lo han usado, hasta tal punto que para muchos creyentes aislados ha constituido el único púlpito que han tenido durante años. Conviene, pues, que recordemos su especificidad en cuanto a sus objetivos:

1º Hacer leer la Biblia de manera seguida y sistemática a razón de un pasaje cada día. Con las notas explicativas actuales, este objetivo se logra, en principio, en ocho años. Decimos, en principio, solamente, porque algunos textos como las genealogías o los pasajes repetidos del A.T. y las imprecaciones eran «saltados». Sin embargo, últimamente, en Europa, muchos hermanos están pidiendo que el plan general contemple toda la Biblia sin excluir ni un solo versículo, como así se ha hecho a partir de 1998. Además, en ambos márgenes de la nota explicativa se colocan citas para lecturas complementarias paralelas para tener una perspectiva más amplia del pasaje que se ha leído. (Cf. punto 3.2.1.)

2º Hacer reflexionar el pasaje leído. Se puede, naturalmente, contentarse con leer sólo el texto. Cualquier lectura de la Palabra de Dios es edificante y siempre queda algo. Pero no es lo ideal, y como hemos escrito en el punto 2.1. hace falta dedicar un tiempo a pensar o meditar lo leído. Si sólo leemos el texto, se corre el peligro de procurar únicamente la satisfacción de haber cumplido con un deber o un rito. Para empezar la reflexión y evitar que el comentario de las notas explicativas sustituya la reflexión personal, es indispensable interrogar el texto. Las preguntas que podemos formular son las que aparecen en el punto 2.1.2. que trata sobre la comprensión del texto. Sería deplorable que el comentario de las notas explicativas, siendo excelente, fuese un obstáculo para la reflexión personal.

**3º** Ayudar a poner la Palabra de Dios en práctica. Todo lo que hayamos hecho siguiendo los objetivos 1º y 2º será inútil si la palabra leída y comprendida no afecta a las actitudes de nuestra vida de forma concreta. Esta fase es delicada y debe conducir a la oración adecuada como primer paso de la puesta en práctica. Al final de cada nota explicativa, se coloca una oración indicativa de cómo podemos orar a la luz del texto leído. En otras ocasiones ponemos un pensamiento, o una pregunta para estimular a la acción.

Es necesario observar una frecuencia diaria y un tiempo no inferior a los 20 minutos para la lectura, meditación, oración. Ya en el siglo VII, Isidoro de Sevilla decía:

«La asiduidad en la lectura (de la Biblia) es, finalmente, el signo y la medida de nuestra vida espiritual. Sin duda, todo progreso en la vida espiritual proviene de la lectura y la meditación de la Escritura, y no de una decisión nuestra que pueda dejar de lado la acción poderosa de Dios. Aquello que no sabemos, lo aprendemos en la Biblia, y aquello que hemos aprendido, lo conservamos con la meditación, y aquello que hemos meditado, inspirará toda nuestra acción» (Sentencias III).

2.4. *El valor de la oración.*
Fue Agustín de Hipona el que dijo:

«Si el texto es oración; orad, si es lamento, lamentad; si es reconocimiento, estad gozosos; si es un texto de esperanza, esperad; si expresa temor, temed. Porque las cosas que captáis en el texto son el espejo de vosotros mismos» (Sobre el Salmo 29:16).

La culminación del proceso reflexivo, o aun en la misma meditación, es la oración. *Ora et labora* es un dicho antiguo que cobra plena vigencia aquí. Hemos visto que la meditación de la Escritura tiene una finalidad práctica que puede dividirse en dos partes: orar y compartir las bendiciones recibidas del Señor. «La acción sin oración es mero activismo; la oración sin acción es hipocresía» (José M. Martínez, *La España Evangélica, Ayer y Hoy* pág. 503). Para evitar caer en estos dos extremos, lo mejor es que la oración forme parte de nuestra vida devocional y de todas las actividades realizadas a lo largo del día.

Seguramente para muchos cristianos orar se convierte en algo difícil cuando no existe una motivación previa o motivos que cubran el tiempo que debe dedicar. Por eso es importante que la oración se fundamente en la Palabra de Dios y que oremos a la luz de los pensamientos que nos ha sugerido la lectura y la meditación. Pueden ayudarnos estas palabras del libro *Abba Padre* escritas por José M. Martínez:

> *«La oración no debe estar sujeta a la irregularidad, la espontaneidad o la improvisación. Exige dedicación; incluso –usando un término de nuestro tiempo– planificación»* (pág. 100).

Esta planificación es la que forma parte de la Guía de lectura bíblica de Unión Bíblica o de cualquier otro método que usemos. Unión Bíblica, no se preocupa solamente de proveer un plan de lectura de las Escrituras sino de que también los que lo usen dediquen un tiempo a la oración.

En el mes de junio de 1995, su Secretario Internacional dirigió una carta a todos los movimientos nacionales para recordarles que sus objetivos no eran solamente la Evangelización y los Ministerios Bíblicos sino también la oración, como reza la Declaración de Propósitos cuando dice «que animamos a las personas a encontrarse diariamente con Dios por medio de la Biblia y la oración». Y hacía una serie de preguntas incisivas:

–¿Es así en nuestro movimiento?

–¿Es verdad en tu ministerio?

–¿Es verdad en tu vida?...

–¿Por qué la oración no llega a ser el hábito que absorbe nuestra energía?

–¿Por qué no dedicamos tiempo a orar con celo y dedicación?

–¿Por qué no nos dedicamos a enseñar sobre la oración, así como enseñamos acerca de la Evangelización y el hábito de la Lectura Bíblica?

Lo que el enemigo de nuestras almas espera es que nos distraigamos con otras cosas y dejemos de lado la oración. Con su peculiar estilo, C.S. Lewis explicaba de qué forma el no dar importancia a la oración es peligroso:

> «*Lo mejor, siempre que sea posible, es alejar por completo al paciente de toda intención seria de orar. Cuando el paciente, como en el caso de tu hombre, es un adulto reconvertido recientemente al partido del Enemigo, lo anterior se logra mejor induciéndolo a recordar, o a creer que recuerda, que en su niñez repetía las oraciones como un loro. Reaccionando contra tal cosa, puede persuadírsele a proponerse algo enteramente espontáneo, interior, común y corriente, sin solemnidad ni regularidad; y lo que esto significará de hecho para un principiante es el esfuerzo por producir en sí mismo una inclinación vagamente devocional en que para nada intervenga una verdadera concentración de la voluntad y la inteligencia*» (Cartas a un diablo novato, pág. 23).

Es preciso tomar nota de los elementos esenciales que constituyen la práctica del devocional: Emplear una buena Guía que nos haga leer la Biblia, nos conduzca a la meditación, la oración y a obrar consecuentemente.

## 3. Sistemas de lectura bíblica

En la actualidad el creyente puede elegir entre varios sistemas para ser guiado en la lectura diaria de las Escrituras. Y entre todos ellos escogerá el que mejor se acomode a sus características personales. Excluimos deliberadamente los devocionales que no tienen como finalidad hacer leer la Biblia o que por su contenido no se ajustan a lo que consideramos debe ser el objetivo principal: alimentarse directamente de la Palabra de Dios y no de sucedáneos. También existen devocionales que proponen la lectura de un texto bíblico pero no están sistematizados. Tampoco queremos dar la impresión de que al mencionarlos los aprobamos todos. Consecuentemente, haremos una descripción señalando los elementos que consideramos más positivos y aquellos otros que no lo son tanto.

3.1. *Biblias que incluyen ayudas para su comprensión.*

Érase una vez un pueblo que tenía el privilegio de leer la Biblia traducida directamente de los originales y en un castellano de gran calidad literaria. Es la versión conocida como la «Biblia del Oso» o Reina Valera que de 1569 a 1995 ha sufrido varias revisiones para actualizar su lenguaje. Este pueblo creía en el principio del «libre examen» defendido por los reformadores y criticaba las versiones católicas por llevar notas exegéticas y doctrinales a pie de página que influyen en el lector. Pero he aquí que en el año del Señor de 1966 aparece esta versión con «notas, resúmenes y definiciones», editada primero en inglés en 1909 debido a la «erudición» de Ciro Ingerson Scofield. Pero la especie no termina con la muerte del autor y su «brillante» idea, sino que sigue hasta la fecha. El peligro de estas biblias anotadas es que lectores medianamente instruídos pueden llegar a confundir el texto bíblico con la interpretación hecha por un hombre. La frase más usual es: «porque la Biblia dice» cuando el que lo dice es el anotador. Veamos otras ediciones además de la mencionada.

3.1.1. *La Biblia del discípulo.* Sobre la versión RVR60 lleva indicaciones que se supone son de utilidad a todo obrero cristiano y abarcan tres áreas: discipulado, consejería y evangelismo (evangelización es lo correcto). En la primera, hay información para el seguimiento inmediato, ayudas para crecer en la vida cristiana y diez proyectos para el discípulo. En la segunda, se ofrecen ayudas para problemas personales, matrimoniales y familiares, además de presentar cien problemas y 300 respuestas bíblicas. En la tercera, encontramos principios para compartir el evangelio, cómo responder a objeciones y siete presentaciones del plan de salvación. Esta mezcla de asuntos con el texto bíblico, ¿puede ser de ayuda al recién convertido o puede llegar a confundirlo? ¿No sería mejor que toda esta información se diera en un libro aparte de la Biblia?

3.1.2. *La Biblia de estudio.* Agrupación de diversas ayudas en el texto bíblico de la tercera edición de la Versión Popular y la RVR95, editadas por las Sociedades Bíblicas Unidas. Contiene más de 20.000 notas y referencias a pie de página que según los promotores añaden luz (?) y explican versículos o pasajes bíblicos. ¿Por qué habiendo comentarios bíblicos de gran calidad se sigue con el empeño de introducir comentarios en una Biblia? Que un comentario introduzca textos bíblicos para facilitar la labor de estudio es correcto, no deja de ser un comentario, pero que una Biblia contenga explicaciones exegéticas y no meramente técnicas, es lo mismo que hemos dicho de la conocida como Scofield. Además, lleva mapas e ilustraciones en blanco y negro, no al final del libro como hasta ahora, sino intercalados en las notas con el objetivo de que el lector no tenga que buscar en otro lado, es decir, en la misma página. Contiene también un índice temático para ayudar en la preparación de estudios bíblicos, sermones o el estudio personal. Y por último, debemos citar las introducciones a cada libro que proveen el trasfondo. Es cierto que se pueden obtener biblias sin notas, pero no debiéramos preguntarnos si dando tantas facilidades, incluidos los bosquejos, dejamos poco lugar de maniobra al lector para pensar y que probablemenbte lo verá todo del mismo color que los editores como si se tratara de una reproducción clónica.

3.1.3. *Biblia de estudio Pentecostal.* El texto es el de RVR60. A todo lo dicho anteriormente, añádase el matiz denominacional y teológico y aquí la ceremonia de la confusión alcanza, de momento, cotas inigualables. Porque, si como reza la publicidad, es una biblia para pentecostales y creyentes carismáticos, ¿qué valor dogmático pueden alcanzar las notas en creyentes que se dejan guiar más por el corazón que por el conocimiento?

Según David Wilkerson, se trata de una Biblia para fortalecer las raíces del cristianismo evangélico, es decir, según se sebrentiende, proselitista. Se ofrece como «todo lo que se necesita para un profundo estudio» e incluye 77 artículos del AT y N.T. sobre temas considerados de importancia –pentecostal– como éstos: la sanidad divina, la voluntad de Dios, el hablar en lenguas, la victoria sobre Satanás y los demonios, y las normas de moralidad sexual. Es curioso que para David Yonggi Cho esta Biblia «pone relieve la absoluta verdad del Nuevo Testamento» pero no dice si del Antiguo Testamento también.

¿Necesitábamos una Biblia de Estudio para cerciorarnos de que el N.T. es la absoluta verdad? He aquí sus principales características: Notas de estudio detalladas en la parte inferior de cada página; símbolos de referencia en los márgenes para remitir al lector a los artículos, diagramas y mapas; 12 símbolos temáticos para indicar pasajes que tratan temas sobre la vida dirigida por el Espíritu Santo; índice temático exhaustivo. Otras características son: mapas, diagramas, concordancia y referencias recíprocas.

*3.1.4. Biblia Plenitud.* Como las anteriores el texto es de la RVR60. Está editada por Caribe. Su adjetivación, viene lógicamente de su enfoque, la plenitud del Espíritu Santo. Para no dar la impresión de que se trata de una Biblia de estudio para pentecostales y carismáticos se apresuran a indicar que «no se dirige únicamente a una denominación o grupo en particular». «Aunque han colaborado 60 estudiosos, la dirección ha corrido a cargo de Jack W. Hayford, pastor de "Church on the Way" en Van Nuys (California), una iglesia carismática». Precisamente, el pastor Hayford, llevado por su entusiasmo y quizá para demostrar la potencia del neopentecostalismo protagonizó un incidente en su intervención en el Congreso sobre evangelización mundial Lausanne II en Manila mientras desarrollaba su ponencia sobre la persona y la obra del Espíritu Santo.

Aparte de la Biblia, han editado una serie de estudios bíblicos llamada «Vida en Plenitud» con varias guías, unas para explorar la Biblia y otras de estudio para las dinámicas del Reino, es decir, para aplicar su mensaje. En cuanto a la Biblia, contine más de 350 artículos, más de 550 definiciones de palabras importantes del griego y del hebreo. Además cada libro lleva una introducción y un bosquejo detallado, y cada versículo notas comprensivas y aplicaciones. Se complementa con una concordancia y mapas a todo color.

*3.1.5. La Biblia de estudio inductivo.* Versión RVR60. Aplica el método inductivo de comprensión mediante una guía completa (según los editores Editorial Vida). A diferencia de la biblias anotadas, ésta no lleva nostas interpretativas sino que el lector debe descubrir por sí mismo el significado del texto contestando las preguntas de la guía que acompañan cada libro. Los márgenes son amplios para que se puedan hacer anotaciones personales. Incluye notas informativas sobre la historia y la cultura, esquemas cronológicos, mapas y diagramas históricos. Puestos a introducir ayudas en la Biblia siempre es mejor que sean de este tipo que exegéticas.

*3.1.6. Biblia de Bosquejos y Sermones del Predicador (BIBOSEP).* Aunque lleva el nombre de Biblia, solamente esta completo el N. T. en inglés en 14 volúmenes. En castellano, ofrecen únicamente Mateo y Romanos. En realidad se trata de una serie de libros de bosquejos sobre la Biblia, RVR60. Con este sistema, los predicadores ya no tendrán que estudiar homilética, será suficiente un curso de retórica o de «gritórica» como decía con ironía un pastor latinoamericano. Tampoco tendrán que meditar las Escrituras porque se les da todo hecho: tema general, los puntos del sermón pasaje por pasaje en una columna al lado del texto bíblico; el comentario y la aplicación práctica a partir, más o menos, de la mitad de la página. Estos libros inducen a la pereza y la dependencia. Si algo bueno tienen es que fomentan la predicación expositiva. Los Bosquejos están preparados por la organización Leadeership Ministries Worldwide.

3.1.7. *La Biblia Ryrie.* Versión RVR60. A imagen y semejanza de la Scofield, sólo cambia el autor de las notas, Charles C. Ryrie, profesor de teología sistemática en el Seminario de Dallas y adalid del dispensacionalismo. Mientras Scofield carecía de instrucción formal teológica. Ryrie es doctor en teología y Filosofía, pero el sistema de entender globalmente la Biblia es el mismo.

3.1.8. *La Biblia de Estudio Thompson.* Es el texto de la RVR60 con notas de carácter técnico, introducciones a cada uno de los libros e información de diversa índole sobre la Biblia. Una Biblia con este tipo de ayudas puede ser útil para el estudio ya que facilita la búsqueda de datos en los libros de intruducción aunque, naturalmente, la información que ofrece no es tan exhaustiva como la que se puede obtener con una buena bibliografía.

3.1.9. *La Biblia de Estudio Mundo Hispano.* Otra Biblia de estudio con el texto de la RVR60. Antes de llegar al texto bíblico, tiene una introducción a la Biblia seguido de una serie de artículos de dos tipos: los que forman parte de la ciencia de la introducción, como por ejemplo, los manuscritos, la formación del Canon, Cronología, Geografía de los lugares bíblicos, las versiones castellanas, métodos de estudio, etc.; y los que son doctrinales como Revelación, Inspiración y Unidad de las Escrituras. Las notas a pie de página son de carácter técnico unas y exegético otras. Por tanto, vale lo dicho sobre este sistema en biblias semejantes. Tiene incorporada una concordancia breve al final.

3.1.10. *La Biblia en un año.* Se trata de una Biblia preparada para ser leída en un año, en este caso la versión RVR60. Combina pasajes del Antiguo y el Nuevo Testamento que guarden cierta relación, por tanto, no sigue los 66 libros en el orden en que están en una Biblia normal. ¿Por qué usar una Biblia para este fin?¿No sería suficiente un plano en un calendario con las citas? Porque una vez leída la Biblia por este sistema, se necesita profundizar en su contenido y no hacer siempre una lectura rápida.

3.1.11. *La Biblia al minuto.* Es el colmo de la brevedad y la simplicidad de los tiempos en que vivimos. Evidentemente, con este sistema no se lee toda la Biblia, ya que son selecciones de cada libro de la Biblia. El producto ha salido de la Editorial Mundo Hispano y como casi todas el texto es de RVR60. Se dirige a un público que no tiene tiempo para leer y meditar y que se conforma con una píldora diaria en lugar de un plato de alimento sólido. Según los promotores, con "una dosis diaria de la Biblia al minuto fortalecerá la vida para todo el día". El corazón de la Biblia en 366 lecturas de un minuto cada una, o sea, media hora al mes o 6 horas al año. Quizá es mejor esto que nada, pero sigue siendo poco, poquísimo. El menú rápido se compone de lecturas de cada tema bíblico principal, versículos relacionados con las principales doctrinas de la fe, pasajes más amados de las Escrituras, porciones de cada personaje bíblico y selecciones relacionadas con eventos importantes en la Biblia.

3.1.12. *La Biblia de estudio Experiencia con Dios.* Según los promotores esta Biblia ofrece un tesoro de información para traer más cerca a Dios y ayudar a conocerle más profundamente. Quince figuras identifican los temas mayores de la Biblia como disciplina, avivamiento y juicio. Características especiales incluyen un resumen de cada libro, información sobre tradiciones y costumbres sociales y biografías dinámicas de los personajes bíblicos.

3.1.13. *Biblia de estudio Arco Iris.* Según reza la publicidad, introduce una nueva y brillante forma de leer la Palabra de Dios, con cada versículo en su propio color según 12 temas claves. Es perfecto para los que quieren subrayar o hacer apuntes en la Biblia. Para leer un tema en particular sólo hay que buscar los versículos del mismo color. Versículos sobre el AMOR vienen en verde, PROFECÍA en dorado, DISCIPLINA en rojo. Incluye un resumen de cada libro bíblico y otras ayudas prácticas.

3.2. *Métodos para ayudar a leer la Biblia*

Vamos a referirnos a los métodos que proveen ayuda para la lectura de las Escrituras con una finalidad devocional, es decir, para la lectura diaria acompañada de reflexión y oración, sin descartar los que por sus características son susceptibles de una mayor profundización o estudio del texto bíblico.

3.2.1. *Libros de lectura fechados*. Entre los planes de lectura con fecha para cada día destaca el conocido hasta 1995 como NOTAS DIARIAS. A partir de 1996, ha pasado a llamarse MI ENCUENTRO DIARIO CON DIOS, título que define con más precisión el objetivo del plan de lectura. El libro se compone de una Guía para la meditación diaria con un comentario a un texto para cada día. Son lecturas consecutivas cubriendo la práctica totalidad de la Biblia en ocho años. Los comentarios son de carácter exegético para aplicar al estilo de vida del cristiano en el mundo de hoy. Cada libro de la Biblia lleva una introducción para ayudar al lector a situarse ante el texto. Se destina una página a cada día en la que además del texto bíblico para leer ese día y la fecha, aparece un título que corresponde al tema central del pasaje y una pequeña introducción a la porción seguido de la exposición del pasaje que concluye con una reflexión, una oración o un pensamiento. Los libros son de edición semestral. Este sistema es ideal porque además de hacer leer la Biblia, ofrece una exposición del texto ayudando a comprenderla.

3.2.1.1. *Otro devocional con fecha es EL APOSENTO ALTO*. En la parte superior de la página diaria hay una frase, seguido por la fecha expresada como en las cartas, una cita bíblica para leer compuesta de varios versículos y uno de éstos se escribe totalmente y de manera destacada encabezando el comentario que estará relacionado con este solo versículo. Los comentarios no son de carácter exegético sino más bien anecdótico buscando una aplicación. Finaliza con una oración y un pensamiento para el día de un personaje del que se hace una breve referencia al final, a pie de página. Como puede apreciarse, no se trata de un plan de lectura de la Biblia sino de pasajes seleccionados, ni tampoco el comentario es explicativo sino que simultanea las anécdotas con reflexiones generales sobre la Escritura o vivencias de la fe.

3.2.1.2. *El tercer devocional fechado es NUESTRO PAN DIARIO*. Además de la fecha, lleva un versículo en el encabezamiento. Sigue un comentario que cuenta una historia sobre un hecho contemporáneo o pasado que se relaciona con el texto y concluye con una oración. A pie de página lleva una cita para leer la Biblia en un año. El plan de lectura es el sugerido a pie de página, pero el libro en sí no es un plan de lectura comentado sino una serie de anécdotas ilustrativas de la vida cristiana. Puede ser útil para acostumbrar al recién convertido a tener un devocional diario, pero no es apto para el crecimiento en el conocimiento de la Palabra de Dios de manera sistemática.

3.2.2. *Libros de lectura no fechados.* El primer plan de lectura de toda la Biblia por el método inductivo es ESTA MAÑANA CON DIOS. Todo el plan consta de cuatro volúmenes y provee lecturas para cuatro años y cuatro meses en la edición en castellano. Se trata de una guía para ayudar a descubrir el significado de lo que la Biblia dice. Cada libro de la Biblia se divide en una serie de estudios para cada día que cubren varias porciones del libro. Cada estudio diario contiene varias preguntas para ayudar a comprender su significado. Las preguntas son de tres tipos: preguntas para ayudar a observar (¿qué dice el texto?), para interpretar (¿qué significa?), y para aplicar (¿qué significa para mí?). Los diferentes tipos de preguntas están formulados de tal modo que evitan que el estudio sea únicamente subjetivo. Han sido escogidas para centrar la lectura diaria en las principales ideas del texto. Está especialmente diseñado para ser usado en el tiempo devocional. Aunque no lleva fecha, tiene unas indicaciones generales como, por ejemplo, Mes 1, Mes 2, etc. y Día 1, día 2, etc. Así, de este modo, se puede controlar diariamente el pasaje leído con el calendario. En la primera página están relacionados los libros de la Biblia que van a ser leídos seguidamente en los próximos doce meses con un espacio para indicar la fecha de inicio y la fecha de terminación. Para facilitar en cualquier momento la búsqueda de las preguntas de un libro de la Biblia, en la página que sigue a la de control, hay un planing que señala en qué libro de la serie podemos encontralas. Estos libros están coeditados por G.B.U. y Unión Bíblica.

El segundo plan es la serie LA BIBLIA Y SU MENSAJE que, cuando esté completa, constará de 22 volúmenes y abarcará toda la Biblia. Cada libro es un comentario de uno o más libros de la Biblia divididos en porciones pequeñas para una mayor profundización del texto bíblico. Provee material para 123 días de lectura y estudio. Al final de cada siete porciones indicadas por un título y el texto a leer, hay un cuestionario cuya finalidad es ayudar a la reflexión y aplicación práctica de lo leído, por lo que es útil, tanto para el lector individual como para los grupos de estudio. Cada libro bíblico lleva su correspondiente introducción. Como necesariamente debe recurrir a las abreviaturas a fin de ganar espacio se indica en una de las primeras páginas su significado. Los libros están coeditados por Unión Bíblica y CLIE.

También tenemos que mencionar los libros para niños y jóvenes. Hace muchos años, Unión Bíblica editó tres libros: Génesis, Lucas y Hechos. Además de señalar una porción bíblica para cada día, incluían pensamientos y oraciones. Estaban ilustrados y eran muy adecuados para la época. Actualmente, sólo existe el que edita APEEN y el que será un nuevo modo de introducir a los niños en la lectura de la Palabra de Dios llamado EN MARCHA, editado por Unión Bíblica. En Galicia, y para los niños de la iglesia de la calle Pi y Margall, David Valuja y Ana González preparan unos libritos con textos para cada día, dibujos y preguntas tipo test. Para jóvenes, el único devocional con un plan de lectura es PRONTOS PARA SERVIR, pero solamente es para un mes de meditaciones con textos bíblicos sobre la misión y el ministerio. Se preparó con el objetivo de introducir a los jóvenes en el hábito de la lectura sistemática siguiendo el método de Unión Bíblica para usar durante las campañas de verano de las iglesias u organizaciones como Love Europe. Está editado por ésta y por Unión Bíblica Internacional, en ocho idiomas.

3.2.3. *Planes de lectura rápida de la Biblia.* Generalmente se trata de guías para leer la Biblia en un año. Aunque, como hemos mencionado, existe algún devocional que contiene un plan de este tipo además del texto diario, hay guías que consisten en una hoja plegada de diverso modo que contienen un plan para leer la Biblia en un año. En doce columnas, por el anverso y el reverso, una para cada mes del año, se señalan los textos bíblicos para leer diariamente, uno por la mañana y otro por la noche. Las porciones son extensas por lo que no permite una profundización sino más bien para tener una visión general de toda la Escritura. Es bueno, cada X años hacer una lectura seguida de la Biblia en 365 días, porque a veces, si descendemos mucho al detalle, nos perdemos las bendiciones de la contemplación de los aspectos generales y puede suceder que un árbol no nos deje ver el bosque. Estas guías suelen llevar textos bíblicos para aplicar en diversas circunstancias o apropiados para testificar a otros de nuestra fe. Han editado planes de este tipo, organizados de manera diferente, Unión Bíblica, Sociedad Bíblica, Grupos Bíblicos Universitarios e Ibra-radio.

## 4. ¿Cómo fomentar la lectura de la Biblia?

La lectura de libros, en general, no es una de las actividades preferidas de los españoles. Somos uno de los países que producimos más cantidad de libros, tanto en el sentido creativo, más de cuarenta mil títulos nuevos cada año, como en el industrial. Pero los índices de lectura, aunque de difícil medición, señalan que somos uno de los países con más bajos índices. Si tenemos en cuenta que prácticamente el analfabetismo ha desaparecido del país, el panorama no es muy halagüeño. Una viñeta humorística publicada en el Magazine de La Vanguardia, señalaba uno de los factores que contribuye al bajo índice de lectura, la televisión. Podía verse el salón familiar de una casa lleno de estanterías vacías, a excepción del hueco destinado al televisor, y a los componentes de la familia cómodamente sentados en el tresillo contemplando un programa televisivo. En muchos hogares, los libros de que disponen no pasa de un par de docenas, indispensables como adorno. Según E. Murillo, director de Plaza & Janés, las causas hay que buscarlas en nuestro sistema de enseñanza. Dice:

> *«Las reformas de los últimos veinticinco años nunca han pretendido enseñar a pensar, enseñar a expresarse o enseñar a aprender. Aquí se cree todavía que la formación consiste en convertir a los alumnos en enciclopedias. La discusión se ha desplazado hacia cosas como si en esa enciclopedia debe haber más volúmenes de ciencias o de letras, por ejemplo. Con planes de estudio semejantes, no se logra el propósito explícito, que es por definición imposible. Y, encima se impide que los resignados alumnos, saturados de labores de memorización, tengan tiempo suficiente para ver televisión, jugar con videojuegos y sobre todo, disponer de unas horas para decidirse a leer».*

El novelista Baltasar Porcel señala que «se lee menos a causa del alud audiovisual e informativo y del movimiento de los fines de semana». No echa, pues, toda la culpa a la televisión; en la actualidad el espacio destinado al esparcimiento que cubría antes el libro, ha sido invadido por múltiples ofertas que en la práctica han conseguido arrinconar el libro.

¿Ocurre lo mismo con la Biblia?

Como hemos constatado más arriba (punto 1.3.), muchos creyentes no leen la Biblia porque no entienden lo que leen y nadie les ha indicado cómo deben hacerlo, y otros simplemente por desidia. La cuestión es, que en líneas generales se observa un retroceso en la práctica del culto familiar y en la lectura individual. También al creyente le distraen muchas cosas, y según dicen algunos, no tienen tiempo para leer, incluso la Biblia. ¿Cómo hacer que la gente lea la Biblia?

### 4.1. *Los inconversos*

En toda campaña de evangelización, del tipo que sea, la distribución de porciones de la Biblia, el Nuevo Testamento, o las Escrituras enteras, es primordial. Quizá entre tantos métodos evangelísticos como hay, hemos olvidado que el «evangelio es poder de salvación a todo aquel que cree» (Romanos 1:16) y que «la fe viene por el oír, y el oír por la Palabra de Dios» (Romanos 10:17). Es cierto que no podemos regalar biblias sin alguna garantía de que, al menos, no van a ir a parar al cubo de la basura, pero deberíamos hacer algo más que regalar las Sagradas Escrituras para que éstas llegaran a la gente. En muchos lugares del mundo, existen grupos de estudio bíblico, una manera de acercar la Palabra de Dios a la gente. Estos grupos pueden funcionar en muchos lugares. Entre nosotros, en la actualidad, hay en universidades y en algunos colegios. Pero, en otras partes del planeta, se han creado en todos los sitios posibles: empezando por los hogares donde se invita a los vecinos y amigos, siguiendo por los lugares de trabajo, como las fábricas, hoteles, oficinas, hospitales, cárceles, etc... Allí donde hay un grupo de personas y dos o tres creyentes se puede empezar un grupo de estudio bíblico. Hemos podido comprobar la eficacia de estos grupos tanto en España como en otras partes. Solamente tenemos que poner manos a la obra.

### 4.2. *Los creyentes*

Cuando los creyentes no leen regularmente la Biblia, entra en juego el elemento principal: el pastor o los ancianos. Se trata de incluir en la tarea pastoral un proyecto que estimule la lectura bíblica regular de los miembros que están bajo su cuidado pastoral. No basta que se mencione desde el púlpito la necesidad que tenemos todos de leer, meditar y poner en práctica la Palabra de Dios. Puede que al cabo del año hagamos cien sermones sobre el tema y no haber conseguido nuestro propósito. Se trata de aconsejar y enseñar un método determinado que sea de ayuda práctica. En el ministerio de visitación se podría, por ejemplo, hacer una lectura de un pasaje, dialogar sobre el significado y sus aplicaciones y orar a la luz del pasaje. O también orientar sobre qué método podría seguir la familia visitada y cómo usarlo. Es posible que algunos pastores hagan esto, pero no nos consta que sean muchos.

### 4.3. *Las iglesias*

De todos es sabido que en la iglesia se predica sobre la Biblia, se enseña la Biblia, pero generalmente, no se enseña a leer la Biblia. Por tanto, la primera tarea que debería hacerse es enseñar cómo se debe leer la Sagrada Escritura desde el momento de la conversión y adoptar un método de los que hemos citado. Las iglesias deberían recomendar el uso de uno de estos métodos y de vez en cuando, el pastor o un predicador dar el mensaje del domingo sobre un pasaje de los leídos durante la semana, recordando a la congregación que se trata de un texto que todos han leído y hacer preguntas para comprobar si la congregación sigue con el plan. Cuando el pastor o alguno de los ancianos habla con un miembro durante el día, es bueno mencionar el texto de ese día y dialogar sobre su contenido y enseñanza. No se trata de tener un control sobre la membresía, solamente de hacer notar la importancia que tiene para la vida espiritual.

Otra cosa que puede hacer el Consejo de la Iglesia es apoyar el ministerio de entidades como Unión Bíblica invitando a sus obreros para tener talleres o seminarios sobre lectura de la Biblia o simplemente para promover y presentar los diversos planes de lectura con que trabajan. De este modo se tiene conciencia de la trascendencia de esta labor que a fin de cuentas redunda en beneficio de toda la iglesia.

## Conclusión

Vivimos en una época en que las iglesias hablan mucho de «Avivamiento». Para algunas consiste en el cambio externo de unas formas que consideran anticuadas y la adopción de otras en que los sentidos ocupan un lugar principal. Mucha música, batir palmas, moverse sensualmente siguiendo el ritmo, repetir palabras para exaltarse y cosas semejantes a éstas. En los casos extremos, habrá gritos, silbidos, desmayos y hasta vómitos. A esto le llaman «bendición». Según su modo de verlo, se trata de iglesias vivas y las demás son iglesias muertas, porque no hay espectáculo en sus cultos. La realidad es que hace falta una genuina renovación en nuestras iglesias o un «avivamiento espiritual». Si miramos a la Biblia y a la Historia observaremos que toda reforma tuvo como causa principal la Palabra de Dios y la oración.

Todo auténtico avivamiento nace de una reforma en conformidad a lo que está escrito en las Sagradas Escrituras y no por prácticas ajenas a ellas. Además, la Biblia es el instrumento que usa el Espíritu Santo para producir el avivamento, no las teorías o fórmulas inventadas por los hombres. El profeta Habacuc, empieza su oración del capítulo 3 con estas palabras: «he oído tu palabra y temí. Oh Yahvéh, aviva tu obra en medio de los tiempos». No pide el avivamiento sin haber escuchado previamente la Palabra de Dios y ser consecuente con lo que ella dice, porque «el principio de la sabiduría es el temor de Yahvéh» (Proverbios 1:7). El sentido del término «aviva» es tanto el de llamar a la vida como el de preservar vivo lo ya existente. Por tanto el «avivamiento» es una acción de Dios por medio de su palabra, no el producto de unas ideas o técnicas humanas.

Comentando este texto dice José Grau:

> «Es en medio de estos años en los que se nos concede la única oportunidad de servir a Dios. No tenemos otros... La obra de Dios tiene que ser avivada hoy y aquí, en la situación exacta de nuestro pueblo... Es el presente lo que cuenta. De ahí que nuestra súplica, como la de Habacuc, debe rogar para que la revelación y la acción de Dios sean avivadas también en nuestro tiempo como lo fueron en el pasado, y lo serán en el futuro» (¿Por qué, Señor, por qué? José Grau, pág. 109).

La lectura de la Biblia y la oración son los medios a nuestro alcance para que el Señor reforme nuestras vidas conforme a su voluntad. AMÉN.